ORIGINAL POINT PSYCHOLOGY

一岁半的无忧酷爱数字，遍寻小区近百个车位号

一岁半左右的无忧玩车的方式——翻过来转轮子

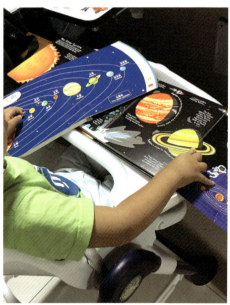

两岁左右的无忧，已经迷恋宇宙绘本一段时间

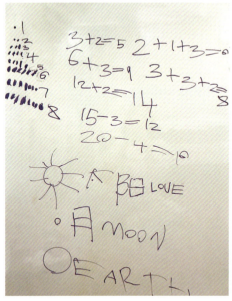

左图：两岁半的无忧已经可以摆出任意时间　右图：刚满三岁的无忧自己写字写算式

无忧四岁的画——一个鱼缸

无忧五岁的画——神奇的宇宙

无忧六岁的画——我们一家人

无忧七岁的画——各种各样的叶子

来自星星的你

送给孤独症家庭的礼物

GIFTS for you who came from the stars

苤雪 祝卓宏 ——— 著

华龄出版社
HUALING PRESS

图书在版编目（CIP）数据

来自星星的你：送给孤独症家庭的礼物 / 苌雪，祝

卓宏著 . -- 北京：华龄出版社，2023.6

ISBN 978-7-5169-2514-0

Ⅰ . ①来… Ⅱ . ①苌… ②祝… Ⅲ . ①孤独症－儿童

教育－特殊教育－家庭教育 Ⅳ . ① G766

中国国家版本馆 CIP 数据核字 (2023) 第 065041 号

| 策划编辑 | 颉腾文化 | | 责任印制 | 李未圻 |
| 责任编辑 | 苗昊聪 | | | |

书名	来自星星的你：送给孤独症家庭的礼物		
作者	苌雪　祝卓宏		
出版 发行	华龄出版社 HUALING PRESS		
社址	北京市东城区安定门外大街甲 57 号	邮编	100011
发行	（010）58122255	传真	（010）84049572
承印	文畅阁印刷有限公司		
版次	2023 年 7 月第 1 版	印次	2023 年 7 月第 1 次印刷
规格	650mm×910mm	开本	1/16
印张	18.25	字数	244 千字
书号	978-7-5169-2514-0		
定价	69.00 元		

一份岁月和命运的礼物

我是一个很爱孩子的妈妈，这一点很像我的母亲。在我印象里，母亲从未对我发过火，她很擅长给我讲故事，没有家长式的压迫感，而犹如朋友一样真诚亲密。大部分时候，在她的引导下我都愿意反思我自己，并且学会像她那样从多个角度去看待问题。如果我做的事实在令母亲太生气了，她就会陷入沉默，或者给我写一封信来进行沟通。这种有度的距离感给予我们彼此一个冷静的空间，每当我看到母亲看到一笔一画，认认真真给我写的信，我都感到温暖、感动又心存愧疚。

母亲给予我的教养让我成为一个性格温和，尊重他人，也尊重个人意愿的人。这种力量随着我年龄的增长越发焕发出力量，让我在生活的沉浮里心态稳定，乐观豁达，善良宽厚，耐心坚韧。这些都是她给我的精神财富。在我有了孩子之后，我也像母亲对待我一样，去爱着我的孩子。我用爱去浇灌我的小幼苗，我是多么喜欢和他相处，我想要带他一起做许许多多的事情，去很多地方游玩，分享彼此的时光和心情。可是我却卡住了，而且很长一段时间以来，我并不知道是哪里出了问题。我有如置身迷雾，看不清我的孩子，也看不清脚下的养育之路。

我的儿子无忧，从某些方面而言，是一个早慧的孩子。但是从另一些角度看去，他却令人十分难以理解，且很难养育。无忧身上表现出的种种相互矛盾的现象令我困扰极了，也带给我很多麻烦。我在养育他的过程中，性格也发生了些许变化。从以前的温和开朗，变得多少有些强悍孤僻。作为母亲为自己的孩子而改变，这无可厚非，但是我的这种改变更像是在迁就无忧，而并不是在带领他向更好的方向去成长发展。这种现实，愈发令我感到焦虑，甚至恐惧。

每每在我被养育的压力逼得喘不过气的时候，我时常会想如果是我的母亲遇到这种情况，她会怎样做？一想到这个问题，我就不免眼眶湿润，有种想要流泪的冲动。我的母亲已经于2012年去世，而无忧在2015年出生，我的母亲从未见过她的外孙。不过妈妈啊，我想即便换作是您，您那循循善诱、有如春风丝丝的慈言善语，恐怕也难以约束无忧不羁的行为。妈妈，我的孩子出了某些问题。妈妈，您的外孙他出了某些问题。

不过妈妈，时至今日，我可以骄傲地告诉您，我像您一样，是位负责任的好母亲，您的外孙无忧是个很好的孩子！关于那个我在梦里一再追问您的问题，已经有了答案。无忧是个高功能孤独症孩子，他在某些方面的聪明过人，以及他的我行我素、难以管教，全部都是这种神经发育障碍的外在体现。

妈妈，您不要担心，就在我知道这个真相以后，我之前所有的养育困惑，就像风中的蒲公英种子，纷纷落进泥土里，有了着落。我也渐渐摸索出了养育无忧的行之有效的好办法，妈妈，没有白走的路，养育这件事，我已经跌跌撞撞摸索了七年。伴随着种子的生根发芽，我清楚地看见养育之树在阳光下熠熠生辉，枝繁叶茂。如今我的心，又渐渐恢复了平静和从容，妈妈，我将这本书献给天上的您，请您放心吧！

我亲爱的读者朋友们，这本书也是我奉献给你们的一份礼物！作为女人，作为母亲，作为孤独症孩子的母亲，作为一名心理咨询师，这样的一份礼物仿佛是浑然天成的。我曾经历过作为一名正值事业转型期的单亲妈妈，独自抚育孤独症孩子的辛酸与困难；也曾经历过自己作为一名心理咨询师，尽管给很多孩子和成年人做过心理咨询，却不懂自己的孩子的痛苦。我还曾经历过和幼儿园老师，以及一些误解无忧的家长之间的对抗。俱往矣，如今回首过往，这些宝贵的经历，无不化作我养育旅程中的宝贵财富。

我的儿子6岁被确诊为高功能孤独症，他在某些非社会的认知方面有比较突出的优势，他的学业能力也比较好。但是这并不意味着这本书只适合高功能孤独症儿童的家长阅读，实际上，孤独症孩子的智商测试本身就存在着很大的不确定度，而且无忧的优势和学业能力与我的培养也密不可分。

心智塑造心智，孤独症的发生与家长的养育无关，但孤独症发展的走向却与家长的养育密不可分。智慧有爱的养育会让孩子的心智越来越趋向于整合和灵活，孩子的智力水平也会相应地提升。反之，高功能的孩子也会发生行为和心智的退化，并且并发其他身心障碍。总之，这本书适合所有孤独症孩子的家长阅读，其中大量的养育方法是共通的，家长们可以根据自己孩子的具体状况进行灵活运用。

这本书也适合普通孩子的家长阅读，我的切身体验是，环境中的孤独症孩子并不罕见，普通孩子的家长对孤独症也有好奇心，尤其是自己孩子的班里如果有孤独症孩子的话，家长们就更想了解什么是孤独症。然而相关优质科普的缺乏，会让家长在搜索引擎中看到大量夸张不实的标签，导致普通孩子的家长对此感到焦虑和担忧。

本书恰好是一本孤独症科普绘本，其中既有我以孩子母亲的视角，分享的各种养育细节，相信会连接上所有母亲的心，又有我作为一名临床心理学工作者，基于对孩子的深入观察，并结合现有的孤独症理论，归纳总结出的孩子行为表现背后的一些共性。相信这种双重视角能够帮助家长们深入浅地理解孤独症儿童的行为表现及其心智层面的规律，让大家意识到孤独症其实并没有那么可怕，很多时候孤独症孩子只是在社会性发展方面有所缺失。希望天下父母能够给予孤独症孩子及其家庭多一些接纳和包容。

这本书也是为特教老师、幼儿园老师以及小学老师们准备的一本孤独症科普读物。它不仅能够加深老师们对孤独症孩子的理解，也能够促进家校共建关系的创造与发展。书中分享的我与无忧的班主任老师之间的默契合作，我认为是一种十分有效的帮助孤独症孩子适应学校环境的方法，特别是针对那些在小学一年级才得到确诊的孤独症孩子，这种方法有一定的推广价值。

总之，这本书是岁月和命运送给我的一份礼物，是我送给我母亲的一份礼物，也是我送给大家的一份礼物。本书作为一份特殊的礼物（GIFTS），分为六章，第一章是我养育无忧历程的概述，然后便是从引导心智（Guide the Mind）、人际发展（Interpersonal Development）、情感调节（Feeling Regulation）、行为转化（Transform Behavior）、系统改善（Systematic Improvement）五个维度向大家讲述了我在养育无忧的历程中走过的那些弯路，吸取的教训和萃取的经验，我的转变，以及发生在无忧身上的巨大变化。

GIFTS 也是我考虑到孤独症孩子的心智特征，以孩子为本，围绕着心理、行为、人际、情绪以及系统调节展开的一种个性化的干预方案。考虑到每个孤独症孩子都是独一无二的，GIFTS 更像是一种养育的策略，家长们可以在自己的家庭中灵活地展开应用。我确信，大家会在我的分享中，找到一些共鸣和启发。

希望这份礼物，可以给孤独症孩子的家长带来希望和力量，可以帮助普通家长了解什么是孤独症，可以帮助老师们更理解孤独症和孤独症儿童，帮助他们尽快适应学校生活，融入班级生活。现在，就让我们一起踏上这趟有关养育的时光之旅吧。

♡
来自星星的你

孤独症，全称孤独症谱系障碍，是一种先天的神经发育障碍。它不是智力障碍，不是语言障碍，也不是多动冲动障碍。孤独症有两个核心症状：一个是社交交流缺陷，另一个是重复受限的行为。孤独症孩子的社会动机、社会情感、社会直觉、社会认知和社交技能均有不同程度的缺损。这导致孩子们难以共情、学习和理解他人的心理状态，并借此调节自身的社会行为。

这些社交缺损在孩子 1 岁以内可能已经有所体现，比如不太注视和寻找他人的目光和面部，更喜欢注视物体，表情比较少，对陌生人没有明显的认生，缺乏共同注意，社交手势、动作少，不太咿呀学语等。

孤独症孩子重复受限的行为包括：重复刻板的身体动作，比如转圈儿、斜着眼睛看东西、晃手、看手等；刻板重复地使用物体或者语言，比如转轮子、按开关、按某种秩序排列物品、坚持某种行动顺序、自言自语等；狭窄、强烈的兴趣，比如爱玩某种玩具、爱研究某种知识等；感觉过度敏感或者异常迟钝，比如触觉非常敏感，对衣服的材质非常挑剔，对痛觉很麻木，玩具割伤手都浑然不觉等。

重复受限的行为在孩子 1 岁左右同样会开始显露，但家长在这一阶段常常会错误解读这些信号，认为孩子很"可爱""聪明"和"灵敏"，等到这些刻板行为影响到孩子的日常生活、学习成长和社会交往时，家长才开始紧张起来。

这种发育早期就存在的"社交交流缺陷＋重复受限的行为"，就是孤独症。而高功能孤独症，是指智力水平正常，甚至超常的孤独症。无忧就是个高功能孤独症儿童，他让我发愁的那些我行我素、无所顾忌的社交行为，皆是他社交交流缺陷的体现。而他转轮子、身体转圈儿，以及在不到两岁就展现出的对数学和宇宙天文的热爱，则属于重复受限的行为。

一如普通孩子之间的差异很大一样，尽管不论何种程度的孤独症孩子的核心症状都是"社交交流缺陷＋重复受限的行为"，但是每一个孤独症孩子的表现都是很不同的。有些孤独症孩子还会合并智力障碍、多动症或者其他精神障碍，即便是单纯的孤独症，其行为表现和功能缺损程度也大不相同。

苤雪

愿我们携手前行

　　孤独症曾经是"罕见"的广泛性发育障碍，在 2000 年调到解放军总医院工作之前，我仅仅见过一例。那是 1994 年，我在新疆军区精神卫生中心工作时遇到的，一位男孩，四岁多了仍不会讲话，不和人目光接触，默默地沿着病房走廊走来走去，拿着一个小石子在墙上不断画道道，或者跑到病房里摆放其他患者的鞋子。在我当时的印象中，孤独症是"不治之症"，主治医生束手无策，只能向家长讲这样的孩子可能终生难以治愈，孩子母亲听后泪流满面，父亲听后唉声叹气，抱怨老天爷为啥这样惩罚自己。没想到，进入 21 世纪，孤独症患病率已经越来越高，甚至达到了 1/36。而且从 2016 开始，我与孤独症也走得越来越近。近年来，我在做孤独症孩子关系反应能力及接纳承诺疗法赋能孤独症家长的相关研究。

　　2021 年疫情期间，由于共同从事心理咨询，加上神奇的缘分，我和苌雪博士走到了一起。当我见到她的儿子无忧时，发现他有一些刻板行为并对数学、天文知识、车模有特殊兴趣，加上他在幼儿园不遵守纪律、对陌生人没有生疏感和人际语境意识，我怀疑无忧可能是孤独症谱系，便提醒苌雪找专家看看并改变养育方式。开始，她并没有当回事，但是当孩子小学入学不久，因为不遵守校园、课堂纪律，无法适应学校环境，学校要求去医院做诊断。北医六院专家的诊断果然是典型的阿斯伯格综合征 [⊖]，而且必须陪读。从此，我们的人生轨迹和研究方向就发生了巨大转折。

⊖　阿斯伯格综合征（AS）属于孤独症谱系障碍（ASD）或广泛性发育障碍（PDD），具有与孤独症同样的社会交往障碍，局限的兴趣和重复、刻板的活动方式，与孤独症的区别在于此病没有明显的语言和智能障碍。

面对巨大的养育困难，苌雪博士并没有惊慌失措，而是在我们讨论后快速做出专业方向的调整，决定把"危机"转化为机遇，积极面对无忧的养育问题，并与我共同探索学龄孤独症孩子有效的养育方法。她冷静地接纳现实，温和地接纳孩子，慈悲地接纳情绪，而且迅速行动起来，快速收集、学习各种孤独症相关文献、专著，跟踪国内外最新研究进展，体现出一位曾经研究暗物质的中科院理论物理学博士极强的研究能力。同时，我们确定了全天陪伴、密切观察、每天复盘、及时评估、适时调整的行动研究路线；基于多年的临床经验，特别是接纳承诺疗法的训练，结合语境行为科学、应用行为分析、人际神经生物学理论、家庭系统理论、生态心理学理论，我们制定了系统的干预训练策略。经过三个月的陪读和密切干预，无忧发生了巨大变化，从半天陪读到半天独立上课，而一个学年之后，已经不需要陪读，全天独立上课。而且，在这个过程中，我们和班主任蔡老师密切沟通、配合，探索了家校协同、共同教养的方法。看到无忧可喜的变化，孤独症在我们心目中的印象变得越发不那么可怕，我们越来越相信孤独症谱系的孩子是来自"星星"的礼物。

正是基于家庭的循证实践和行动研究，我们总结出了孤独症家庭的赋能模型"GIFTS"。希望这本书能够成为给天下孤独症孩子父母的一份珍贵"礼物"，让孤独症孩子的母亲们不再泪流满面、让父亲们不再唉声叹气，而能够接纳孩子，接纳自己，选择正确的方法陪伴孩子、训练干预孩子。书中介绍的方法、技巧虽然是经验的总结，但是都具有理论依据和经过实践检验。当然，每个孩子都是独特的，每个家庭也是不同的，我不希望读者照本宣科，而是希望大家能够根据自己孩子情况和家庭状况，充分理解培养孩子心智和心理灵活性的极端重要性。另外，我们父母也要做好自己的心理调适和态度转变，养育孩子是一场终生的修行，正是孩子帮助我们看清人生的意义，看清助人利他的价值，看清反求诸己的力量。

此书是一件发自内心的礼物，一份携手前行的邀请，一场共同探索的旅程。一切刚刚开始，未来充满期待，让我们在星光之下，走进光明。

祝卓宏

目录 | CONTENTS

第三章

在良好的关系中成长
——人际发展（Interpersonal Development）

第四章

改变孩子从改变自己开始
——情感调节（Feeling Regulation）

养育是一场修行

生命礼物（GIFTS）

我坐在一个银白色带靠背的长椅上，大厅里人头攒动，不时传来小孩子的跑跳声和尖声尖气的叫嚷声。扭过头去看我的儿子无忧，他坐在我的右手边，正安安静静地打量摆放在窗边的一个落地广告牌。阳光透过玻璃恰好照在他的身上，小孩子光洁的皮肤表面柔软而纤细的绒毛仿佛在闪烁着细碎又温暖的光。

无忧两岁生日前，朋友为他画的肖像

这样的场景，我多么希望是出现在我们某趟旅程的等候大厅里，在某个商场的儿童活动中心里，或是在某个普普通通的餐馆里。可惜这里是北医六院的儿科，我正带着无忧坐在诊室外的候诊大厅里等候叫号，我那刚满六岁的儿子，我不知道他到底是怎么了。

就这么看着无忧，我的天使一般的孩子！犹记得和他初见的那一刻，小小的红色婴儿从我的腹中躺到了我的身旁，那悦耳的婴啼和喷香、软软的小小身体，我敢说那是我人生中最幸福的一刻。我一定会照顾好他！这句无声的承诺，自打无忧在我腹中起，我就从未忘记。可不曾预料的是，一个天使一般的小孩子，会这么令人困惑。

天使与恶魔
令人困惑的孤独症孩子

带着无忧到六院看病，是迫不得已。就在几天前我刚刚被儿子的小学校长约谈了近一个小时，而这距离小学一年级开学也不过二十来天。

校长说无忧已经令老师们头痛不已：早晨上操时随意跑跳，扰乱队列，不听老师指令；体育课上满地打滚儿，拉都拉不起来；在班级教室里因为一丁点儿挫折就大哭二十几分钟，整个楼道都听得见他的哭声；科学课直接跳上课桌，抢了老师的教具满教室边笑边跑……

"我们好几位年轻的老师都被他气哭了！"校长愤愤然道。

看着校长生气又焦急的表情，很难形容我当时的感受。我难道不惊讶吗？校长所描述的男孩就像是一个无法无天的"小恶魔"，这就是我眼中的"小天使"吗？

不过，我并没有多意外，因为类似的对话在无忧上幼儿园阶段也曾发生过不止一次。但与以往不同的是，这一次有一句话持续在我脑海里盘旋，从未如此清晰。我深吸了一口气，调整身体坐直，一字一句地对校长说："我的儿子可能是孤独症儿童。"

讲出这句话对我来说不是"很有勇气"那么简单，它更像是一种终于想要直面现实的解脱。其实那时的我还并不确切地知道"孤独症"是什么，我只是用这个词来模模糊糊地指代无忧所表现出的那些令人万分困扰的行为背后的一些更深层面的真相，一个我曾经久久不愿面对的真相，而"孤独症"这个词也并非第一次和无忧有交集。

三年前，无忧还在一家公立幼儿园上小班，他的主班老师曾多次找我沟通过无忧在班级里的行为问题。老师反映他不听指令，不参与集体活动，我行我素，难以沟通。后来园长也找我长谈过一次，我才知道无忧把主班老师气哭过好几次，他把老师刚布置好的展墙上的小玩具拉扯掉，把阳台植物的小苗刨一地，还把小玩具扔进马桶里堵住了下水道……起初老师们还觉得是孩子规则意识不足的问题，可等到了中班，无忧行为的破坏力和危险性都越来越大时，老师们都建议我有必要带无忧去医院看看了。

一年前，无忧转园到一家民办幼儿园上学前班，很巧的是这家幼儿园的融合教育经验十分丰富，园里一直有孤独症孩子。因此没过多久这家幼儿园的园长就找我谈了一次，她似乎并不确定我是不是清楚无忧的情况，在看到我还没意识到问题所在时，她就比较明确地表示无忧可能是孤独症儿童，并且旁敲侧击地让我有针对性地训练一下孩子的行为。等到了大班下学期，也就是几个月前，因为她实在担心无忧不能适应小学的生活，又再一次"警告"我要提前训练一下孩子常规行为，说不然孩子和我都会面临巨大的压力。

巨大的压力，是啊，那天坐在小学校长对面，我确实感受着前所未有的压力。不过很显然这压力早就存在了，在无忧的幼儿园老师们频繁找我沟通他的情况的时候，而这也正是导致我给无忧转园的重要因素之一啊。那究竟是为什么，从公立园到民办园，在这长达三年的时间里我一直都没有重视老师们所共同反映出的孩子的问题呢？

两家幼儿园的老师对无忧都很有耐心，尤其是公立园的主班老师和民办园的园长老师，她们在忙完工作之余，还会花很多时间和我仔细沟通孩子的情况，甚至给我支招，帮助我一起想办法调整孩子的行为。

现在想来很是感激老师们的耐心和职业精神！但坦白讲，当时听老师们那样说无忧的时候，作为母亲我的确是很难接受的，而且我并不是没来由地在袒护自己的孩子，有两个主要原因导致我那时候做出了不正确的判断。

第一个原因是无忧在不同环境中的行为表现有极大的反差感。

无忧在家里的表现可绝对不像老师们描述的那样，还是比较好沟通的，更加不会在家里搞破坏。无忧在他喜欢的学前教育课程班里的纪律性和参与感也是不错的，机构的老师还经常表扬孩子回答问题很积极。

这会不会是因为无忧说话晚的原因？他3岁上幼儿园时还基本不会讲话，4岁多时讲话也听不太清，我想小朋友们听不明白他在说什么，可能会疏远他或者笑话他，而老师们也很忙，照顾不过来这么多孩子，可能会忽视他用肢体或者表情表达出的需求和不适，以至于无忧的情绪积累到一定程度就会爆发，做出一些不当的行为来发泄情绪或者引人关注？

这种在不同环境中的极大反差，让我疑心是"不友好"的环境导致无忧的表现反常。

第二个原因是无忧在不同方面的表现呈现出令人迷惑的错位感。

无忧在某些方面表现得非常聪明。他对数字很敏感，不到1岁时就已经会用小肉手指比画大人说出的任意数字，2岁刚过就已经可以在玩具表盘上摆出任意时间，简单的加减法都是他自己摆玩具琢磨出来的，到4岁多时已经可以准确计算百位数的加减法。在学前数学兴趣班上，我感觉他的学习能力超强，一点就通。亲朋好友和学前机构的老师都说这孩子真灵。

无忧刚满2岁会写数字，1岁半时找遍小区车位号，3岁时自己写的算术题

他很爱看书，不到 1 岁就爱看书，尤其是科学类童书，特别是宇宙主题的，堪称爱不释手。他的好些宇宙绘本因为看太多遍，都翻烂了，甚至回购过一两次。尽管不会讲话，但他 2 岁多时第一次在白板上画太阳系就已经画得清楚无误。他看的宇宙绘本的内容也越来越复杂，看着他小小的身影在认真地阅读宇宙，你说他灵不灵呢？

无忧 1-2 岁在看的科学绘本

他画画很好，无师自通，空间感极强，越画越好。我记得我自己好像是小学高年级还是初中才会画立体图形的，他就看过我画一次立方体，自己就能画出结构复杂的立体结构，令我很是惊叹。

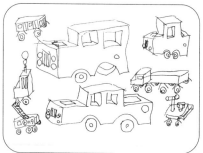

无忧 4 岁的画

无忧 5 岁的画

这么聪明机灵的孩子，怎么会是幼儿园老师们口中的"不听指令，不能好好参与活动，不会好好玩儿"的娃呢？我真的对不上号啊。后来我才知道，这种反差感和错位感，正是一部分高功能孤独症儿童带给家长的直观感受。

他们在不同环境中的行为表现反差很大，他们有交往的需求，可以和家长或某些感兴趣的环境中的人，有尚可的交流和沟通，但在其他环境中存在明显的社交困难。一方面，他们不知道该怎么互动交流，尤其是和同龄人之间，表现出自我中心，我行我素，奇怪冲动，像个小"恶魔"，让人难以理解。但另一方面，他们的智力正常甚至超常，在兴趣领域表现出很好的记忆力和理解力，就像闪着光的小"天使"，令人印象深刻。

一面是"天使"，一面是"恶魔"。孤独症孩子身上这些看似矛盾的现象，就像一枚硬币的正反面，其实是他们独特的感知觉和认知风格的外在表现。家长如果能深入理解孩子的这种对立统一的行为表现，不仅有助于在情感上和孩子共情，缓解自身情绪压力，更有益于正念的养育和科学的行为干预。

云开雾散：
孤独症是社会性发展的问题

没有悬念的，无忧在北医六院确诊"高功能孤独症"，那天的智力测试是他自己独立完成的，在写错行，又重新写的情况下还得了 134 的高分。

对我这个母亲而言，这些诊断报告里的"高功能"和"高智商"印证了我感受到的无忧在某些方面聪明过人，而"孤独症"则代表着对无忧在另一些方面令人万分困惑的表现的一个概念层面的总结，提醒我的确应当以新的视角去观察和体会无忧的种种行为表现。

对学校而言，校长找我谈话的本意就是要求我入校陪读，诊断结果相当于进一步确认了陪读的必要性。于是"十一"过后，我就正式成为一名陪读妈妈。

进班陪读是一个绝佳的观察孩子在学校环境中的行为表现的机会。其实无忧上幼儿园中班时，他的主班老师见我好像不相信老师们的反馈，曾经专门请我入班观察了一次孩子的在园表现。但那次观察只有短短两个小时的时间，我没有对我看到的种种现象形成多么清楚的印象，还是倾向于从环境因素中找原因。

其实那时候幼儿园的老师们也说不清楚无忧到底是哪里出了问题，起初也曾认为这和无忧在班里年龄最小、语言发育不好有关。后来有一段时间，因为我和老师们在沟通中出现不小的分歧，老师们开始认为是我过度袒护和溺爱孩子的原因。但是渐渐地无忧那种无所忌惮的我行我素让老师们意识到这绝不仅仅是教育本身的问题，于是这才有了让我带孩子去医院看看的建议。

然而我自己则有如于迷雾中行走。我从不认为幼儿园老师会故意为难无忧，在我们的一次次沟通中，我能感受到老师们对无忧的关注和关心。我更加清楚我不是放任疏忽或者溺爱无度的母亲，任何这类指责都会令我感到悲伤和愤怒。

孩子表现出行为问题，我比任何人都焦虑，我也想赶快行动起来，帮助孩子成长。可令我更为焦虑、迷茫无措的是，我不清楚到底是哪里出了问题。我无法理解老师们所反馈的无忧的种种行为表现，也不能解释我和老师们观察到的相互矛盾的现象。但我能感觉到孩子的确是出了什么问题，可是究竟是什么问题呢？

在我不搞清楚这些问题之前，作为母亲，我感觉带着孩子去医院"看病"是对孩子的一种不尊重，我做不到。我也难以像当时有的家长建议的那样"该打就打，还是打得少"，如果孩子的行为事出有因，错误的惩罚只会适得其反。那时候我只能尽我所能在情感上支持无忧，尽力地给他讲道理，但很遗憾效果甚微，老师还是几乎每天都会向我反映无忧的情况，这种状况真是令人感到窒息。

始料未及的是，这种焦灼的状态，在我这次进班陪读之后，很快就有了突破口。因为当我置身于班级和学校环境观察且横向比较无忧与同班同学的行为表现时，发现并不难判断问题所在。

先说说无忧的一年级班里的同班同学吧，我该怎么描述这些6、7岁的小朋友呢？

看到我坐在班级最后面，孩子们先是用好奇而关切的眼神打量我，等到课间时会走到我身边轻声细语，很有礼貌地问我问题。听闻我是来给无忧陪读时，孩子们还展现出了贴心的意会，甚至通过眼神和表情给予我暖心的情绪抚慰。在与我有些熟悉了之后，孩子们会和我分享他们喜爱的书籍或者小物件，能绘声绘色地给我讲解其中的故事，耐心帮助我理解。和无忧班里这些小同学们的交流互动让我感到十分轻松愉悦。

孩子们之间的交往显然也是十分老到，才相识不久的同学也很容易能聊到一起去，你一言我一语之间，目光相视，自信大方，自然而然。他们对学校规则的适应性也非常强，基本能很快记住并按照班主任老师的各项要求去约束自己的行为，彼此之间就算有一点打打闹闹、不合规矩的嬉笑互动，大多数不用老师开口就能自觉地调整状态，知趣儿又机灵。

原来这才是普通孩子的样子啊！

再看看无忧我儿：即便老师再三叮嘱，他还是会不举手就大声发言，会晃动课桌椅发出很响的噪声，甚至会在上课的过程中突然想要躺倒在教室的地面上休息；课间他会贴到同学脸上和同学大声说话，还会边夸张大笑，边跳边拍打同学的课桌，对同学尴尬、厌恶的表情和拒绝的姿态完全熟视无睹；操课上他会无所顾忌地跑动，甚至冲进别的班级的队列里，边跑边顺手拍一下路过的并不相识的同学；体育课上他全然不理会老师的明确指令，总想冲出队列，在操场上纵情奔跑，或者满地打滚儿。

无忧在学校里表现出的无所忌惮、夸张古怪，和同班同学的有眼色、有分寸形成了鲜明的对比。我如果不是亲眼所见，简直不敢相信。他好像看不懂他人的表情，听不懂他人的语气，感受不到他人的情绪，也理解不了他人的想法。他明显缺乏对老师和规则的敬畏感、集体荣誉感以及个人荣辱感。

近三个月陪读的过程中，在我近距离、长时间仔细观察和对比无忧与同龄人在校的各种行为表现，特别是真切地感受到无忧的同班同学和我相处的状态过后，那个曾困扰我多年的问题终于云开雾散。我已经比较确定，无忧的"社会性"出了问题：他缺乏适龄的社会认知、社会情感和社会行为。

以前我一直以为无忧和我之间的交流还可以，还曾因此质疑幼儿园老师的反馈。但和无忧的小同学们简单相处过后，我已经明白这其中的差异有多大。无忧的情感状态过于简单，缺乏层次和细腻的变化，他对我的情绪和想法的理解力也非常有限，我们之间的交流更多是我在配合他，而不是有来有往、有滋有味的亲子互动。

我坐在教室后面止不住泪流满面，我终于意识到养育无忧这六年以来，自己并没有真正享受过普通的亲子互动的温馨乐趣。

这眼泪也包含我对无忧无以复加的心疼感。在医院问诊时，医生已经明确地告诉我，孤独症是"生物层面的问题，不是养育方式所致"。当时我还因为"不是养育方式所致"这句话感到如释重负，觉得内心压力小了很多。但在我亲眼所见无忧令人震惊的行为表现时，我方才体会到所谓"生物层面的问题"的强大力量。孤独症是一种有基因基础的神经发育障碍，正是这种生物层面的力量，让无忧的社会性发展出了问题。这是无忧我儿此生之命运，也是我们需要共同面对的现实。

当然这种生物层面的特异性，也让无忧在某些方面展现出过人之处，在学校里他表现出丰富的知识面，远高于平均水准的绘画水平。他的学业毫不费力，学习能力不用操心。但在学校的集体环境中，我才清晰地体验到，无忧某些方面的优势，在他的社会功能缺损面前是多么的苍白无力。如果他的社会性能力得不到必要的发展，他不仅会被环境排斥，自身的才华也很难得到尊重和发展。

后来我经常反思，作为一个基本亲力亲为带娃的妈妈，同时也作为一名心理咨询师，我为何没能尽早地察觉孩子的问题？

我想我只有无忧这一个孩子，在育儿方面经验不足，这是一方面的原因。无忧在非社会的认知方面的突出表现令我掉以轻心，是另一方面的原因。此外，尽管我是一名心理咨询师，但我的来访者大多数都是成年人或者初、高中的青少年，关于什么是幼儿、儿童阶段"适龄的社交水平"，可以说我也是缺乏直观的对比和切身体验的。

后来在和很多孤独症孩子，尤其是高功能孤独症孩子的家长交流的过程中，我发现这也是导致"晚诊断"的重要因素：家长没经验，笼统地觉得孩子挺聪明，甚至觉得"小时不怂，长大不能"，而且对孩子的社会性发展没有格外关注。

特别是最后一点，大家都是"自然而然"的长大，"自然而然"的习得社会性，不会特别的去关注孩子这方面的发展。殊不知孤独症孩子的社会性能力需要有意识、有方法的专门训练，并非"自然而然"的养育所能及。

而一些心理咨询师朋友，在没接受过孤独症相关培训的情况下，面对孤独症来访者或者他们的家人时，经常觉得难以应对，或者产生错误的归因，比如把孤独症儿童的行为表现归结为家庭养育问题，甚至是"依恋创伤"。这无疑会给来访者及其家庭带来进一步的伤害。

意识到孤独症是一种神经发育的问题，或者客观来说，是一种既会导致社会性发育问题，又会产生某些非社会认知优势的非典型神经发育，这好似一阵清风，吹散了大半我内心压抑的情绪。余下的，就是全力以赴探寻孤独症的养育之道。我当时还没意识到的是，正是在这条探寻道路上，我与无忧有了最深的相遇。

心智探秘：
失常的价值系统

我陪读的过程中，观察到有一件事能很好地反映出无忧的心智特征，那就是上早操。

他们学校一、二年级在一个校区，其他年级在另一个校区，一、二年级共八个班级按照年级穿插的顺序面向主席台依次排列开。他们一年级1班在队伍的最左侧，男女生按两纵队站队，无忧站在男生队列的最后一个。而老师们就站在学生队列的后面，在无忧后面一米多的距离，离他很近。

学生们刚在操场上排好队，正式做操前，有个短暂的热身准备阶段。在这个阶段，孩子们的状态是相对松散的，尤其是男孩子们，可能会离开自己的位置互相打闹嬉戏一下子，但只要老师一提醒，马上也就站好了，基本都能约束自己的行为。而女孩子们则站得笔直，或者自己在原地认真地做一些热身动作，一眼望去，就比男生们守规矩很多。

那无忧上操是什么状态呢？

情况可控的时候，他还是在自己的位置上手舞足蹈，或者在自己的队列位置附近小范围的跑圈儿。可有时候飞似的，他会直接冲进右边二年级1班的队伍，快速嬉笑着穿越这个班的队伍，再一头冲进一年级2班的队伍，撒着欢儿疯跑一大圈再绕回来。不仅如此，他跑到哪里有时还会顺手拍一下，甚至用脚轻轻碰一下路经的并不相识的同学，自己一路跑一路笑，开心得不得了。

在这个过程中，起初我和他的班主任的各种规劝、各种"威胁"是丝毫不起作用的，无忧的操课状态就好像是在游乐场纵情玩耍，完全无视场合、无视规则。让人感觉肆无忌惮，为所欲为。

我作为妈妈置身现场，情绪是十分复杂的。目睹无忧的夸张表现，我困惑、焦虑。感触着在场的所有人都在等我赶快管教好孩子，不要让他影响操课秩序，我羞愧难当。发现无忧竟毫不理会我和班主任老师的好言规劝，抑或口头威胁，我着急、生气。

但比这些情绪更为令我印象深刻的，是好奇，我十分好奇当无忧站在操场上，他的心智中发生了什么过程，才让他有如此外在的表现？这种注意力的倾向或许是我作为一名心理咨询师的职业反应，我也要感恩我的职业，在这种应激的状况中显然起到了良好的保护作用，让我不会过度卷入其中，有空间去觉察。

回到家中，我和先生反复地对无忧的操课行为表现进行复盘。

我想象当我置身操场的环境之中，我自己会感受到什么？我会感受到操场上有远远近近、此起彼伏的各种声音和画面。我会感受到终于从教室里来到开阔的场地，我的心情很不错，我的双腿很想奔跑，我的双臂很想挥舞。我也会感到老师和同学的在场以及操课规则带给我的抑制感。它们都在竞争并吸引着我的注意力。

那我应该注意什么呢？首先是来自内部的提醒。这是早晨上操的时间，这里是学校操场，老师要求迅速排好队列，在自己的位置站好，然后可以跟着自己班的体育委员做一下热身。我可不能乱动，否则老师和其他同学可能会说我。其次是来自外部的吸引，如果我旁边的同学在互相逗弄，或者有同学朝我做鬼脸逗我，我很可能会被他们吸引。但是我知道我需要约束自己的行为，不能模仿他们或者参与其中。

因此当我站在操场上，我的确会被外界的刺激所吸引，但是我内部已知的规则能够约束我的行为。再仔细品味，这种内部规则其实包含着一种依照在具体情境中的价值判断来指导行动的心智过程。对于上早操这个情景而言，简单说来，积极的价值是希望与大多数同学保持一致，或者是希望得到老师和同学们的赞许，消极的价值则是被同学和老师批评，被老师扣小红花。

通常而言，这种价值判断优先关注的是社会性信息，比如情境（这里是学校操场），以及重要他人的情绪和态度（班主任老师的要求）。从进化角度讲，人类作为社会性动物，社会性信息对个体生存具有重大影响。普通的人类婴儿的这种价值评估系统从一出生就是完好的，它能驱动婴儿寻求亲近的照顾者，进行眼神的凝视、表情的沟通和情绪的交流，是种有助于提高婴儿生存概率的基因配置。伴随着成长的脚步，孩子们终将在日复一日的社会化过程中逐渐习得各种社会规则，构筑起自身的价值系统。

可是操场上的无忧很明显地表现出过度关注和响应外界的物理刺激，而令人惊讶地忽视了内部重要的社会规则。似乎他的价值系统出于某种原因没能正确发挥作用，而这一点似乎也是贯穿无忧所有不当行为的关键点。因为无论是他在交流沟通方面表现出的自我中心，还是他在班级和学校环境中持续出现的我行我素，抑或是他沉浸于刻板行为时的无所顾忌，都可以视为内部价值判断失常的外在行为表现。

复盘到这里，综合我陪读以来的大量观察，我们对无忧在操场上的行为表现已经有了一个方向性的判断。然而进一步的问题是，这种价值失常是怎么造成的？

从生物层面讲，一个最简单、直观的可能性，是无忧的大脑中的价值神经系统存在先天的非典型发育。这套价值神经系统主要包括：杏仁核、眶额皮质和前扣带回这三个脑区。

其中杏仁核负责给信息赋予情绪效价，就是一个刺激是积极的还是消极的，这种情绪效价是种初步的、简单的价值判断。眶额皮质和前扣带回则参与进一步的、较为复杂的价值学习和判断，通过辨认特定情境中的适用规则来帮助我们选择行为。

这套价值神经系统同时也是社交神经系统，杏仁核和眶额皮质中有神经元专门对人脸及面部表情进行识别和反应，这些脑区在婴儿刚出生时已经基本发育完好，用以追踪母亲的眼神、表情等非语言信息，这有助于帮助婴儿寻求母亲的照顾以满足自身的需求。

因此人类个体的价值系统既是基因决定的，也和个体的社会互动经验密切相关。神经典型发育的孩子会优先关注社交信息，与父母互动的独特经验会形成不同的依恋模式。而孤独症孩子价值（社交）神经系统的非典型发育可能会导致他们难以有效处理社会性的信息，继而表现出社交回避、交流障碍和社交规则习得的困难。

另一方面，无忧总是被外界信息过度吸引的样子，也容易让人联想到是否他的感知觉系统过于敏感？以至于强烈的垄断了注意力，让他一味陷入追求感官刺激的快感当中。此外，因为对人的情绪、态度等社会性信息的理解首先需要整合面部、声音等多通道感知觉信息，神经层面的感知觉整合的失败会令社会性信息成为一种难以处理的负担，也会进一步导致社会互动方面的一系列问题。

总而言之，大脑高级认知网络和初级感知觉网络的非典型发育，以及神经网络之间的连接的特异性都会影响人的社会性发展，但目前相关研究并无定论。而且由于孤独症谱系障碍的临床症状差异很大，可能也很难用一种理论解释所有表现。

我和先生通过仔细观察无忧每日在校和在家中的行为表现，倾向于认为无忧的感觉敏感程度适中，他可能主要还是高级社会认知网络方面的发育问题，主要体现就是社会性的奖惩对他很难产生影响，社会规则习得困难。

有关孤独症的心理认知和神经科学方面理论非常多，我们建议孤独症孩子的家长要立足于深度观察自己孩子在不同情境中的行为表现，去尝试分析和探寻自己孩子的具体情况，这种个性化的分析有助于家长有针对性、有灵活性的教养孩子，也有助于促进家长理解和接纳孩子自身的特质。

当然，在有关孤独症的科研结论尚不明确的情况下，这种分析只是一种方向性的。但考虑到尽管孤独症谱系障碍具有复杂性和异质性，**社交沟通障碍却是其共同特征**，因此即便不从神经层面做考量，只着眼于孤独症孩子失常的价值系统，对于家长养育孩子，塑造孩子的行为来说，也是大有裨益的。

情绪困境：
令人头疼的极端情绪

对信息进行价值评估并指导行动可以说是人类心智最重要的功能，而价值的本质是一种情绪的唤起，大脑中的价值系统依靠情绪的"好""坏"这样的唤起状态来进行"趋利避害"的运作。培育价值系统归根结底就是在培育情绪，而孤独症孩子的价值系统的非典型发育会导致他们的情绪系统失衡。

说起无忧的情绪反应，那真是令人一言难尽。刚开学的时候，他经常因为一点小挫折就大哭半个小时左右，而且一边哭闹一边强迫班主任蔡老师按照他的意思做事情。

举个例子吧，一年级刚开学我还没陪读的时候，有一次他自己不小心把彩笔的塑料盒盖摔坏了，就声嘶力竭地让蔡老师给他修好。蔡老师寻思用胶带先帮他粘上，他却不依不饶的非要让蔡老师给他恢复到原样。那天无忧从他们班教室里一直哭到了蔡老师的办公室，哭声尖锐，吵得整个教学楼的人都能听到，到最后蔡老师无可奈何只能给我打电话，看我能不能把他先接走。

这样的场景还会发生在老师让他多改了几遍生字本儿上的生字时，发生在因为他没按要求完成作业，所以不能上下一节美术课时。在前面提到的早操风波中，我最终是把他带离了操场，带到了教学楼的走廊里。在整个这个过程中他都在高声嚎哭，哭声振得我的耳朵嗡嗡作响。我带他离开操场时还没正式上操，等同学们都下操了，排着队陆陆续续回班时，他还没哭完。又一直哭嚷到上课铃响，这才悻悻作罢。哭闹时间持续近十五分钟，我当时压根安抚不了，现在想起来还有点心有余悸。

无忧的班主任蔡老师是一位有 32 年教龄，经验非常丰富的优秀教师。在几十年的教育工作当中，她遇到过各种各样的孩子，对不同孩子各方面的判断可以说十分准确，也很擅长因人而异地对学生进行引导和教学。我进班陪读以后和蔡老师学到很多，也时常惊讶于她敏锐的眼光。

比如尽管无忧在校的行为表现夸张怪异，蔡老师却很早就和我说过："这孩子学习能力没问题，就是规则方面学得慢，得专门教。"以及"这个孩子的知识很丰富，培养得好的话他能成才。"再比如有段时间她见我总是在和无忧讲道理，而又效果甚微，就建议我说："你不要总和他讲道理，让他行为的结果来教育他。"还有一次我因为无忧的行为表现又气又急地找蔡老师吐槽，她说："你还真和孩子生气？我们成年人有时候在孩子面前生气要的是那个震慑的效果，是为了教育孩子，而不是真的生一个小孩儿的气。"

至今看来，蔡老师对无忧的评价都很到位，不仅如此，蔡老师在教育无忧方面也很有方法，我们后面对此会有专门的讲述，在这里我想说的是，就是这样一位极富智慧的优秀教师，也对无忧这样极端的情绪反应头疼不已。因为他已经严重影响了正常的教学秩序，甚至影响了其他班级。无忧的情绪问题也是学校最终决定让我进班陪读的最主要因素。

他人的坏情绪会影响我们自己，相信大家对此都有体会，更别提是这样强烈的情绪风暴。坦白讲，刚陪读的时候，面对无忧的情绪爆发我是很难保持平静的，他无理取闹、无法沟通、难以安抚的状态会让我很想揍他。哪一天如果遇到一次他这样的极端情绪，我回家以后自己都得缓很长时间。

不过好在我们两口子都是做心理学工作的，我们也将孩子的情绪反应当作深入了解孩子的一个窗口。我们想要透过这扇窗更好地看见孩子，更有效地帮助孩子。

于是先生常常一边安抚我的情绪，一边仔细和我探讨无忧情绪状态的深层原因。当我冷静下来，我就意识到无忧的情绪从他自身的角度讲，其实很"合理"，很好理解。

回想我所观察到的无忧的情绪反应，我发现一般而言无忧的情绪爆发的特点是：无视场合，不在意他人眼光，偏执自我，失去控制。

前面提到过无忧的价值系统是失常的，社会价值、他人的好恶评判，这些社会性的信息对他而言并不重要。因此当他遇到挫折，他想哭就哭，确实"无视场合、不在意他人眼光"。

而他的"偏执自我"中除却上面的因素外，还有认知偏差的成分。实际上在每一次情绪风暴中，无忧在哭闹时嘴里都念念有词。让蔡老师必须要修好盒盖是因为"不然就不完美了，一定要完美。"多改几遍生字就崩溃是因为"不赶快改完我就不是第一名了，别人就已经交了，我也必须交"。在教学楼走廊里嚎啕是因为"我必须马上回去，现在已经过去五分钟了，必须让他们再陪我做五分钟操，不然就不行了"。

从他的言语里，可以看出他极端的追求完美，无端的和他人做比较，刻板固执，不知变通。他眼中的事件秩序就是这样的简单、机械、一成不变。这种认知偏差显然和他的价值失衡密切相关，一个人如果不能很好地理解社会信息，没有形成普遍的价值判断，怎么会产生比较客观、灵活的认知呢？

至于"失去控制"这一点，倒是有一定的普遍性。人类是靠大脑皮层自上而下的控制来抑制自身的情绪反应，孩子的大脑皮层尚未发育完全，尤其是男孩，他们发起脾气来确实会有些失去控制。无忧的皮层发育，特别是内侧前额叶比起同龄男孩还要不成熟得多，他的情绪失控也就来得更彻底，持续时间更长一些。这也就无怪乎每次等无忧情绪平静下来，我问他为什么这么激动时，他都一脸茫然地说："我也不知道为什么"。皮层下的情绪冲动，他确实是不知道原因啊。

这些思考和理解令我释然，在一定程度上帮助我摆脱了无忧的情绪带给我的压力。而且我也经由这样的理解部分地感受到，当无忧在学校里崩溃大哭的时候，他自己是很无助的，他需要我们的帮助。

情绪问题是几乎所有孤独症孩子共同面对的困境，它对孤独症孩子和身边的人都构成了不同程度的伤害，也是阻碍环境接纳孤独症孩子的重要原因之一。孤独症孩子的情绪问题也时常令家长失去理智，使用错误的惩罚手段来管教孩子，结果不仅不利于孩子的心智发展，还严重损害了亲子关系，而这分明与家长的初衷背道而驰。

面对孤独症孩子的极端情绪，在理智上看清其背后的神经现实，在情感上以慈悲的心态接纳，在行动上采取科学而有效的方法去干预，才是家长们的智慧养育之道。

语言问题：
语言学习受限

现在回想起来，无忧在学校的这类不当行为和极端情绪在他上幼儿园时早有体现，他的幼儿园老师们不断向我反馈和沟通的都是相关的行为表现。前面提到，我当时面对幼儿园老师们反映的问题，有一个错误的判断是无忧在园的糟糕表现，是因为他还不会讲话，在幼儿园里被忽视和排斥导致的焦虑情绪所致。

我一直认为随着无忧语言表达能力的提升，他的各方面行为表现就会自然而然的变好。

可是很显然，时至今日作为小学生的无忧，语言表达已经基本不成问题了，他甚至还在一个全国中小学生阅读比赛中成功晋级北京总决选（最终还得到了奖项）。然而他我行我素、无所顾忌的不当行为和极端的情绪相比起幼儿园阶段可以说是有过之而无不及。而且在小学学校这样的环境中，他的那些行为表现就愈发显得夸张怪异。

现在我明白，当初我只是让语言问题背了锅，孤独症孩子的语言发育问题其实是其价值系统失常的后果之一。一个忽视和回避社交信息的孩子即便身处丰富的语言环境当中，可能也没有在听，没有在模仿。从语言学习角度讲，孤独症的这种神经结构极大地限制了孩子学习语言的机会。无忧在该学语的年纪没有牙牙学语，这本该是种警示，提醒我要需要格外关注孩子的发育情况了，但是很遗憾我没能提高警惕。

实际上无忧和"孤独症"这个词的交集，最早就是发生在他2岁8个月，因为还不会讲话被我带去儿童医院的儿童保健中心问诊的时候。当天医生让我填了一堆和儿童孤独症有关的量表，着实惊出我一身冷汗。可是最后给的结论却是语焉不详的，并没有做出"孤独症"的诊断，只是给了我一家语言训练机构的联系方式。这也极大地误导了我的注意力，让我只是关注到孩子的语言发育问题，而忽视了更为关键的核心问题。

我还清晰地记得那天医生问我无忧的发育情况，我说："无忧是个很好养育的孩子"。的确，0-2岁的无忧是个很好养的孩子，他作息规律，不爱哭闹，没生过病，长势喜人。他的"抬、翻、坐、爬、站、走、跑"等这些大动作以及手部的精细动作发育得都很不错。总的说来，那时候无忧的身体发育和动作发育都比较正常。

可如今当我回看无忧的社会能力发展时，就会发现尽管他和家人的关系很亲近，但他的孤独症特质其实早有迹象。比如他确实不爱和人对视，我在母乳喂养期间就发现他很少注视我的眼神，他更爱看墙上挂的画。他也过分的安静，能一个人长时间坐在那里看卡片或者看绘本。带他去小区里和小朋友一起玩儿，别的小孩儿都能聚在一个地方玩玩具，无忧则表现得毫无兴趣。他总是让大人带着他全小区找车位号，蹲在地上仔仔细细看车位号上的数字。他也一直都不牙牙学语，总是用手势或者动作表达自己的需要。

孩子尚处在婴幼儿阶段的时候，很多家长就像我一样，在养育方面都是格外关注孩子的身体和动作发育，很少会去特别留意孩子的社会性发展。而且不少最终被确诊为孤独症谱系的孩子在早期都有过这么一段相对正常的发育阶段，在这个阶段家长往往不能正确解读孩子已经呈现的孤独症特征，就是一直正常养育着。直到孩子语言发育出现问题，或者因为孩子活动范围广了，行为表现和环境之间冲突越来越频繁，才发现出了问题。

有关语言训练的问题我们会在后面的章节仔细探讨，在这里我想表达的是，家长需要像关注孩子的身体和动作发育一样，关注自己孩子的社会性发展。语言问题只是孤独症孩子神经非典型发育的结果之一，在孤独症孩子表现出语言发育问题之前的一两年里，他们的眼神、注意力、互动、情感、兴趣等或多或少已经呈现出一些孤独症的特征。家长如果观察到某些现象，有疑惑、拿不准的地方，及时寻求专业医生的帮助是极有必要的。

这里要注意的是，不同儿科诊室所关注的问题，对症状的诊断和治疗方式都是很不一样的。儿童保健科主要关注的是儿童生长发育的状况，虽然也会让家长填写一些儿童精神类问题的量表，但儿保科医生在给婴幼儿阶段的孩子问诊时，本着谨慎的态度，一般不会给出明确的孤独症诊断，而会做出不同程度的发育迟缓的诊断。而儿童精神科关注的则是孤独症、多动症等儿童精神类问题。因此家长如果不放心孩子的社会性发展，首诊时最好直接选择儿童精神科就诊。或者在儿保科首诊过后，再去儿童精神科进行复诊。

除了有针对性地选择就诊科室以外，现实来讲因为孤独症本身存在复杂的异质性，有时还会合并其他的病症，准确诊断本身也是比较困难的。严格说来2018年无忧在儿童医院儿童保健中心没有得到确诊的原因之一，是他缺乏典型的孤独症表现。他有社交需求，和家人依恋关系尚可，有共同注意，在某些方面表现得还很聪明。那时候医生给的诊断是"轻度发育迟缓"，这也能反映出高功能孤独症容易误诊，以及诊断年龄普遍比较晚的现实。

不过4年过去了，现如今非常有经验的医生已经能够在孩子2岁左右，甚至早至1岁时就做出比较准确的诊断。但考虑到国内有经验和能力诊断孤独症的医生还是很少且分布不均匀，我们给大家的建议是，家长如果有些担忧自己的孩子社会性发展，有条件的话就第一时间带孩子去三甲医院的儿童精神科寻求一线专家的问诊。如果条件不成熟，在当地医院首诊结论不明确的情况下，家长没有必要消耗很长时间，非得辗转各地追求非常明确的诊断。

实际上不论哪种情况，家长在第一时间积极行动起来，把注意力优先放在科学调整养育方式上才是最要紧的。先天的基因我们无法控制，但在孩子大脑飞速发育、神经可塑性最强的阶段，后天的养育可以在很大程度上影响孩子大脑的发育。家长可以通过科学的养育来训练孩子的社交能力，促进孩子的社会性发展，帮助孩子带着自身的特质较好地适应周围的环境，实现孩子的最优化发展。

认知优势：
非社会认知方面的独特优势

无忧在婴幼儿期就表现出的社会性发展问题中有个有趣的特征，很长一段时间这特征带给我的感觉与其说是无忧的社会情感和社会认知出了问题，倒更像是他很聪明。而且那时候也不只是我觉得无忧聪明，我身边的亲友都觉得这孩子聪明极了。

比如：无忧的确是很安静，但他安静的时候多半是在看卡片或是看书，那认认真真，全神贯注的模样真是可爱极了；他是不爱和同龄人玩儿，但他却对数字很着迷，不到一岁就能用手指比画任意数字，1岁多一点儿就能拿笔歪歪扭扭画出数字，那浑身使劲，比比画划的样子令人莞尔；他是不开口讲话，但当你问他绘本里的什么内容，那双小手都给你指得清清楚楚，明明白白，记忆力简直是好极了。

前面我们提到过，一部分高功能孤独症孩子因为缺乏典型的孤独症症状往往难以被家长发现问题，在医院就诊时也更被容易被误诊。其实不仅如此，就像无忧一样，不少高功能孤独症孩子都会在某些非社会认知方面展现出的独特优势。这些非社会认知的优势和社会性发展的问题交织在一起，就像一枚硬币的正反面。家长们很容易只看到孩子的优势，笼统地把孩子已经呈现出的一些社会性发展的问题也理解成"聪明"或者"有个性"，从而更加掉以轻心。

不过孤独症孩子的独特优势的确令人印象深刻，而且不只是部分的高功能孤独症孩子有这些优势。实际上不论功能高低，不少的孤独症孩子都具备某些认知方面的优势，比如优秀的机械记忆力、突出的艺术才能、良好的视觉空间能力等。此外，孤独症孩子在个性品质上也有独到的优势，比如他们对重要他人非常忠诚，值得信赖，他们在自己感兴趣的领域也非常的执着、专注。家长如果能悉心发现和耐心培养孩子的优势能力，这毫无疑问对孩子的能力发展、自信心、心理健康、社会融入和未来的职业发展都大有裨益。

无忧在上幼儿园期间，我曾因为老师口中描述的"魔鬼无忧"和我眼中的"天使无忧"反差太大，错位感太强，而一度很不信任老师。反思过去，在和老师沟通的过程中，我错在没能体会到幼儿园老师观察、培养孩子的重点恰好是孩子的社会性能力。我万不该一味地去怀疑老师，以至再一次遗憾错失发现孩子问题的良机。

在养育无忧的过程中，我显然走过太多弯路。不过令我感到庆幸的是，一直以来我都真诚欣赏、全力支持无忧个人兴趣的发展。而无忧在他的兴趣方向的能力越练越强，他个人的效能感和自我认同感也与日俱增，他甚至还在其中找到了他未来的职业愿景。

现如今刚满七岁的无忧已经办过一次在线画展，这个画展是我在我的个人公众号上给他举办的，展出了他四到六岁的 50 副绘画作品。画展得到了很多新老朋友的喜爱和赞赏，当一些新朋友得知无忧从未学过绘画时，都很惊讶。大家由衷欣赏无忧的绘画天分和他持续创作的热情。七岁时无忧和他的绘画老师也因他的作品而结缘，有了新的起点，无忧的下一次画展也更加令人期待。

无忧对天文学的热爱也有增无减。他已经看过几乎所有相关的纪录片，也看过许多科普小视频和大量科普书籍。他在天文学方面的知识储备已经令我这个物理学博士后自叹不如。不仅如此，我发现无忧在这方面就像一个小小科学家，非常善于归纳和总结他看过的知识内容，然后比较系统的汇总，以得到与某个天文现象有关的规律。

因为对天文学的爱，无忧目前也确定了他未来的职业方向，就是成为一名航天工程师，或者一位天文学家。他想要参与中国的火星任务，想在地球环境变恶劣之前为人类找到出路。看到他这么小的年纪就能找到自己的梦想，并持续地为之付出努力，我真的替他感到高兴。

无忧也对地球演化史和地理感兴趣，各大洲的国家地图、国旗，山川湖海分布什么的他看几遍就能烂熟于心。地球诞生以来的关键演化历程，生命的进化简史，他也十分着迷，然后时不时地还能即兴分析一下板块运动，气候变化，动物灭绝的原因等等。

长久以来，我观察到无忧非常热衷科学主题，他十分擅长探寻他喜爱的科学主题的科学规律，在这方面他有很强的学习能力和理解能力。这也是不少高功能孤独症孩子的认知优势。

令人万分感慨的是，高功能孤独症孩子的这种认知优势会让家长经历一个从由衷喜悦到极度困惑的心理变化。起初看到自己的孩子这么聪明，家长是满心喜悦，溢于言表的。这个阶段孩子的社会交往还比较有限，与环境的冲突也不明显，家长往往会忽视孩子身上已经存在的社会性发展的问题，甚至认为那是聪明孩子都有的"个性"。后来随着孩子与环境之间的冲突越来越大，特别是在孩子确诊以后，家长就会陷入极度的困惑当中，"为什么我的孩子这么聪明，却在班级常规、沟通交流这种简单事情上这么困难呢？"

这也是我所经历的心路历程，其实在无忧一岁多时我就观察到了一个奇怪的现象，我发现无忧看书有明显的选择性。只要是科学、科普书籍，哪怕是厚厚一本百科全书，他也能看得津津有味。但形成鲜明对比的是，每当我想带他看看故事、情感类的绘本，即便画面温馨、可爱，故事有趣、童稚，他都很抗拒。如果能勉为其难看上一本，那也是因为我答应他看了这本故事绘本之后马上就能看好几本科学绘本。

我当时心想一定因为是那些故事书对于无忧而言太简单、太无聊了。以至于后来无忧上了幼儿园，老师反馈他好像不理解班级规则时，我就心想，"无忧这么聪明，怎么可能连简单的规则都不懂呢？一定是环境出了问题"。可是转园之后，在新幼儿园的环境特别支持、非常友好的情况下，老师却仍然持续反馈无忧类似的问题时，我就真的有些困惑了，"无忧这么聪明，为什么反倒在简单的事情上这么困难呢？"

关于这个问题的答案，如果不是因为我在无忧上一年级时进班陪读的切身体验，恐怕还不会这么快浮出水面。

一如前面多次提到的，坐在教室的后面，我如此清晰地感受到，这些6、7岁的孩子们的社交世界已是如此复杂、微妙、灵活多变。而且孩子们享受其中，他们已然是学校里新晋的社交小能手。再对比无忧所感兴趣的自然科学的世界，这个世界是稳定的、结构化的，有确定规律可循的。自然科学的世界与人的心理世界截然不同。

与我当初的判断相反，无忧不爱看故事、情感类绘本，其实并不是因为它们简单，而是因为它们对于无忧而言缺乏确定的规律感，太过复杂难懂。

阅读一个绘本故事通常需要孩子有能力确认不同绘本人物的心理状态。这并不是一个按照简单规律去推演和预测的认知过程，而是一个对具体语境下，互动关系中，人物的情绪、想法、意图和信念进行识别和归因的过程。普通孩子在成长的过程中能自然而然地习得这种复杂的心理推理过程，并且通常可以通过直觉做出快速而准确的判断和情感反应。而对于无忧而言，他"找科学规律"的认知风格用于学习人的心理世界，并需要做出快速反应时，必然会感到力不从心。

家长们时常觉得交流沟通，遵守规则什么的都很简单，但社会性能力还真不是什么简单的事情。只不过因为它是人类这种社会性动物的内置基因，我们大多数人天生就会，才显得太过稀松平常，以至于常常不在我们思考的范围之内。我们无须知道我们的社交神经系统是怎么在运作的，甚至无须知道它的存在，它却从我们出生之日起就在行之有效地帮助我们适应这个世界。而神经非典型发育的孤独症孩子恰好是这个系统出了问题，才导致他们在那些我们觉得简单的、司空见惯的事务上状况百出。

不过这问题并不是事情的全部，考虑到孤独症孩子的认知优势和个性品质方面的优势，这也是我们这些普通人所不具备的，因此从"神经多样性"的角度去看待和理解孤独症，认识到孤独症是一种独特的神经发育路径，孤独症孩子有自己的感知觉、情感、认知和社交模式，有他们适合和擅长的学习方式，有他们独到的优势。我们认为这才是对孤独症比较客观、全面且尊重的认知。

社会性发展：
适应学校生活

入校陪读的观察体验，让我比以往六年都更了解无忧。我最开心的是我终于可以理解无忧的各种行为表现，这种理解不仅安抚了我焦虑不安的情绪，也支持我摸索出了养育无忧的办法。实际上在我进班陪读了3个月以后，我和班主任蔡老师就一致认为无忧已经基本能够约束自己在校的行为，可以适应学校的各项规则，独立上学了。

因为刚陪读时考虑到孩子得有个适应过程，而且下午也没有主课，无忧那时候是早晨上半天课，在学校吃过午饭后就回家了。无忧独立上学以后不久，我找蔡老师仔细商量了一下他下午恢复上课的事情。蔡老师对此最主要的担忧是无忧的情绪问题，她说孩子们午饭过后精力明显下降，状态都有点散漫。这让她担心如果无忧下午在学校遇到了什么挫折，情绪又会失控。

不过担心归担心，蔡老师还是愿意让无忧先尝试一下下午上学。但事实证明蔡老师的担忧是很正确的，无忧恢复下午上课的第二天，就因为在科学课上弄不好自己的天平而情绪崩溃了。他其实很期待这节科学课，还想给科学老师和同学们展示一下自己对重力的了解。我收到蔡老师的微信去班里接他的时候，看到他哭红的眼睛，疲惫的神情和失落的表情，就立刻意识到他还没有准备好，下午上课操之过急。

于是整个一年级无忧都是早晨上半天课，下午在家里自由安排。他可以在线上课，做功课，做运动，看他喜欢的书籍或者科普视频，绘画，或是和我们聊天，总之活动很丰富。

在一年级的这一整年里，无忧的变化令我们又惊喜又感动。他越来越熟悉和适应学校的生活和节奏，特别是在体育课、音乐课、形体课这样的课堂氛围相对开放、松弛的课程上，他已经能分清"我想"和"我该"，较好地约束自己的行为，不像刚开学那会儿满场乱飞，倒地打滚儿，活像只没有大脑的小动物了。

他也渐渐找到了些学校生活的趣味，开始观察同学和老师们的言行举止，经常回家和我们讲学校里发生的事儿，谁说了什么还挺有意思的，哪位同学哪里没做好被老师批评了，哪个课程里的知识点他觉得不够准确啦，甚至哪位女同学的头花还挺好看的。我听了很是享受，要知道刚开学时，他整天制造突发状况，压根儿没有心境去观察周围的环境。而班主任蔡老师给无忧学期评语上写道："这学期你的进步可真大！老师知道你长大了……"。

他的学业表现也令我们满意，有规律的学习习惯正逐渐养成，汉字越写越端正，对语文课文、故事的理解也越来越有层次，感受力越来越好。期末的学业测评显示无忧对学习内容的掌握非常好，尤其是语文，进步非常明显。无忧拿着自己的"小学生综合素质评价手册"看了又看，我想他已经体验到了认真而持续的努力之后取得收获给他带来的收获和成就感。

我发现无忧的社会情感明显变得丰富细腻了，他开始能够察言观色，尤其是对重要他人，他不仅能够识别对方的情绪，还能够做出比较恰当的回应。他的社会认知也不再那么简单、僵化，他开始关注他人的想法和意图，并且能够对自己的行为表现有所反思，他甚至还能够积极地寻求问题的解决办法。

一年级下半学期有一天下午，因为写生字练习的事情我面露不悦地说了他几句，并且暂时离开了他的房间。他跟出来说："妈妈，我不懂该怎么做，您能教给我吗？"那一刻我突然感觉到一种深深的连接感，眼泪刹那间模糊了双眼。

无忧说的"不懂该怎么做"，即是说写字该注意什么，也是说该怎么去应对他自己的情绪和我的情绪。孩子是在寻求更好的解决办法，他在主动寻求和我之间的情感连接。那天我俩交流了很久，你看着我，我看着你，四目相对。我终于体验到了陪读时体验到的无忧的小同学们带给我的温馨感受，我永远忘不了这种感觉。

当然，无忧在学校里依然有他的困境。最主要的就是他还是不能融洽的和同学相处，虽然他想和大家一起玩儿，希望大家喜欢自己，但是他和同学的互动方式还是会令对方感到不舒服。

比如在沟通方式方面，无忧很喜欢拥抱同学，而且劲儿有点儿大，他讲话时距离对方太近，一着急说话还很结巴，他聊天的内容也总是会回到宇宙天文方面。在社交情感方面，很多时候无忧还不能理解和消化对方对自己的消极态度，特别是在他觉得自己并没妨碍到别人，甚至对别人还很友善、有期待的情况下，这会让他感到非常沮丧、退缩，偶然也会故意搞一些小破坏来发泄自己的消极情绪。

无忧的社会性发展还有很长的路要走，很显然他已经上路，我们已经在路上。

无忧妈妈的话：

　　本章开篇，我带着无忧坐在北医六院儿科候诊大厅的一幕，发生在2021.9.22那一天。尽管这距离我写作这本书的时间还不到一年，但在我心里，这本养育无忧的书我已经写了七年。

　　这七年间我经历过：初为人母的喜极而泣，发现孩子某方面很聪明时的洋洋得意，怎么等孩子也不开口讲话的万分焦虑，孩子上幼儿园冲突不断、麻烦不断的痛苦煎熬，上了小学进班陪读后的醍醐灌顶，深入了解孩子后终于知道孩子怎么科学养育的感恩笃定，以及见证孩子一天天成长，越来越好的暖心幸福。

　　养育就是一场修行，我把这期间的五味杂陈、个中滋味分成7个小节，真诚地与大家分享。或许正在阅读这本书的您，会对其中某几个片段感到很熟悉，正为此感到困惑不已，想要知道孩子究竟是出了什么问题，更想知道该怎么才能养好咱们的孩子。那么我相信我们的这本书会带给您很多启发，也能提供给您大量可供参考的养育思路和方法。

用心智影响心智

引导心智（Guide the Mind）

在上一章中，我结合自己养育无忧的丰富经验，仔细梳理和分析了孤独症孩子的行为表现。为了更好地帮助大家整理思路，我将分散在上一章 7 个小节中的"孤独症孩子的特征"整理成一张层级图，见下页图 1。图中最上面一层是孤独症孩子的非典型神经发育，第二层是他们的感知觉、情感、认知、个性品质的特征，第三层是这些特征的 6 大类外部表现，第四层则是这些表现的细节。

以下是对这张图片的几点说明：

1. 第四层里罗列的某些行为特征，家长一般都是在孩子成长的过程中逐渐观察到的，而且通常很难把这些分散的信息科学地整合在一起，形成对孩子较为全面、客观的理解。我们建议家长如果对自己孩子的某些表现心有疑虑，及时寻求专业人员的帮助是很有必要的，这有助于孤独症的早发现和早干预。

2. 孤独症孩子的有些心智特征乍一看好像互相矛盾，令人费解。比如他们的社会认知困难 / 非社会认知优势这一对特征，家长往往更强调后者，而老师，尤其是幼儿园老师通常更关注前者。我们建议家长和老师要相互信任，共享信息，积极合作。这样才能整体掌握孩子在不同环境中的行为表现，有助于及时发现问题，并且有效开展家园 / 家校共育、共建的融合教育。

3. 孤独症孩子的社交沟通问题和情绪问题是神经非典型发育的结果，孩子们有独特的感知觉和认知模式，他们在社交情感和社会认知上存在现实的困难，因此表现出种种不恰当的、难以理解的行为。孤独症孩子的成长需要环境的支持，除了家庭的养育环境以外，我们建议家长要作为孩子和外部环境的桥梁，积极建设周边环境，为孩子的发展提供

图 1 孤独症孩子的特征

有利的条件。

4. 养育孤独症孩子是一件困难的事情，尽管孩子们有令人称道的某些优势，但是他们的心智状态容易让抚养者受到情感上的强烈冲击，有时会令人十分沮丧。我们建议家长朋友们安排好自己的日常，照顾好自己的身心，找到适合自己的缓解压力的办法。唯有这样才能实现可持续的养育和家庭共赢。

5. 孤独症有复杂的异质性，有关孤独症的成因至今也没有定论，而且可能很难有一个理论能解释孤独症所有的行为表现，也许不同的理论适用于不同的孤独症亚群体。我们给出的这个图可以视作基于深度个案观察的孤独症现象层面的一种分类和解释。

孤独症可以看作是一种基于神经非典型发育的社会性能力的缺损，同时又具有非社会认知能力的优势。家长可以通过科学、正念的养育帮助孤独症孩子持续提升社会性能力，以达到基本满足和适应环境要求的程度。家长们也需要关注、尊重，并适度培养孤独症孩子的个人兴趣和优势能力，这不仅有助于孩子们认知能力的全面提升，也能以兴趣为跳板促进孩子社会功能的发展，还有利于孩子的自我认同和心理健康。此外，从职业发展角度来讲，放眼未来，孤独症孩子完全有可能在科学研究、艺术创作等个人优势领域为社会创造出重要的价值。

然而我很遗憾的见到过不少高功能孤独症孩子，尽管在幼儿园阶段"问题不大"，在小学阶段学业成绩名列前茅，又顺利地考取了当地很好的重点中学。但是心智发展的日益失衡、越来越严重的社会认知偏差和社会情感能力的缺失，导致孩子们在新的学校遭遇重重困难，认知超载，情绪崩塌。不仅难以继续学业，很多还伴随焦虑、自残自杀等精神障碍，以及头晕、恶心、失眠等躯体化问题。

家长们面对孩子"突变"感到痛苦不已，可仔细回忆孩子的成长历程，才意识到这一切其实早有迹象，只不过因为问题没那么严重，环境还能容忍，孩子学习成绩又好，就没当回事。而在和孩子沟通时，才发现孩子心里其实已经积累了太多的困惑和压力，他们能意识到自己与环境格格不入，明明有社交需求但常常弄巧成拙，让别人更加回避自己。他们对此难以理解，逐渐形成了各种心理补偿的办法，保持好的学习成绩就是其中之一。而到了新的环境中人人都很优秀，高强度的竞争和高度自律的要求，就是那压死骆驼的最后一根稻草。

当我看到这一切，看到这些家长眼中曾经的"非常聪明"，"有些古怪"的小机灵、小可爱，在十三、四岁的年纪就休学，在十五、六岁的年纪因为考虑要申请康复补贴或者入学等要求被家长办理了"残疾证"，其社会适应能力甚至退化到了"重度精神残疾"的程度，我的心真的在流血！

这些孤独症孩子原本可以有更光明的未来，可人生就此被贴上了"残疾人"的标签，这足以反映出我国社会整体对孤独症认知的不足，孤独症科学诊断干预体系的不完善，以及相关资源的严重匮乏。这不能不说是种巨大的遗憾和损失，我们为家庭，为孩子做得太少了！

由衷地希望我们这本书可以起到很好的科普教育作用，帮助大家科学认识孤独症谱系障碍，正确理解孤独症孩子表现出的不当行为和情绪问题，我们也期待这种科普教育能促进人们对孤独症孩子多一些接纳、尊重和包容。我们更希望这本书能带给孤独症孩子的家长切实好用的养育思路和干预方法，帮助大家科学、正念的育儿，把孩子培养得越来越好。

歪理磨人：
令人啼笑皆非的社会认知

小学生无忧带给我最深的"折磨"，与其说是他的不守规则、极端情绪，不如说是他的"歪理邪说"。我发现无忧不是不能形成社会认知，而是他的社会认知非常的简单、机械、僵化。一旦事情的发展突破他的认知，他就会情绪激动、难以沟通、行为不当。

上一章中我提到过，一年级刚开学时，无忧曾经因为自己不小心把水彩笔的塑料盒盖摔坏了，就非得逼班主任蔡老师给他马上修好，而且一定要修得和以前完全一样。蔡老师一开始还很有耐心地帮他用透明胶带仔仔细细粘好，并安慰他说这样能用就可以了。可是无忧不依不饶、嚎啕痛哭、不讲道理，无法沟通的样子，让蔡老师无奈之下只能给我打电话让我来把他先接走。

那天我接到他以后，他明显还在情绪的余波中，嘴里一直嘟嘟囔囔："那就不行了，那就不行了。"

我又好气、又好笑地问他："什么不行了？"

没想到这一问可算是捅了马蜂窝，无忧好像突然想起什么似的，调高音量、哭哭啼啼地拉着我的手说："妈妈，你再去晨光（文具店）给我买一套新的彩笔！必须现在就去！"

看他这么着急，我轻轻拍了拍他的后背，声音温和地安慰他："咱们先回家去，休息一会儿下午再去晨光买，好吗？"

可他压根不想听我说什么，两个手一起上来用力扯着我的衣服："不行！现在就去，不然就没有了！"那一把鼻涕一把泪，满脸通红，声嘶力竭的样子，直引得路人侧目。

"不会没有的，多得是呢，咱们下午再去就行了啊。"我再次尝试安抚他。放学到现在我都还没有来得及和他聊他今天在学校的行为表现，现在他竟然还是这个样子。我能感到我的情绪已经有些起来了。

"如果没有了怎么办？"这时他开启了他常见的"如果"模式。

"不会没有的，如果没有了就买别的也可以呀。"我的语气开始有些不耐烦。

"但是我不想买别的，我就要一模一样的，不然就不完美了。"他又开启了"但是"模式，以及"追求完美"模式。那上气不接下气说话的感觉，我都怕他吐了。

深吸一口气，那天我决定还是先回家。我快步走着，阴沉着脸不再说话，无忧一边小碎步紧跟着我，一边继续哭嚷，一边像复读机一样重复他那几句话。直到回到家过了将近 10 分钟才慢慢刹住车，走到头晕脑涨的我面前，一脸无辜地说："妈妈，我要吃饭。"

我算了一下，那天他为了彩笔盒盖的事儿至少哭了 40 分钟。而类似的场景在一年级上半学期可不在少数：老师让多改几遍错字他崩溃了；老师暂时没时间给他批改作业他也崩溃了；这节课任务没完成，下一节课不能上他又崩溃了。前面提到的我把嬉皮笑脸的他从操场上拉到教学楼走廊里那次，他更是"大崩特崩"，"歪理"连篇，简直令人无力招架。

他这样子，别人很容易误以为是缺家教，惯坏了导致的任性、霸蛮。可实际上 6 岁的普通孩子，就算是淘气任性的，为这样一件小事哭闹不止持续 40 分钟也是不常见的事情。后来我在陪读期间和班主任蔡老师多次交流过无忧的这种表现，这位有着 32 年教龄，带过许多孩子的优秀教师也认为这和孩子自身的发育有着很大的关系。

陪读那三个月，我每日仔细观察并记录无忧在校和在家的各种行为表现，渐渐的，我感受到无忧的那些"歪理"和情绪崩溃有如下共同点：

从认知方面而言，无忧的心中有他自己的一套简单的"量化"逻辑。盒盖该是好的，否则就是减分，不完美了。字写得不够好，多改几次就太多了，也不完美了。作业写完了，老师来不及批改，可有的同学已经批改完了，能先得小红花，别人先自己后，不完美。操场上别人把操做完了，自己没有，就算明天还能做，也不完美。就算自己现在能去再做一遍，但没有同学和老师陪伴，不一样了，也是不完美。

无忧在用尺子丈量人和事儿，多一点儿，少一点儿，都不行，都叫不完美。

这种"量化"逻辑也出现在他生活的方方面面。比如他喜欢用数量来表达感受，疼痛有几分，饿度是百分之几，能量还剩几格，给妈妈的爱量是多少。通常边说还会边说用手在空中比画数量的增减。聊他感兴趣的话题时就更清晰可见他眼中的量化世界，北京有几环，多少条高速公路，北京海拔多少，我家离植物园有多少公里，香山有多少米，珠峰有多高，对流层是几公里，多远就到了外太空，一直说到恒星系统的各种数据。说的时候信手拈来，滔滔不绝，自信满满。

联想到他在一岁以内就已经表现出的对有规律的几何图形和数字的兴趣、对自然科学绘本的喜爱，以及在这些方面的擅长。有一天我恍然大悟，原来无忧是把他擅长的找量化规律的逻辑迁移到了社会认知上！

自然科学系统是可量化的，有明确客观规律的，无忧这种"量化建模"的认知模式很适用于这个系统。可是当他将这种认知模式应用于社会系统和人的心理系统，一方面尽管这两个系统也有规律可循，可它们却复杂得多，充满主观性和不确定性。他这种简单的"量化建模"显然太过粗糙、机械了。另一方面普通孩子的社会认知和心理理论是在社会化的过程中自然而然习得的，在变化的场景中孩子们通常可以通过直觉做出快速而准确的判断和反应。无忧的"量化建模"又显然过于僵化而缺乏变通。

想到这些时，我也不难从情绪方面理解无忧的崩溃了。他当然想用自己的方式理解这个世界，掌控周围的环境。他甚至还对自己的理解很自信。但上了小学，在规则多，要求高，节奏紧的情况下，他突然发现自己处处碰壁，举步维艰。他一时还难以领会到底发生了什么，为什么这世界不像他的想象，为什么会有这么多要求。"这也太难了！"这是无忧自己发出的感慨。可以感受到一种自信备受打击、慌张焦虑、畏难退缩的混合情绪。

不仅如此，无忧的价值系统的失衡也会令他对社会性的奖惩和社会环境信息不敏感。在老师的表扬和批评对他的作用不大，同学的赞许和厌恶对他的影响不大，学校的氛围和班级的环境对他而言缺乏约束力的情况下，他的情绪就更加不受抑制，倾向于极端爆发。

无忧的"歪理"其实"不歪"，只是因为太过机械、没有变通，从而像是无理取闹。

它们来源于无忧的非典型发育的神经系统，这个系统善于寻找量化规律，进行"量化建模"。但在充满主观色彩、情感色彩和不确定性的社会情感和社会认知方面存在缺损。在成长的过程中无忧用"量化建模"的认知模式去学习宇宙、天文等他喜爱的科学主题，在这些领域如鱼得水，无师自通。他也发展出用自己擅长的这种认知模式去理解社会性信息的认知补偿，却导致了明显的认知偏差和适应不良。随着年龄增长，环境对他的要求越来越高，他开始经常因为一些小事和环境产生冲突。而他价值神经系统的失衡又使得皮层对情绪的抑制能力不足，以至于他的情绪反应经常表现得非常激烈、持久，给人以夸张、反常的感觉。

简而言之，无忧"歪理"的成因是他的神经特质，特点是机械、僵化，并且常常和他喜欢的事物和主题有关，功能是理解世界，掌控环境。而这恐怕也是孤独症孩子的一个共性。

我在和年纪大一些的孤独症孩子做咨询的时候，常常对他们认知偏差的程度感到惊讶。

一个从小就喜欢武器装备的 15 岁的孤独症男孩认为年级里的同学都故意排挤他，因此他们都是坏人，他想自己制作武器把他们都杀死。他说"就是这么简单，用 ** 型号的手榴弹就可以搞定"。学校因为他的危险言论和在校的其他不当行为要求他暂时休学了。

另一个很骄傲自己拥有"计算机一般的大脑"的 15 岁男孩，想用计算机一般的方式理解他所遇到的那些"奇怪"的人和事儿，却导致自己认知超载。先是靠药物帮助入睡，后来内耗到再也无法集中注意力，被迫休学。他这台电脑"当机了"。

还有一个 14 岁的女孩儿，小学阶段成绩出类拔萃，学什么都毫不费力。但她有一个秘密，她一直觉得身边的同学都笨极了，就像一群"傻鸟"。私下里她会在脑海里编各种故事，故事中同学们都是小丑一样的角色，而她自己则是"闪光的女王"。顺利考入重点中学以后，她惊讶地发现身边的同学都很强，她引以为豪的学业表现在这里也毫不起眼。而且很多女同学又好看，学习又好，大家还都喜欢她们。当她聊以自慰的"故事"再也编不下去，这个女孩子开始迷恋电子游戏，在这个虚拟的世界里继续扮演"闪光的女王"，最终导致休学。

这三个孩子都是小学阶段的优等生，又都顺利考取当地的重点中学，然后在初一、初二就休学在家。"武器男孩"的父亲想把他"打醒"，但孩子的问题却越来越严重，思想和行为越来越极端，自理能力也严重退化了。"计算机男孩"的父母先是着急让他返校上学，别耽误了考好高中，上清华。后来又被孩子彻夜不睡、眼神空洞的状态吓着了，对孩子产生了回避和放弃的心态。他们给孩子重金请了个家庭教师，让家中老人照看生活，自己用出差来麻痹精神。而"故事女孩"的家人则是彼此埋怨，父母闹到了要离婚的地步。而她自己游戏成瘾，压根再也不想回到学校上学。

这些孩子都是高功能孤独症孩子，他们的确诊之路也很曲折，曾被诊断为神经衰弱、睡眠障碍、强迫障碍、对立违抗障碍、品行障碍、焦虑障碍、抑郁障碍等。等到最终确诊高功能孤独症，往往已经过了大半年，甚至一年多。他们的父母通过医生的讲解，阅读医生推荐的书籍等方式了解到这种发育障碍的认知、情绪、行为的外在表现后，都感到"恍然大悟"。原来孩子不是故意要那样做的，原来也真的不是家人养育的问题。可是确诊之后马上会陷入更大的困境，亲子关系已经被破坏，孩子状态很糟，积重难返，不知道该怎么办。

值得指出的是，像这三个孩子一样直到初中才确诊的孤独症孩子还不在少数，这也能从侧面反映出孤独症谱系障碍的复杂性和异质性。功能不太好的孤独症孩子因为症状表现明显，通常会在幼儿园之前就得到诊断。但一部分中功能和高功能孤独症的孩子直到小学高年级甚至初、高中阶段才确诊，此时孩子们已经在他们"隐秘的世界"里越走越远。

也要再次提醒大家，**语言发育问题并不是孤独症谱系障碍的核心问题**。这三个孩子不仅语言发育都正常，"故事女孩"的语言发育甚至还远超同龄人。语言问题只是孤独症的社会性发展问题的表现之一，不是所有孤独症孩子都有语言发育迟缓的问题。

家长要像重视孩子的身体和动作发育一样，重视孩子的社会性发展。实际上，那三个孩子的父母在回顾孩子成长历程时，都表示孩子的社会性发展的问题其实早有迹象。只是看孩子学习成绩这么好，这么聪明，其他的也就没当回事。这种心态也是我似曾相识的，希望家长们引以为戒！

此外，养育孤独症孩子对家长和家庭而言是个极大的挑战。面对孩子的偏执认知、不当行为和极端情绪，"武器男孩"的父亲的暴力惩罚式教育，"计算机男孩"父母的逃避放弃以及"故事女孩"家长之间的互相埋怨，其实代表着家长们在焦虑、无助的状态下的三类典型的非理性反应。可这些做法不仅于事无补，反而适得其反，让孩子的状态越来越差，家庭内部的冲突也越来越激化。

要想带领孤独症孩子从认知偏差和情绪的困境中走出来，作为家长首先要正确理解孩子的那些"歪理"和极端情绪的成因、特点和功能，才能做到心中有道，手上有法。

因此在深入理解无忧的认知和情绪问题以后，我们立刻调整了养育的思路。我们意识到面对无忧心智发展的失衡，最需要的恰好是我们自己保持清醒的头脑，呵护好我们和孩子之间的亲子关系，用自己成熟的心智持之以恒地去引导孩子的心智发展。

每日复盘：
帮孩子提升社会认知

复盘，是我们平日在生活和工作中常用的一种思维工具。我们会在日常使用"要事复盘"来梳理重要事件，会在工作中使用"咨询复盘"来帮助来访者和我们自己回顾每次咨询的内容要点等。复盘不仅仅是对事件的回忆和整理，更重要的，它是一种对个人心智状态进行觉察和反思的过程，有助于人们拓展视角、提升认知、调整行为。通过复盘，可以帮助我们出局反观，跳出庐山看庐山，培养我们的觉察内省能力。和孩子一起复盘，也可以帮助孩子提升觉察力，增进前额叶皮层的统合功能、叙事能力，提升孩子的心理灵活性。

陪读第二个月开始，为了训练无忧的心智，我就开始在每晚睡前带无忧进行"每日复盘"。我和无忧的"每日复盘"大致可以分为如下四个步骤：

1. 简要叙事：简要回顾当天的家校生活；
2. 强化优点：表扬有进步的行为；
3. 分析不足：分析需要进步的行为；
4. 预演明天：简单梳理第二天的家校生活。

这四个步骤无须严格按顺序进行，可以视复盘当天的情况灵活展开，但是这种顺序比较容易帮助孩子接受复盘行为，特别是强化孩子做得好的、有趣的事情，有利于孩子以一种积极情绪参与复盘，积极情感也有利于神经连接、拓展心理资源。看似平常的四个步骤，其实包含着许多养育孩子的小妙招。我将以 2021.10.26 发生"操场事件"那晚的复盘为例，给大家详细展示该如何具体的应用。

在上一章中大家已经看到，这天下午我们夫妻二人其实已经仔细复盘过"操场事件"。通过设身处地的换位思考，我们认为无忧表现出的过度关注外界的物理刺激，而全然忽视社会规则的行为特征，与他的价值／社会神经系统的非典型发育有关。这次复盘让我彻底意识到无忧从神经层面而言是和我们截然不同的人，我要理解和接纳他的行为，放下想要尽快改变他的执念，对他的成长有个更为合理的期待。

在有"大事"发生的当天，父母先行复盘是非常重要的。这不仅是我们透过孩子的行为表现深入地理解孩子心智状态的一扇窗户，也能促进家长统一思路，齐心协力不断探寻和调整更为正念的养育方式，还可以有效地帮助大人调节自身的情绪，让我们能够以更加平衡稳定的状态去面对孩子。

经过下午的复盘，那天晚上 9:30 左右，洗漱完毕，当我和无忧一起躺在床上时，我的心情是一种前所未有的开阔和平静。

无忧在床上舒服地伸着懒腰，翻滚着，已经养成复盘习惯的他主动问我道："妈妈，今天有什么好事儿？"

我乐了，心想这大约是在为今天操场上的"疯狂行为"做铺垫呢。于是我说："今天啊，好事特别多！宝宝先说一个呗？"

听着我语气轻松愉悦，无忧显然很高兴，他说："我能说好几个呢！我早自习纪律很好，数学课纪律很好，语文课纪律也好！"说话间身体还开心得一扭一扭的，像条可爱的小鱼。

"对，还有宝宝语文课回答问题也很积极。"我补充道。无忧听闻侧过身抱了我一下，这母子之间的温馨之情令我们都享受其中。

虽则短短几句对话，但在我刚开始带无忧复盘时，我们之间的交流并没有这般流畅，情感状态也没有这么和谐。那时候更多是我在主导话题的方向与内容，我问一句，他答一句。有的时候他连答也答不出来时，就是我说完句子的大半，留一些关键词让他"填空"。他填空也填不出的话，还要提供选项让他选择。

在这个过程中，家长要很有耐心，因为复盘的过程是一个极为重要的引导孩子注意力的过程。孤独症孩子的注意力焦点往往与众不同，倾向于忽视社会性的信息，因此在被问及相关信息时会呈现出茫然或者很费力的状态。还会表现出不感兴趣，想要转移话题的不耐烦情绪。

可孩子越是如此，对话越是有阻抗，家长就越是要有耐心。因为孩子的大脑发育有一个简单的原理，就是注意力在哪里，神经元就在哪里发育。家长持之以恒地带领孩子复盘，就是在重塑孩子的大脑，特别是他们有缺损的社交神经系统。在此也推荐大家读读丹尼尔·西格尔博士的《心智成长之谜》，此书更加系统地介绍了孩子心智发展离不开与父母的同频共振的信息交流，父母的大脑心智模式可以塑造孩子的心智模式。

语文课说完了，该说说操课了，我正在组织语言，就听见无忧语气狡黠地说，"妈妈，操课也挺好的吧？"虽然是关着灯在聊天，但借着窗口的微光，我还是可以看到他亮晶晶的眼神。

想起今天一整天我自己五味杂陈的复杂情绪，不由得感慨，我的情绪并不是孩子的情绪啊。当我还在考虑措辞的时候，人家却早已经烟消云散了。"哦？操课哪方面好啊？"我反问他，想听听他会怎么说。

"操课好玩儿啊！"无忧毫不犹豫地回答道。这也是下午我问他为什么不守纪律，到处乱跑时他的回答，就是"好玩儿"。

幸好有之前的复盘做准备，听到这个回答，我非但没有感到生气，反而觉得很真实。无忧确实是觉得那样疯跑很好玩儿，就如同一只小动物撒开四蹄快乐奔跑那样。"你从你们班一直跑到了二（2）班，哈哈笑着，连蹦带跳，还带转圈儿的。看着就很开心。"我的语气中没有一点儿批评，更像是一种感受的分享。

"开心呀！"听到我这样说，他立刻贴近我，那一刻有种心连心的感觉。

"妈妈看见你跑的时候还拍了二（1）班一个小姐姐一下，你认识她吗？"看他状态很松弛，我有意问他这个问题。

"不是拍，是踢！"他倒是记得很清楚，"我不认识她，但我想让她和我一起玩儿。"无忧的语气真诚、坦白。

早晨他跑回本班时，用脚轻轻碰了二（1）班后排一个小姑娘一下。正是他这个举动让我决定立刻将他带离操场。现在看来无忧这个动作确实是想让同学们和他追逐打闹，一起玩儿起来。

孤独症孩子的情绪有时确实让人难以理解，他们的逻辑也常常令人哭笑不得。家长们在这种情况下最容易犯的错误是不接纳孩子的情绪，不想听孩子讲那些"歪理"，只想让孩子赶紧服从自己。可是却发现孩子不仅不配合，还会产生逃避和对抗的行为。

情绪反映出个体的生物特征和行为经验，情绪是宝贵的信号，是人类进化的宝贵本能，它本身是无所谓对错的。就拿无忧来说，在社会规则对他尚缺乏意义和约束力的时候，外界的感官刺激和奔跑时产生的运动感觉刺激就是会带给他很快乐、很积极的情绪。作为家长，我们非但不能去否认孩子的真实情绪，实际上因为孤独症孩子的情绪价值系统异乎寻常，我们亲子复盘的核心要点之一就是要去理解和协调孩子们的情绪，并且通过这样的互动逐渐教会他们识别和调节自己的情绪。

接纳和理解孩子的情绪，才会令孩子感到安全和释放，他们的情绪才会平静下来。此时正是引导孩子开动脑筋，对事情进行反思和分析的好时机。

感受到无忧兴奋的情绪越来越平稳，我觉得是时候让他关注到更多的事情了。"你很开心地在操场上跑来跑去，那后来呢？后来发生了什么呢？"我的语气充满好奇。

"妈妈，你为什么把我拉走了？"好像是突然想起这个后续一样，无忧有些沮丧地问我。

"你记不记得，在妈妈把你拉走之前发生了什么？"我提示他回忆细节。

"蔡老师说要扣我的小红花。"他开始注意到蔡老师对他的警告。

"妈妈记得蔡老师说，你要是认真上完操课，就给你奖励3朵小红花。"我描述更多的细节。"后来是看你实在不守规则，才说要扣的，对吧？"

"嗯，"无忧若有所思。

"还有什么？同学们和你一起疯跑了吗？"我继续引导他关注周围的环境。

"没有和我一起跑，他们害怕蔡老师扣小红花。"无忧脱口而出，看样子他倒是知道别的同学在约束自己的行为。

"你看到其他同学都不敢乱跑，也听到蔡老师说要扣你小红花，那你怎么还乱跑？"我启发他进行思考。

"因为好玩儿啊，"虽然又绕回这句话，但我能感觉到他这时候的语气没之前那么确定了。

"那你不在意老师扣你小红花？也不在意同学们怎么看你？"我反问他。

"我在意啊！"他马上回答。

"妈妈知道你是在意的，可你还是觉得乱跑好玩儿，你有点控制不住自己。"我把刚才的对话做一个完整的叙述，帮助他整理思路，"可操课有操课的规矩，你记不记得妈妈在拉你走之前，和你说了你要是再乱跑，我就要带你离开操场？"我进一步推进他的思考。

"不是什么事都有机会的吗？就是1、2、3，三次机会，至少也有1次机会的啊。我已经跑了一圈了，我再跑一圈就行了。"又是这种熟悉的"量化逻辑"！无忧的意思是，他在心里数着呢，他再跑一圈就不跑了，我应该给他这个机会。

"无忧，妈妈问问你，是所有事情都有好几次机会吗？你能举出不同的例子吗？"比起直接说教，这种开放式的问题更有利于激发无忧自己进行复杂的思考。

"不是！比如说一个小孩儿不听妈妈的话非要闯红灯乱跑，那他可能就直接被车撞出宇宙了！都死了，就一次机会都没有了。"他在黑暗中边说边比出一根手指，我感觉他浑身都在用劲儿似的。他这例子举的虽然很极端，但也在理。"蔡老师都说了，我再乱跑就不让我上操课了。"他还联想到了今天蔡老师吓唬他的话。

"嗯，你说得真好。乱跑一次就可能让小孩儿付出生命的代价，乱跑一次也可能让小朋友失去上课的机会。"我总结道。

"可是我乱跑也不会死啊，"无忧马上觉得在马路上乱跑和在操场上乱跑不可相提并论。

"你再乱跑就不允许你上操课，是因为你严重影响了操课的秩序，也影响到其他班级的同学和老师。"我提醒他关注环境中的规则和对他人的影响。

"可是有的同学也很开心啊。"无忧觉得有个别同学冲着他笑，是因为他们觉得他那样很有趣。

"无忧，早晨大多数同学都在皱着眉头看着你，有的还边看边摇头，你注意到了么？"我引导他关注大多数同学表现出的非语言信息。

"摇头是什么意思？"很显然他没有关注到，也不太理解。

"你感受一下"，我在他身旁一边摇头，一边叹气。我知道他能看见。

"妈妈我知道了，他们在笑话我！"无忧感受到了同学们的这一层情绪。

"有一点笑话，还有生气的情绪，你感觉到了吗？"我追问。

"生气吗？为什么？"他表示疑惑。

"你想啊，同学们刚刚站得很整齐的队伍被你横冲直撞给弄乱了，大家也不能好好地在自己的位置上做热身运动了，你觉得大家生气吗？"我启发他换位思考。

"……"，无忧陷入思考的沉默，好事儿！

"就像你正在拼一个乐高古建，马上就拼好了，却有一个小孩儿给你弄坏了一部分！而且他还想再给你弄坏一部分，因为他觉得这样很好玩儿……"我紧接着用无忧喜欢的活动加强印象，以便增加他的体验感。

"妈妈你别说了！那个小孩儿可太坏了！"我还没说完，他就忿忿然道。看样子他是有些感受了。

"我知道我们无忧可不是那样的小孩儿，是不是啊？"此刻我的语气中充满了信任和鼓励。

"我才不会那样呢！"无忧很确定地大声说。

通过我和无忧的这段对话，大家的直观感受也许是 6 岁的无忧的社会认知可能仅相当于一个普通 4 岁孩子的水平。他的表达是自我中心的，常常忽视语境信息，难以进行换位思考。这也是孤独症孩子的普遍特征，常给人以幼稚、任性的印象。

家长们要深知孩子们的这些特征绝非是"幼稚"的体现，在家庭教育方面，也不是按照神经典型发育儿童的养育方式来教养就可以。我们需要专门对孩子进行科学的社交干预和训练，全方位地促进孩子的社会性发展。

带孩子进行"每日复盘"就是一种很好的社交干预方法，家长可以在复盘的过程中巧妙的、随机应变地引导孩子从多个角度去观察事件、认识自我，并且学会考虑他人的感受和环境的要求。"每日复盘"，每天积累，孩子的社会性能力就会得到持续的发展，与社交缺陷相关的情绪和行为问题也会得到相应的改善。

在复盘的过程中，家长要注意自己的沟通姿态。我们要鼓励孩子表达自己的观点，允许孩子提问和质疑，欢迎孩子自己提出解决问题的方案，接受孩子的谈判，并且在必要时作出适当的妥协。

这样的交流沟通对孩子的心智发展才是有价值的。不仅能够激发孩子对亲子交流的兴趣，也能促进孩子以开放的心态对自己的行为进行积极的反思，还有助于培养孩子理解自我和共情他人的能力。而且这种交流本身就能促进温馨美好的亲子互动关系，是家长以身作则的社交示范。这会带给孩子积极的人际互动感受，是鼓励孩子与他人建立关系的很好办法。

相反，家长如果总是限制孩子表达真实想法，强行给孩子下命令或者提要求，或是着急给孩子提供现成的答案，想让孩子赶紧照做。这些做法不仅不能起到锻炼孩子心智的作用，反而会让孩子积累困惑，感到压抑和不公，引起孩子防御性的对抗反应，让孩子的情绪和行为表现更加冲动、僵化。

孤独症孩子的"歪理"其实不歪，那是孩子们未平衡发展的心智的认知局限。家长们眼光要放长远，放下想让孩子尽快改变的执念，耐心帮助孩子提升社会认知。在这个过程中，孩子表现出的思考和质疑都是可贵的，这意味着我们的孩子正在成长。

不过想得到和做得到是两回事，尽管无忧声音响亮地表示他不会像我讲的那个孩子那样做，但我的陪读经验告诉我，他一站在操场上，很多约束可能就抛到脑后了。"妈妈相信你绝对不会那样的，可是我们也提前说好，如果你以后上操课时再乱跑，妈妈还是会像今天这样直接把你带走。"我的语气比较严肃。

"为，为什么啊？"无忧期期艾艾地问。

"你不守纪律，妈妈就带你走，这是你和我的操场规矩。"我用简单的语言向他再次明确规则。

"那我忘记了怎么办？妈妈你能提醒我吗？"无忧急切地问，此时的他心里想的已经不是放飞自我的快感，而是害怕被带走的恐惧。听到他主动和我商量解决办法，我心里别提多高兴了。

"可以啊，那妈妈怎么提醒你呢？"我让他来想办法。

"妈妈我忘记了规则的时候，你就说'宝宝，妈妈要带你走喽'，可以吗？"无忧很认真地征求我的意见。

我乐了，他还在模仿我的语气呢，"好！一言为定！"我拉着无忧的手说。

"一言为定"，无忧也紧紧拉着我的手。

那晚的复盘过后，无忧真的没有再在操场上乱跑过。偶尔兴奋过头，手舞足蹈之间又有想飞奔的冲动时，只要我在他耳边提醒，"无忧，妈妈要带你走啦！"他都能刹得住车。

无忧这种变化仅仅是来自复盘的力量吗？当然不是。他不是第一次在操场上乱跑，我也为此带他复盘过不止一次了。结果就是，说的时候道理都懂，一上操场就全都忘掉。无忧行为的改变，和我那天坚决把他带离操场给他带来的深刻体验密切相关，他行为的后果教育了他自己。

家长带孩子做复盘时，我们鼓励孩子发表自己的观点，提出自己的看法，是为了从认知和情感角度去促进孩子心智的发展和整合，培养孩子做出判断和选择的能力。但有时候孩子在行为上是必须服从家长的，没有讨价还价的余地。就像有些规则是必须遵守的，没有商量和周旋的空间。

所谓"没有余地""没有空间"，是指孩子行为不当时，哪怕他是"情有可原"的，家长也必须对孩子进行恰当的惩罚。一来确保孩子的行为不会影响他人，二来让孩子明白他需要为自己的行为负责。

这里"恰当的惩罚"不是指吓唬和打骂孩子，而是让孩子的不当行为产生一个温和且合理的直接后果，用这个后果来教育孩子。就拿无忧来说，他在操课上乱跑就会被我带离操场，他就上不了他喜欢的操课了，这就是种恰当的惩罚。他因为要回避这个惩罚，就得注意约束自己的行为。他就此习得了一个学校里的规则，这对他自己无疑是种重要的成长。

行为学习在生活中非常常见，我们每个人都从中获益。在养育孤独症孩子的过程中，因为孩子们的社会认知能力比较弱，行为学习就更显重要。我会在后面的章节中仔细分享如何应用行为学习帮助孤独症孩子成长。

这里我想强调的是，家长在"恰当的惩罚"之后，要找时间带领孩子认真去复盘整个过程。通过引导孩子对发生的事情进行叙述和反思，帮助孩子识别情绪、重构认知、规范行为，这是一个在亲子互动中塑造孩子心智的很好的方法。

在"操场事件"的复盘中，无忧展现出对话题很好的跟随和参与，我能感觉到我和他的心智之间在发生共振。这是个很有趣的过程，无忧的真实表达带给我冲击，我觉察到我自己明显比一个月前刚开始带他进行复盘时更加稳定，在回应无忧的各种问题时，也更为灵活、巧妙，我们之间的交流氛围也更加温馨、愉悦。

我和无忧在这复盘的过程中相遇，互动，冲突，磨合，共舞。我时常会产生一种意象，就是在一片浓雾中，我渐渐看清楚了无忧，他也看见了我，我们看见了彼此。这或许是我在养育这场修行中，最为深沉的感动。

几个小妙招：
活学活用引导孩子

在和无忧的平日互动、睡前复盘的过程中，我总结出很多好用的养育小妙招。这些方法可以帮助家长巧妙地应对孩子的激烈情绪和机械认知，家长们可以根据自己孩子的实际情况活学活用。

1. 巧对情绪

面对无忧难以安抚的激烈情绪，刚陪读那段时间，我经常和他的班主任蔡老师探讨一个问题，就是无忧这种情绪状态究竟是他完全不能自控的呢？还是也有操纵环境的成分在里面？换句话说，他这哭闹里有没有点儿"故意"的意思？

我们基于观察得到的结论随着时间的推移有个变化。一开始我们都意识到无忧这种极端的情绪是孩子自己不能掌控的，他自己心烦意乱，崩溃失控，根本听不进去别人说什么。到陪读的后期，无忧的情绪控制能力明显见长，但偶尔也会闹一下情绪。他在这个阶段这种情绪就很明显有夸张、故意的成分了，因为只要蔡老师或者我一提示他再这样就会得到某种惩罚，他就可以停止哭闹。

"失控的情绪"和"故意的情绪"是两种常见的情绪，可能所有家长对此都再熟悉不过。只不过孤独症孩子的"失控情绪"太容易被小事诱发，强度又太过激烈，令人难以招架。而孤独症孩子"故意的情绪"表现和普通孩子差别不大，都是在用情绪操纵大人满足自己的某种要求，通常一经提醒就能收手。

面对无忧"失控的情绪"，我可是走了不少弯路。

一开始我总是想通过讲道理让他冷静下来。可是任凭我再怎么耐心的讲理，无忧都完全听不进去，他反而越来越激动。教室里孩子们都在看着，蔡老师也在等待我尽快处理好"危机"，耳朵里全是无忧声嘶力竭的哭嚎。我变得越来越着急，开始言辞激烈，表情愤怒，最后连拖带拽地把他扯出教室。我记得我有几次在教室外面气到失去理智，边推搡无忧的肩膀，边发狠说："你真是个傻子！"现在想来真是令人汗颜。

面对孩子的情绪失控，我也情绪失控了。我很好地演示了一个成年人的崩溃，我都忘了尽管我自己还是一位心理咨询师，我的"失控情绪"也是如此汹涌，更何况一个六岁的孩子呢！而在咨询室里时，我又何曾这样粗暴地处理过来访者的情绪？是我的共情，是我对来访者情绪的接纳帮助他们慢慢平静下来的啊。

复盘，再度提及这个好用的方法，在我和先生复盘过好几次无忧和我的情绪问题之后。我觉察到自己内心的一个误区，就是我还是没有正视无忧自身的发育问题，还是对他有不切实际的期待。这导致我总是着急解决问题，却难以慢下来去和无忧共情，我的这种姿态又进一步激化了无忧的情绪。于是我们的情绪裹挟在一起，很快就陷入了恶性循环。

除此之外，我还意识到一个我没有处理好的地方。每次我都是在教室里处理无忧的情绪，我的心态说到底还是想让他赶紧好好上课。可是我在教室里喋喋不休讲道理，无忧在教室里哭，这对班级的秩序和老师授课都造成了不小的影响。而且有时候我想带他出教室时，一看到他痛哭流涕，不想出去的样子，就又有些心疼他。纠结之间既没有处理好他的情绪，我自己也越来越焦躁，还影响了其他小朋友上课。

我知道在孩子故意发脾气时，我不能做出让步，否则他会变本加厉。可是我那时却没有想明白一个问题，就算孩子有自身的困难，就算他的极端情绪情有可原，可如果他的行为已经明显影响到了他人，作为家长我也应该坚定地将孩子带离当下的环境。这本身就是在给孩子做出行为的示范，让他体验到我们要学会承担行为的后果，为自己的行为负责。

最终经过这些自我反思和持续的实践摸索，我找到了一套比较好用的管理无忧"失控的情绪"的办法。我将之总结为"定好规则，接纳情绪，灵活安抚，坚守界限，复盘整合"的"情绪五步走"。

"定好规则"是指，我们要明确地和孩子指出什么是恰当的行为，什么是不当的行为，并且要设置清楚的规则。无忧在操课乱跑，这是不当的行为。如果他乱跑我就将他带离，这就是明确的规则。这个规则最好在事先就和孩子讲明，好的情况下，经过提醒他自己就能努力调整自己。但很多情况下，他们还是会失去控制。

"接纳情绪"是指，当孩子陷入情绪失控，无法沟通的状态时，我们要理解并接纳孩子的这种情绪，而不是反感、拒绝、羞辱、打击孩子的情绪。"操场事件"中我把无忧带离的过程中他一直在哭闹，我当时其实并没有做到接纳他的情绪。我一直在给他讲道理，并且说他像个傻子，以至于他的情绪越来越激烈，从教学楼走廊一直哭到了教学楼外面。那时我还没有真正懂得无忧，我相信不少孤独症孩子的家长也经历过，或正在经历着这样困惑的阶段，因此在前面的章节中我花了很多篇幅去帮助大家认知孤独症孩子的情绪。

孤独症孩子的情绪表现往往令人难以理解，甚至感到被冒犯，这是因为他们心智先天的非典型发育。我们作为家长要理解孩子的不易，他们机械的认知和失衡的价值系统会让他们在现实中常常碰壁，他们要比普通孩子努力许多倍才能适应这个世界。

从家长角度而言，理解孩子情绪的成因，对孩子的处境报以慈悲之心，这对我们自身的情绪也是强有力的保护，可以有效避免我们在强烈的消极情绪冲击下做出后悔莫及的行为。也唯有如此，我们才有余地去应对孩子的情绪反应。

"灵活安抚"是指，家长们要在具体的环境中随机应变地帮助孩子放松下来。家长们可以根据自己孩子的性格特点尝试不同的方法，温柔的爱抚，语气温和的安慰，带出去换个环境转移注意力，讲个有趣的笑话，教他们做深呼吸等都是不错的办法。

安抚情绪不是讲道。任何人在情绪状态下都是听不进去道理的，这只会让人感觉更糟。安抚情绪是给孩子提供安全感和被支持的感觉，让他们在情绪的浪涛中有所依托。这种真诚的连接感会帮助孩子镇定下来。无忧是这么描述这种感觉的："妈妈你要是温和地和我说，我就能慢慢平静下来，不然的话我就不行了。"

无忧的话又道出安抚孩子情绪的另一个关键点，就是别指望你一安抚孩子他们就会马上平静下来。这一点在孤独症孩子身上体现得格外明显。孤独症孩子的皮层对情绪系统的调节力较同龄普通孩子的平均水平弱得多，这导致他们的情绪需要较长的时间才能被抑制住。家长对此要有充分的心理准备，不要因为看到孩子安抚不住就着急上火。孩子们需要时间去练习情绪的自我调节，这是一个重塑大脑的过程。但只要方向正确，就会看到他们的改变。

"坚守界限"是指，孤独症孩子的情绪安抚需要很有耐心，孩子们过渡到平静的时间也比较长，如果孩子的情绪已经影响到他人，就要温和而坚决地把孩子暂时带离当时的情境，不要让孩子的情绪和自己的安抚行为影响到别人。

家长容易弄反让孩子"赶快上课"和"学习情绪管理"以及"为自己行为负责"的重要性。其实每一次冲突和情绪爆发对于孩子而言都是一次可贵的学习机会，家长可以帮助孩子从冲突中成长起来，培养孩子自我调节的能力，以及顾及后果、考虑他人、做出明智决策的能力。家长有界限，孩子就能感受到界限，家长的态度和行为示范是给孩子最好的示范。

需要注意的是，带孩子离场时家长的语言和非语言信息都要传达出对孩子的支持，可以用双手紧握住孩子的双肩，或者紧抱着把孩子带出去，和孩子说明情况的语气也要平静而稳定。我们的态度传达出对孩子的理解和支持，我们的行为则表明清晰的界限。孩子在混乱之时需要的是我们用实际行动告诉他们该怎么做，我们的"爱与界限"就是在给孩子指明方向。

"复盘整合"是指，通过带孩子回述经历、分享感受、引导思考来促进孩子在情绪、认知、行为三方面的整合，这是一种发展自我认知、提升共情能力的极好方法，可以帮助孩子觉知自己和他人心理的状态，并且有能力做出正确的判断和选择。

经过这"情绪五步走"，一年后的今天，无忧的自我调节能力明显渐长。他在学校中的常规和情绪都步入正轨，再也没有因为什么事情而情绪崩溃过。当我和他谈及他的变化，无忧说："妈妈，人类社会的规则和宇宙的规则很像，但比宇宙的规则复杂多了。一个人如果不守规则，遇到事情就哭，那离他 10 米远的地方有一个圆，圆里面都没有人，大家都不喜欢他。可是如果他能改变，这个圆就越来越小，大家就又喜欢他了，他就有朋友了。"

这个回答很"无忧"，让我看到我的"宇宙少年"在努力地用他的方式去学习和适应这个世界。就像我们每个人一样，不需要成为他人，成为尊重他人、理解自我的自己就很好。

2. 认知激活

尽管无忧的社会认知简单、机械、固执、不灵活，但我发现其实只要我不断地引导他的注意力，教会他从多角度去观察和思考问题，包容他的奇思异想，就能全面激活他的认知，无忧就会以他的节奏和方式慢慢提升社会认知。

我把激活认知的要点用"引导叙事，分享感受，提出问题，鼓励表达，提供选择"这五点来概括：

孤独症孩子的叙事能力很弱，同样经历一件事，你会发现他们的注意力非常有限，经常忽视语境和他人感受这样的社会性信息，刻板重复谈论自己兴趣范围内的狭窄话题。"引导叙事"是指家长有意识地带领孩子复述经历，在这个过程中引导孩子关注社会性信息，培养他们理解自我和观点采选的能力。

叙事是一种很好的塑造心智的办法，在我们讲述经历的时候，我们要识别我们的感受，确认我们的想法，还要选择词语和逻辑来进行描述。这本身就是一个心智化的过程。无忧是这样理解这个过程带给他的变化的，他说："我脑子里以前有很多东西缠在一起，倒不出来，但我现在可以分得清楚，倒得出来了。"表达得非常形象。

孤独症孩子的述情能力也很有限，他们难以描述自己的感受，在情感理解和情感表达方面都有困难。"分享感受"是指家长通过替代表达，准确描述，真诚共情的方式，帮助孩子识别和接纳自己的感受。

要帮助孩子识别感受，首先需要家长自己能够比较准确地感受孩子的内心状态。对于孤独症孩子的家长而言，这里的难点在于深入理解孤独症孩子才能更好地做到和孩子共情。我们在本书中通过大量的细节描述，从多角度、由表及里地帮助大家加深对孤独症的了解。希望家长可以摆脱偏见与误解，透过看似杂乱无章的现象，看的见自己孩子的内心世界。

家长要做好孩子的"脚手架"，在孩子难以表达感受的阶段，先代替孩子表达他们的感受。通过准确的描述和共情接纳，不仅可以帮助孩子识别感受，也有助于孩子接纳自己的感受。这也是灵活调节个人感受的基础。

孤独症孩子的社会认知很机械，而且他们通常非常固执，你说一句，他们有一百句等着你。面对这种情况，可以用"提出问题"的办法来激发孤独症孩子的深度思考。比起直接讲道理、上价值，能够明显减少孩子们的对立违抗的状态，让孩子们变得更加开放和灵活。

家长在这个环节要"示弱"，让孩子化身解决问题的小能手，你会发现孩子们很喜欢自己去探索，这会让他们感觉到自信和有掌控感。在这个过程中，我们随机应变地提供一些信息，不动声色地引导一下注意，最终让孩子们觉得是他们自己找到了答案。这个答案往往会令孩子们印象深刻，也是他们自己愿意接受的，会对他们产生有效影响的。

在孩子们自己探索答案的过程中，他们的思路往往令人难以琢磨，经常语出惊人，甚至带给人不小的情感冲击。这种时候家长要切记我们的目标是为了促进孩子心智的发育，在这个过程中孩子任何独立的思考和质疑都是可贵的，因此我们要"鼓励表达"，欢迎孩子开动脑筋，自由表达。

流水不腐，户枢不蠹，孩子们在这种自由开放的交流氛围中经常会产生很好的想法。他们的社会认知并不是一成不变的僵化，事实上当他们感到安全和被尊重，他们会以自己的方式整合他们的新体验以及家长提供给他们的信息。自由的表达能促进孩子们更好地理解和适应这个世界。

当然，还有很多时候孩子独立思考得到的结论是不合理的，特别是在有情绪压力的时候，他们会再度陷入逃避、退缩的状态。这时家长可以给孩子"提供选择"，在和孩子就某问题进行过认真交流之后，给孩子提供不同选择的利弊，让他们自己做出决策。

一年级上半学期有段时间，无忧一度因为压力太大不想上学了。一开始我在和他交流这个问题时，发现不论我怎么说上学的好处，他都有各种质疑和反驳。为了佐证他是对的，他甚至说出了没有工作，当个流浪汉的3个好处。

当孩子因为畏难想要退缩的时候，会进入到一种防御的状态，这种时候家长的命令、要求和急躁情绪只会让孩子更加慌张、对抗。我们需要帮助孩子冷静下来，并且给孩子提供信息清晰的选择，前者平息情绪，后者调动理智，孩子就更容易做出明智的决定。

在感受到"流浪汉"背后无忧的焦虑之后，我立刻意识到我太着急了。调整语气和神情，安抚过无忧之后，我摆出上学和不上学的利弊，告诉他我支持他自己做出选择。已经冷静下来的无忧想了半天，轻声但确定的对我说："妈妈，我还是想当个航天工程师。"

在这五点"认知激活"的帮助下，无忧已经蜕变成了一个很善于思考的小孩。他经常讲出充满哲理的话，令我们感到惊喜又赞叹。

当无忧谈论友谊，他说："每个人的爱好和性格都是不一样的，我想找一个和我很像的朋友，这样我们都会舒服。"

当无忧谈论生死时，他说："生和死只隔了一堵墙，我们要珍惜生命，珍惜这美好的世界。"

当无忧谈论好习惯的养成时，他说："什么事情想做好都得练习，就像我画画这么好，除了我天生的以外，也因为我从一岁就开始画，画得多就越好。"

当无忧听见我评论外卖小哥的工作时，他说："妈妈你不要这样说，他们也不想这样吧？这么热的天，下雨天都要送快递，他们也希望自己小时候能好好学习吧。"

不知什么时候，不期而遇的，我的孩子长大了！

善用优势：
巧妙转化认知优势

无忧把他在非社会认知方面的优势迁移到社会认知上的认知补偿令我印象非常深刻。这种认知补偿策略乍一看会导致无忧的社会认知机械而僵化，但是如果善加引导，却能起到意想不到的转化作用。

1. 量化、可视化引导

刚陪读的时候为了帮助无忧认识情绪，我无意间发现比起文字性的、感性的描述，量化的、可视化的呈现更有助于无忧的理解。

- 情绪调档

有一次见无忧对车上的仪表盘很感兴趣，我们就尝试把人的情绪比做一个刻度盘，告诉他人的情绪也是有档位的。无忧对这种比喻显然很感兴趣，他很爱和我们一起玩"情绪调档"的游戏。我们一会儿变成凶恶的大恐龙，一会儿则是善良的小精灵，无忧也在不知不觉间通过观察我们在不同档位的情绪表现直观感受情绪的变化。后来"调档"这个词儿就成了我们之间的一个小提示，只要一听到这个词儿，无忧就知道他需要调一下情绪的档位了。

- 爱的容器

还有一次无忧在操场上又不好好做操，几次想躺在地上。那天我心情有点糟，回家的路上悻悻地问他，"你这样做，不怕老师和同学们不喜欢你了吗？"谁知他立刻神采飞扬地回答说，"不会的，他们只是不喜欢我的行为，他们会永远爱我。"我心里大吃一惊，联想起平时我对他讲过"妈妈不爱你的行为，但会永远爱你"，没想到这个思维简单、非黑即白的小朋友竟然就这么生硬地套用了。

我灵机一动，对他说每个人心里其实都有一个"爱的容器"，里面装满了爱，说他今天的行为就像是在我心里"爱的容器"上砸出了一个洞，我对他的爱流啊流，都快流光了。我说我好伤心啊，还一边说一遍抚胸做出心碎欲绝的表情和姿态。

没想到这种有关爱的视觉化的意向和有些夸张的表演一下子就吸引了无忧的注意力，在向我确认好的行为会给"爱的容器"里加爱之后，他用他的量化逻辑对我说："妈妈，我的'爱的容器'本来对你的爱量是10格，满格！但是现在只剩9格了，因为你刚才又有一丢丢发火了。"

"爱的容器"象征了爱的流动和变化，无忧又用他的逻辑让这种变化可以度量。渐渐地我发现无忧的情感有了弹性，他竟然开始察言观色，还会主动问我现在的情绪是几格，以及他做些什么可以增加爱量。

他开始能够感受到自己行为引发的他人情绪的变化，并且能够适度地调节自己的行为。

"情绪档位"和"爱的容器"取得了意想不到收获后，我们开始把量化和可视化的方法延展到无忧生活的方方面面。我们用"时间标尺"提示无忧合理安排写作业的时间，用"学校表现积分表"和"家庭表现积分表"提醒无忧要关注哪些表现，我们引导无忧画他自己的"人生故事书"帮助他梳理回忆，讲述成长故事，培养他的自我意识。

这些方法有的很管用，有的效果不佳。我们建议家长可以根据自己孩子的特点灵活地发明创造。孩子们通常可以很快内化这种视觉化的意向，我们家的"学校表现表"只用过几次之后，无忧就提议不用再在表格上按小红花了，因为已经在他心里了。

现如今的无忧依然喜欢用这种方法来理解世界，只不过他的认知已经发生了质变，所呈现出的理解常常超出我们的想象。这或许就是贯穿无忧此生的认知风格，又有何不可呢？

2. 能力的迁移

无忧对宇宙和天文的热爱带给他的绝不仅仅是相关的知识，而是一系列能力的培养。

因为从不到一岁就开始阅读宇宙绘本和其他绘本，无忧的"阅读能力"一直很好。他对阅读和书籍有很深的感情，这无形中对他小学阶段的学业表现起到了积极的促进作用。无忧什么课本都能饶有兴味地看进去，在一年级下半学期也找到了学语文的感觉，学业表现自然不差。

因为宇宙绘本中有不少物理数据，无忧本身也对数学感兴趣，所以他经常边看书边计算。不同星体的直径、质量、相对距离、公转/自转周期、寿命、演化中的关键数字等，他都如数家珍，还可以操作这些数字做一些简单的推演。因此他的"计算能力"一直都很好，我从来没为他的计算操过心，上小学后，数学也是他最得心应手的一门课。

在大量阅读宇宙绘本、看遍相关纪录片的过程中，无忧的"逻辑推理能力"得到了极大的提升。他本来就擅长寻找规律，在持续的练习下他的逻辑能力已经可以迅速迁移到其他学科。我发现把一本少儿科普书籍给他，他不出几天就能讲得头头是道。到了快七岁的时候开始对地理感兴趣，在听了几天书，看了几天地图后居然开始给我们讲世界地理，从板块运动的几个阶段，到地球自然圈层的相互作用，再到古人类的迁徙，条分缕析，逻辑清晰。

无忧的逻辑理解力也应用到了我意想不到的地方，除了前面多次提到的理解社会性信息以外，他也开始用他的方式阅读历史。无忧结合不同历史时期的版图信息，了解到何为中国，他说："妈妈，历史也有规律，你知道吗？就像恒星的演化一样，不过比宇宙复杂多了。"能意识到不一样的复杂性，意味着他心灵版图的增加。

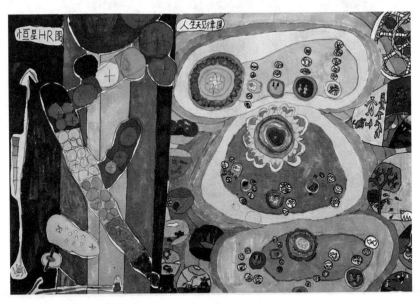

无忧 6 岁画的"恒星规律图和人生规律图"

除此之外，无忧在绘画方面的兴趣和他在宇宙天文方面的兴趣交织在一起，他画了大量宇宙主题的画，这种双向的促进极大地提升了他的"视觉空间能力"和"想象力"。起初他绘画的主题基本都是车、建筑、自然、宇宙，都是基于自己的想象创作，不愿意照着图片画，不愿意和人学画画，也不愿意画人和动物。我们也没有强迫他改变。

无忧 4-6 岁画的宇宙

到了小学阶段，他主动要求报绘画班，因为"自己画的太熟悉了，没意思了"。他想尝试更多的表现手法。他也不再抗拒和老师学习绘画，而且在家里要画某个主题时，他开始自己在网络上找参考的素材。我发现他过去绘画的积淀让他在这个阶段展示出很好的"观察力"

和"模仿能力"，通常他看几眼参考图片，就能找准细节，画得有模有样。

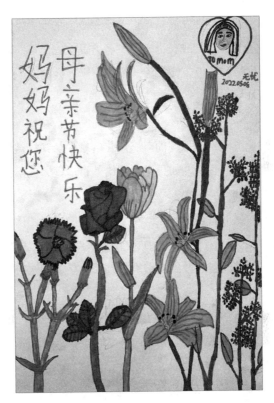

无忧 6 岁时，在母亲节送给我的画

就如同星星之火，无忧在他的兴趣领域培养出的能力在持续地发展，并且扩展到了其他的学科领域。这些能力也带给他效能感，让他一直是个快乐、自信的孩子。他在兴趣领域的状态和表现也带给我们家长很多难忘的美好记忆和欢乐。

尽管从某种角度说，无忧在这些兴趣领域的发展导致了他对社会性信息关注不足，他擅长的逻辑也导致他的社会认知机械而僵化。但是我们的经验是，尊重和培养孩子的个人兴趣，对孩子的身心健康、个人能力的发展以及未来的就业都是极为重要的。

当然最理想的养育方式，莫过于在发展孩子个人优势的时候，同时科学干预他们的社会性发展。不过鉴于每个人的能力发展都是不均衡的，孤独症孩子更加不会成长为一个"各方面全面发展"的人。孩子们会带着自身的优势和短板，成长为一个有益于社会的人。

3. 头脑风暴

在和无忧交流时，他那种简单、僵化的社会认知经常让我们觉得聊不下去。而且他还很固执，如果强硬地给他讲道理，他不仅不会听，还会拉起架势，和你辩论到底。

经过摸索，我们发现除了上一小节中提到的五点"认知激活"的办法以外，利用无忧自身的逻辑能力和个人兴趣，巧妙地引导他关注更为广泛的信息，促进他自己做出更合理的判断，是矫正他狭隘的社会认知的最好的办法。

以一年级上半学期无忧不想上学的事件为例，他的理由是，上学太累了，要求太多了，在家里也挺好的，也能学习，就没必要去上学。

我："宝宝，你的梦想是什么来着？"

他："我要成为航天工程师啊，妈妈。"

我："是什么人都能成为航天工程师吗？"

他："不是，我看的那个纪录片，要学很多东西的，还要练体能才行。"

我："你不上学了，还能实现这个梦想吗？"

他："能啊，在学校又不学宇宙天文什么的，我在家才能学啊。"

我："你不用上大学了？"

他："要啊，我还要读博士呢，纪录片里那些人都是博士。"

我："可是你连小学都不上了，怎么上博士呢？上学是什么流程来着？"

他："小学6年，初中3年，高中3年，大学4年，爸爸以前是医生，医学的大学是5年，硕士和博士加起来也要5、6年吧。"

我："不上完小学就能读博士？"

他："能吧？我在家里学，然后上博士。"

我："宝宝，学校的规则是，上完小学才能上初中，上完初中才能上高中，一个接着一个的。"

他："你不是说有的小孩儿小学都没上完，就直接上初中了？"

我："是有这种情况，但是那些孩子是已经学完了小学的所有课程，通过考试，才能直接上初中的。这个学习量大吗？"

他："太大了吧！"

我："你可以吗？"

他："我不行！我会累的。"

我："那你可以直接上初中吗？"

他："肯定不可以，也上不了博士了。"

我："还能实现你的梦想吗？"

他："不行了。"

我："你愿意这样吗？"

他："不愿意，但是上小学太辛苦了！要求太高了。"

我："宝宝你记得奥森公园那条路吗？"

他："哪条路？"

我："就是往天径去的一条石板路，是由一小块儿，一小块儿石头砖拼的，一行5块儿石头砖。"

他："我记得，你说这条路就像人生。"

我："是啊宝宝，这条路就像我们每个人的人生，我们都在给我们的人生铺路。你的梦想还在远方，要去那里就需要每天都铺一块儿砖。"

他："我铺了吗？"

我："宝宝上小学之前一直都在铺砖，一直持续的画画，越画越好，一直喜欢宇宙，越来越懂，比妈妈都懂了，一直坚持锻炼身体，身体可好了。宝宝已经给自己的人生铺了很多砖了，真好！"

他："那……"

我："宝宝，妈妈知道你刚上小学，有很多事都不适应，已经很努力了，却好像老是做不好。"

他（抱着我）："妈妈！怎么办啊？"

我："妈妈和爸爸还有蔡老师都会一直一直帮助你的！"我抱紧他。

他："可是我还是怕，还是累。"

我："那次去香山，你一路上都觉得自己不可能爬到山顶，说太累了。最后爬上山了吗？"

他："当然上去了，我只是说说而已，我爬得还很快呢。"

我："你现在不想上学的感觉，就像是爬香山，你觉得很累，其实已经在往山上去了。"

他："可我还是不行！上学比爬山难多了！"

我："上学是挺辛苦的，每天要写很多作业，纪律要求还那么严格。妈妈理解你。"

他："那我可以不上学吗？"

我："妈妈尊重你的决定，你想一想啊，现在不上小学了，你已经铺了那么多砖的路多可惜啊，你也到不了你的梦想那里了。"

他："香山也爬不上去了，看不到香炉峰了。"

我："是啊，妈妈觉得有点可惜。"

他："太可惜了。"

我："妈妈知道你很累，你自己决定吧，你要是决定了不上小学，妈妈现在就和蔡老师说一声，咱明天就不去了。"

他（想了一会儿）："妈妈，我还是想当航天工程师，我还是继续铺砖吧，继续爬山吧，哎，人生真麻烦。"

这是一场我和无忧之间的"头脑风暴"，我尊重他内在的逻辑，接纳他的情绪，用他的梦想和视觉化的提示启发他的思考。在这个过程中，我感觉到无忧已经渐渐平静下来了，孩子最终也做出了理性的决策。

　　这种"头脑风暴"在我们家很常见，虽然在这个过程中"无忧式逻辑"有时会让我们感到又好气又好笑，还令我们感到很疲劳。但是我们更加清楚的是，每一次这样真诚、认真的交流，都是在帮助孩子重塑大脑，提升认知。这种付出非常值得。

无忧妈妈的话：

　　养育孤独症孩子，对家长而言是一种修炼。我们要用自己成熟的大脑，去引导孩子心智的发育。这对家长是一种极大的挑战和考验，要求我们自己持续深入学习，不断地觉察、调整和创造更好的养育方法。

　　在本章中我们给大家提供了几种非常好用的养育方法，家长根据自己孩子的性格、喜好等特点稍加调整就可以具体应用。尽管方法在手，在育儿的过程中可能还是会遇到个人情绪崩溃的片刻。这种时候，支持性的人际关系和周边环境，就显得格外关键。下一章中，我们就从关系角度来谈一谈孤独症孩子的养育。

在良好的关系中成长

人际发展（Interpersonal Development）

上一章中我们通过丰富的例子讲述了家长该如何用自己的心智去影响和促进孤独症孩子心智的发育和发展。"心智塑造心智"，对于孤独症孩子的家长而言，人际神经科学的思想里其实隐含着另外一层至关重要的意思。

在理想状况下，家长如果能尽早觉察孩子的情况，就能通过科学的养育方法有效地促进孩子的社会性发展。在这种理想的情况下，我们的孩子不会表现出严重的不当行为和功能障碍。孩子们会带着自身的孤独症特质，较好地适应环境，成长为独立自主的人。孩子们也有机会用自己的优势才能为社会做出的贡献。

孤独症发自基因，却受到养育方式的影响。这是我在无忧确诊高功能孤独症后最痛的领悟。因此在本章中讲述该如何培养孤独症孩子的社交人际能力之前，我想先说说在无忧上小学之前我的个人状况。

拒绝承认：
错失了诊断良机

我的一位亲戚在得知无忧被诊断为孤独症以后，曾这样对我说："太可惜了！这么聪明的娃！我养肯定不会把娃养成这样！"我刚听到她这么说是有些生气的。可是就在我进班陪读之后不久，我自己也说出了类似的话："好遗憾啊！如果从头再来，我绝对不会让无忧被贴上孤独症的标签！"

回忆往事，我清晰地看到自己曾三次与带孩子"早诊断"的机会擦肩而过。

第一次是在 2018 年 5 月，彼时无忧 2 岁 9 个月，快上幼儿园了，却还一句话也不会讲，连"妈妈"也不会。我带他去北京儿童医院儿童保健中心问诊，诊断结论是"轻度发育迟缓"。

第二次是无忧在公立幼儿园上小班之后不久，他们班天天老师持续不断地向我反映无忧在园里令人担忧的行为表现，而她这一反映就是一年半，直到 2019 年 12 月底中班上学期结束。

第三次是 2020 年 12 月无忧转园到民办幼儿园上大班后的第三个月，园长找我谈话，比较明确的表示无忧是孤独症孩子。之后她也在将近一年的时间里陆陆续续地提醒我注意无忧的发育情况，直到 2021 年 7 月份无忧从大班毕业。

仔细反思复盘这三个重要节点，在理性的分析之外，我也感受到一种深深的无奈、自责与伤感。

2018 年 3 月份，我成了一名单亲妈妈。而在同年 2 月份，我刚刚辞掉一家物理研究所副研究员的职位，正式转行心理咨询。

一时间跨专业转行的压力和独自育儿的压力同时袭来，尽管我的心理耐受力很强，从极不和谐的婚姻中解脱出来也令我倍感重获自由的舒畅。但是经济上的紧张，高强度的学习，工作时间的受限，与无忧年幼弱小，还需要我亲力亲为的陪伴之间形成了巨大的冲突。这种冲突悄然蚕食着我的觉察力，同时也令我处于一种弥散的焦虑状态。

因此这三次错过"早诊断"的机会，或多或少都与我内心不能承受某种可能的真相有关，我"拒绝承认"这个真相。我那时的人生状态没有余力去处理无忧的特殊状况，它是不被期待的。

在这种整体的心境状态下，一方面是无忧在幼儿园和在家中行为表现有很大的反差，一方面是无忧在不同事情上的表现很不一样，再结合无忧的语言发育问题，我对无忧整体表现的解释就出现了偏差。我固执地相信只要无忧会说话了，其他各方面也就都跟着好了。

"焦虑、疲惫的单亲妈妈的误判耽误了娃"，反思过往，我脑海里浮现出这样一句话。后来，在和很多孤独症孩子家长沟通的过程中，我还遇到过因"老人或者保姆育儿照顾不周"被耽误的娃，因"隔代育儿冲突"被耽误的娃，以及被父母"过早的超前教育"等养育理念问题耽误的娃。这些家庭都曾经"拒绝承认"孩子的真实状况。

而这几种家庭不论其具体问题表现如何，在养育方面的核心缺失都是"忽视孩子的社会性发展"。这种忽视会导致家庭不够关注，甚至放任孩子已经表现出的不参与集体活动，难以沟通，我行我素等社交方面的不当行为。以至于孩子的问题行为和孤独症症状越来越明显，最终才在 5、6 岁，甚至更晚时，因为与环境之间的冲突太大，家庭不得不面对时，才被迫带去问诊。

在这里我必须明确指出的是，孤独症不是由家庭的养育因素造成的，孤独症是由遗传因素导致的神经非典型发育。排除前述几种"忽视孩子的社会性发展"的家庭，一个功能良好的家庭，把孩子当作普通孩子进行"正常养育"也是完全不足的，孩子还是或早或晚会表现出孤独症的行为。

养育孤独症孩子需要家庭用科学的方法对孩子进行密集地社交干预，经过持之以恒地努力，才有可能稳定地提升孩子的社会性能力，改善他们的社交缺陷。

不同的是，"正常养育"的家庭对孩子的社会性发展有足够的关注，家庭功能也正常，观察到孩子表现出的可疑行为以后，更有可能尽早安排检查，及时发现问题。而不恰当的养育只会让家庭一再地错过尽早发现孩子问题的最佳时机。

还记得在第一章开篇，无忧的小学校长在开学不久就约我谈话的场景吗？经过长达三年的"拒绝承认"，在那一天我终于有勇气去面对一直在回避的真相。有趣的是，当我终于有勇气推开"孤独症"这扇大门，打开自己防御而戒备的心，伴随更多记忆的唤醒，我却意外收获了一份慈悲心。

自我慈悲：
拥有直面的勇气

如果要让我说出无忧确诊以来令我印象最深的三件事，排在第一位的一定是第一章中"云开雾散"那一小节中我提到的"泪洒教室"。当我感受到养育无忧这六年以来自己其实并没有体验过普通的亲子之情时，我情不自禁地泪流满面。

我到现在也清晰地记得这泪水的滋味，想起的时候感到悲伤和孤单。像我的母亲一样，我是一个多么喜欢孩子的妈妈。孕育、生养无忧是我有生以来最为喜悦，最值得骄傲的事情。

我是在博士后在站期间怀孕生子的。怀孕时我已经 35 岁，属于医学上的"高龄孕妇"，但常年的运动习惯让我的身体状态非常年轻。整个孕期我都没有任何不舒服的妊娠反应，身体没有浮肿过，饮食、睡眠也一直很好。我一直觉得我和无忧这个孩子很合。

无忧出生后，为了更好地照顾他，我几乎休了一整年的产假。恢复上班以后，为了带给孩子足够的安全感和身体抵抗力，也坚持母乳喂养到无忧 2 岁 4 个月，这两年多的时间我没有睡过一个整觉。无忧也很好养育，他作息比较规律，爱笑，好安抚，在 3 岁以前几乎就没生过病，长势非常喜人。

我和无忧生父的婚姻裂隙并不复杂，两个性格和生活习惯都十分不和的人，靠恋爱期间的吸引力和新鲜感是很难维系下去的。不过成年人关系的矛盾和冲突，尽管再小心，也难以避免地会影响到孩子。

2016 年 9 月，无忧满一岁以后，我回到研究所继续进行博士后的科研课题。因为无忧奶奶家离我单位比较远，也因为难以调和的家庭矛盾，我就带无忧搬到了单位附近的一个小区住。往后的一年多的时间里，我每日往返研究所、远郊的实验室和住处之间，经常早晨 7 点多走，傍晚 7 点多回家。家里绝大多数时候只有一个保姆阿姨在照顾无忧。

晚上我回到家中，陪无忧看绘本、做游戏，给他洗澡、做抚触，9 点多哄他入睡以后，还要继续课题相关的一些工作，以及复习准备国家二级心理咨询师的考试。夜里 1、2 点钟我睡下以后，凌晨 3、4 点的样子，无忧还要吃一顿夜奶。一晃很快早晨 6 点多，我又要起床上班去了。

2017 年 10 月份，我博士后答辩出站，并顺利转为某研究所的一名副研究员。11 月份参加最后一次国家二级咨询师的考试，并顺利完成后续所有环节，成功取证。2018 年 2 月份我辞职转行成为一名心理咨询师，2018 年 3 月，我和无忧生父离婚，开启了一个人边带娃，一边工作的"单亲妈妈"模式。

完整回想这段旅程时，我很感恩自己当初的坚韧与耐心。面对摇摇欲坠的婚姻带给我的痛苦，博士后课题和最后一次心理咨询师国考带给我的压力，我很少抱怨，只是踏踏实实地做好我能做好的事情。我也尽我所能地照顾着我的孩子。每天回家不管有多疲惫，我都会耐心十足地陪伴无忧，争取和他在一起的每一刻都是全神贯注的状态。周末一有空我就亲力亲为地带他去公园、游乐场和早教班。作为母亲，我全力以赴，问心无愧。

后知后觉，严格说来上幼儿园之前的无忧已经表现出了孤独症的一些早期特征，比如他过于安静，能长时间自己看卡片和绘本，爱转轮子，在早教班不听指令，对同龄人缺乏兴趣，不学语。但无忧和我的依恋关系很不错，我们母子之间很是亲昵。无忧和保姆阿姨的关系也不错，每次下班回来，保姆阿姨都会如数家珍地向我诉说无忧的可爱聪明，她很是"稀罕"无忧。家里来了朋友，无忧可爱亲人的样子也都很招人喜欢。在这种情况下，初为人母的我，是很难正确解读无忧表现出的那些孤独症早期表现的。

理想状况下，孤独症的筛查应该是由社区医院在对孩子进行儿童保健检查时来完成。然而无忧出生后分别于 1、3、5、9、12、18、24、30 月龄，在社区医院做过 8 次儿保检查，每一次各项检查结果都是"正常"。我甚至清晰地记得 30 月龄那次检查时，我对保健医生表达了对无忧语言发育问题的担忧，她的态度是，"有些男孩说话就是晚，孩子各方面发育都挺好的，再观察观察，不用太担心。"

这位社区儿童保健医生的意思大约是无忧的身体发育和动作发育都没问题，而且他对叫名字有回应，目光追视还可以，用手指物也毫无问题，无忧好像没有典型的孤独症的行为表现。再考虑到上一小节我提到过的，无忧 32 月龄时我带他去北京儿童医院儿童保健科那次的问诊经历。这些都能反映出我国还没有建立起完善的孤独症筛查体系，尤其是对于小龄的、非典型的孤独症儿童，至少在几年前吧，漏诊、误诊或者不给下明确诊断可能是常态。

医生尚且如此，对孤独症缺乏足够专业知识的家长就更难做出准确的判断了。不仅如此，专业医生的态度也会直接影响家长后续的养育思路。

现在回想儿童医院问诊那次无忧的行为表现，我觉得大概率医生考虑过无忧就是孤独症儿童。但是可能是出于避免家长恐慌等原因，她只是说"孩子不会说话是带养问题，要多陪伴孩子。语言好了其他方面也会改善。不要晚一年上幼儿园，去幼儿园对孩子有好处。"然后给了我一个训练机构的地址，让我带孩子去那里训练语言。问诊时虽然填了孤独症相关的表格，但最后的得分情况以及医生的态度都让我以为无忧完全不是孤独症。

我"拒绝承认"幼儿园老师反映的情况，固执地认为一切都是因为无忧讲不好话，感到老师对孩子缺乏耐心，都与这次问诊经验以及医生的建议密切相关。这种影响远远比我自己的焦虑来得更加直接和显著。

"泪洒教室"之后，当我重新回想起这一切点滴，我再度落泪。有谁不呵护自己的孩子呢?

　　想起长达一年半的时间里我白天高强度地带无忧训练语言,在他入睡后自己挑灯学习到凌晨2、3点的那些日日夜夜,以及我因此导致一度沙哑的嗓音。想起那几年为了更好地陪伴孩子,我一再调整着自己学习和工作的时间,有时老师打电话来说孩子管不了,让把孩子先接回家,我匆匆放下手里的工作往回赶的那种尴尬、担忧和无奈。想起在老师暗示无忧可能有问题,让我带他去医院做个检查时,我像个战斗的母鸡一样支棱起翅膀要保护自己的幼崽的样子。想起我因为无忧的不恰当行为而赔礼道歉,甚至差点被打的辛酸经历……

　　或许我的确是"焦虑、疲惫的单亲妈妈",但我更是"坚韧、有耐心、有责任感的单亲妈妈"。这种体验让我感受到对自己的慈悲。

　　我不再压抑过往那些疲惫且充满恐惧不安的养育经验,我流着眼泪向它们开放。尽管这些消极复杂的经验令我感到痛苦难耐,但对它们的觉察令我获得真正的释放,对过往经验的深度整合也拓宽了我智慧的疆界。我也不再批判自己曾经的逃避,我只是位初为人母的普通女性,我会犯错,但我有勇气和信心从错误中汲取经验,成长起来,带领着我的孩子重新起航。

　　自我慈悲让我从懊恼和悔恨的情绪陷阱中走了出来。回看这场养育之旅,我很想温柔地拥抱着我自己,就像拥抱着一位正在经历困难的好友。我想对她说:"你很棒,我爱你!"陪读期间有一天晚上,我躺在床上,半梦半醒之间我仿佛看到一只通体雪白,闪着金色光芒的九色鹿。它踩着五彩祥云迈步向我走来,俯下身子,轻吻了我的额头。

　　不知过了多久,朦胧中醒来之后,发现外面天还没亮。九色鹿是我自幼就喜欢的神话形象,在我心里它是"爱与智慧"的化身。它的出现让我内心充盈着祥和宁静。从那一天起我做了个决定,此后余生,要致力于研究孤独症的家庭干预办法。

　　我自己走过了弯路,经历了痛苦,也影响了孩子的成长。我知道还有很多家长和我当初一样迷茫，还有很多家庭至今也没走在正确的道路上。我要尽全力去帮助千千万万孤独症孩子的家庭，让家长透过迷雾看得见孩子，看得清脚下的路。

科学干预：
扭转被动局面

深度复盘我的育儿历程，我知道我亲历了孤独症孩子家庭的被动局面。

首先，孩子在 2 岁以前时，家长往往不会特别关注孩子的社会性发展。除非已经表现出非常明显且典型的孤独症症状，比如目光接触很差，对自己的名字没反应，缺乏共同注意，面部表情非常有限，不能用手指物等。家长在这个阶段很容易忽视或者误解孩子表现出的一些非典型孤独症行为。

就拿无忧来说，他亲人、好养育、爱笑，没有上述任何典型孤独症症状。但是他同时过于安静，迷恋绘本和数字，又明显缺乏对同龄人的兴趣。他玩车的方法与众不同，喜欢转轮子，开始是转玩具车的轮子，后来开始转婴儿手推车、滑板车、自行车的轮子。他虽然听得懂，但是迟迟没有学语的迹象。这些其实都属于孤独症的行为表现，但是却被我们理解为"聪明有个性"。

还有一些孤独症孩子和家人的关系也算亲近，学话也正常，甚至比普通孩子学话还早。但很难养育，晚上哄不睡，白天带不出门，经常哭闹不止。喜欢排列物品，把玩具整齐摆满整个房间的地面是最爱的事情，谁稍有不慎给碰乱了就会崩溃大哭 40 分钟不止。

孤独症充满复杂的异质性，不同的孤独症孩子在婴幼儿期表现出的行为特征也不尽相同。前面的章节我们提到过，孤独症的核心特征是"社交交流缺陷"和"重复受限的行为"。孤独症孩子缺乏对社交互动的兴趣和相应的能力，反倒对非社会的事物展现出独特又刻板的关注。家长可以从这两方面去观察孩子平日里的行为表现，两者缺一不可。

孩子爱看绘本，喜欢看数字、看地图，见了生人内向敏感，甚至学语有些晚都不是问题。但如果与此同时孩子也不喜欢和同龄人互动，对社会性的奖惩和批评表现得毫不在意，感觉方面过于夸张敏感，还有刻板重复的行为，那家长就要高度警惕了。

其次，全社会普遍对孤独症的认知不足，家长就算有疑虑也不知道该去哪个科室给孩子问诊更准确。社区医院的儿童保健检查难以起到孤独症早期筛查的作用，特别是对非典型孤独症，儿保检查形同虚设。孤独症医疗诊断资源又十分匮乏，孤独症的准确诊断，尤其是在初诊时，还是有难度。这些不利因素会进一步令家长掉以轻心、习焉不察。

无忧从出生 1 个月到 2 岁半期间 8 次社区医院儿保检查结果都是正常。也不只是无忧，不少孤独症孩子的例行儿保检查都没出过问题。社区医院儿保医生对孩子的身体发育和动作发育的重视程度远远高于对孩子的社会性能力的关注。无忧 2 岁半那次儿保检查时，医生甚至觉得只要孩子身体和动作发育好，语言问题都不用太担心。

这提醒所有家长注意，不是通过了例行儿保检查就万事大吉。我们国家的孤独症筛查系统还很不成熟，起不到筛查的作用。家长若有担忧就一定要带孩子去更高级别的医院进行检查。

后来因为无忧实在是依然没有学语的迹象，又快上幼儿园了，我才带他去北京儿童医院儿保科问诊。那天他不听指令，不看人，看见玩具车一边转轮子，一边满屋子跑，可以说孤独症的行为特征一览无遗。可是医生同时也从我这里了解到无忧和家人关系很好，在家里能听指令，还比较好沟通，很聪明，会算数，还很懂太阳系。或许是为了诊断的科学严谨，也为了不要给家庭太大的打击，医生只做出了"轻度发育迟缓"的诊断。并且让我带孩子去一家机构训练语言，后来我知道这家机构在干预和训练小龄孤独症孩子的问题行为方面非常有经验。

从某种角度上讲我理解医生的用意，因为我见过不少孤独症孩子的家长无法接受现实，尤其是那些一直觉得自己孩子很聪明的家长。这些家长一再转诊，甚至带孩子去各大城市的三甲医院苦等专家号，就是希望能推翻原先的诊断。还有一些家长在不同的医生那里得到的诊断结论很不一样，或者是家里人对孩子问题的意见分歧很大，也会导致家长带着孩子持续奔波在问诊的路上。然而这种不断地问诊对孩子和家庭而言都是种折磨，更是在耽误孩子宝贵的干预时间。可以说有百害而无一利。

因此医生为了避免处于应激期的家长出现极度恐慌的心理和家庭功能的失调，就用"发育迟缓"等诊断弱化"孤独症"这个标签带给家庭的冲击。并且建议家长先带孩子去机构训练一段时间，而机构的老师会教授家长一些"养育方法"。先干预孩子，也给家长一段缓冲期，看看孩子功能的改善情况，家庭届时会再做下一步考虑。医生或许是通过这种方法"曲线救国"。

不知道家长们对这种"曲线救国"是什么看法？也不知道家长看到这里会有什么反省？

孤独症的诊断是一个很复杂的过程，医生们本着科学精神和人文情怀的小心谨慎，有时对于家庭而言反而会起到消极的作用。使得家长不能尽早面对真相，尽快行动起来调整养育环境。而家长自身的逃避心态更加危险，会直接导致孩子得不到及时和必要的科学干预，让孩子一步步陷入发育和发展的恶性循环。

有关于此，我再次强调家长们一定要重视自己孩子的社会性能力的培养，正视孩子已经表现出的社会功能的缺损。

上一小节中我提到过，携带孤独症基因的孩子，在"正常养育"、功能良好的家庭环境中长大，也迟早会出现孤独症的行为表现和症状。而在"忽视孩子社会性发展"的养育环境中成长，孤独症孩子的问题行为和症状只会越来越严重。

不过如果家长能够敏锐觉察孩子的孤独症早期行为表现，克服内心的恐惧心理，及时带孩子去医院诊断，尽快学习孤独症的相关知识和干预方法，果断调整家庭的养育环境，家人分工合作，协调一致。那么，家庭就有可能通过科学的干预，较好的改善孤独症孩子的社交缺陷，以及相关的情绪问题和行为问题。

关于诊断，我建议大家直接选择更有针对性的问诊科室。在第一章我提到过，家长带孩子首诊时大多都选择儿童保健科，这个科室关注的是儿童的营养和身体生长发育等问题，对孤独症的诊断并没有针对性。而儿童精神科的主要诊疗目标则是发育迟缓、孤独症、多动症等儿童精神发育类问题。因此家长如果担心自己孩子的社会性发育有异常，首诊时最好就直接选择儿童精神科。

如今有经验的儿童精神科孤独症专家已经能够对 2 岁左右，甚至更小的孩子做出准确的诊断。但考虑到全国孤独症诊疗资源分布不均，而且依然很匮乏。一些孤独症孩子，特别是非典型孤独症孩子，可能还是会面临在当地难以确诊的难题。

对于这种情况，我们的建议是不论确诊与否，或者说，即便是在找外地专家确诊的过程中，最重要的都是家长迅速行动起来，积极学习孤独症的科学干预办法，先做好家庭干预。用科学干预办法教育好孩子才是最要紧的事。

最后，孩子确诊孤独症后，家长缺乏科学的孤独症教育思路和家庭干预办法，不知道该怎么养孩子。家庭和孩子也会面临应该如何得到外界环境的支持的问题。

我在和很多已经确诊一年以上的孤独症孩子的家长交流的过程中惊讶地发现，不少家长至今仍然不知道该怎么教育自己的孩子。家长们也通过不同途径了解到不少有关孤独症成因的理论，也学习过很多行为干预的方法。但这些知识往往过于碎片化，不成系统，转化效率很低。遇到具体问题时还是不能理解孩子的行为，更不知道该怎么去帮助孩子。

不仅如此，很多家长还尝试了大量未经科学实证和普遍认可的孤独症"治疗方法"，比如针灸疗法，按摩疗法，食疗排毒法等等。浪费了家庭本来就不富余的精力和金钱不说，还耽误了孩子宝贵的早期干预时间。有的"治疗方法"甚至还具有一定的风险性，会对孩子的健康造成潜在的不良影响。

还有的家长将所有的希望寄都托于训练机构，带孩子尝试过很多训练项目，也更换过不止一家训练机构。可是家长自己却没有花精力去向机构老师学习相关的知识和干预办法，或者因坚持不下来，半途而废，又或者家人之间没有协调一致，导致干预效果事倍功半。忽视了只有家庭和机构共同努力，心态端正，密切配合，行动一致，要求实际，持之以恒，才有可能取得比较稳定的干预效果。

这些问题都充分反映出孤独症孩子家长普遍存在的焦虑、恐惧、盲目的情绪状态，想要改变孩子的急切需求，和国内孤独症科普教育的严重缺位，伪科学疗法泛滥，以及国内孤独症科学干预资源完全不能满足家长需求的尴尬现实。

此外，孤独症孩子的家长虽然都明白孩子的社会性发展需要周边环境的包容、接纳和支持。家长也希望能得到亲友的关怀，幼儿园和学校老师的理解和帮助。但常常无奈地发现大众，特别是教育界，对"孤独症"存在普遍的误解和偏见。

在得知孩子的情况后，有些亲属会冷嘲热讽，刻意减少和家庭的接触。孩子在幼儿园和学校里则会面临老师的放弃和歧视，同伴的孤立、排斥和欺凌。考虑到这些不利的环境风险因素，越来越多的孤独症家庭开始刻意选择向外界隐瞒孩子的实情，转以"发育慢""有些多动"，甚至"身体不好"等说辞向外界解释孩子的行为表现，以期得到环境的容纳。

然而对外界环境的不信任和遮掩，会导致家庭无法建立必要的"养育同盟"，尤其是"家园同盟"和"家校同盟"。这就使得家庭失去了在自然环境中和老师密切配合，步调一致，共同帮助孩子成长的宝贵机会。这对孩子和家庭而言都是万分遗憾及得不偿失。

而且家长隐瞒实情也并没有令环境对孩子更加包容。大多数情况下，学校还是会因孩子的情绪和行为问题反复地向家长进行反馈，不断地要求暂时先将孩子接回，或者要求家长入校陪读。这不仅会给家长带来很大的精神压力，也严重影响孩子日常生活习惯、学习习惯的养成。还会让孩子对环境产生消极的体验，有损孩子的自信心和亲社会性的发展。

上述三大类问题已经足够令人震撼，可它们也并不能涵盖孤独症孩子的家庭所面临的全部困境。

养育孤独症孩子会给家庭带来沉重的经济负担。为了更好地照顾孩子，孤独症孩子父母一方通常会辞掉原本的工作，投身全职养育，这给家庭经济带来了重大的损失。而很多家庭不仅要支付高昂的早期干预费用，还会举家搬迁到专业训练机构附近，甚至是搬到别的城市的知名机构附近。这些无疑都会使家庭经济负担持续加重，一些家庭正是因为经济上不堪重负，转而选择放弃机构干预。这时候家长如果缺乏科学的家庭干预办法，孩子等同于"自生自灭"。

还有很多在初、高中阶段才确诊的孤独症孩子，已经处在"自生自灭"的状态很久了。孩子们现在除了孤独症本身困扰以外，经常还合并严重的躯体问题和情绪问题，有的不得不依靠常年住院治疗。

可我看到这些孩子的家长依然没有放弃，还在苦苦地寻找帮助孩子的办法。只是家长的精神压力太大，也开始出现频繁的头晕、耳鸣、失眠、心悸、胃痉挛等躯体问题，以及程度越来越重的焦虑和抑郁表现。

看到这些我不禁要问，这就是孤独症和家庭的关系吗？如此的具有破坏性，甚至毁灭性？这就是孤独症家庭与世界的关系吗？如此的痛苦、无助，甚至绝望？这故事只能如此吗？

反思我个人养育无忧的历程，和我知道的一些孤独症孩子及其家庭的经历，答案显然是否定的。

对于孤独症的认知偏差就像是一幅有色眼镜，当我们将它摘掉，当我们用心去感受一个个具体的，活泼可爱的孤独症孩子。就会发现孤独症并不是"家庭的灾难"，孤独症孩子并不是"需要终身照料的精神残疾"。

孩子们有自身的优势和短板。他们在某些方面学得很慢，需要长期、正确、持续的练习，才有可能达到具备适应性的水平。他们在另一些方面又有超出普通人平均水平的优势，善加培养，孩子们就有可能为这个社会作出自己的贡献。

就像我们自己一样，我们每个人的能力发展都是不均衡的。我们也曾为自己某方面的技不如人黯然伤神，也曾希望这世界能对我们能少些苛刻要求，多些理解和包容。孤独症人士就是我们当中的一员，他们比我们更加努力地在适应这个要求颇多的世界。

你愿意对他们多一些理解和包容吗？就像理解和包容我们自己。你愿意对他们多一些帮助吗？就像帮助我们自己。

孩子确诊孤独症，毫无疑问会给家庭带来巨大的冲击。但孤独症和家庭之间也可以是和谐共舞的关系。这在很大程度上取决于家庭内部的关系，以及家庭和外界环境之间的关系。

面对孩子确诊孤独症的事实，一家人如果能迅速调整心情，协调一致，共同努力，并积极建设好周边环境，就能为孩子创设良好的成长环境，用科学正念的干预办法，帮助孩子逐渐改善社交缺陷，提升生活和学习的能力，发展优势，稳步成长。

这其中家庭内部关系的和谐有序是最为重要的。这一点我深有体会。我和无忧生父的婚姻矛盾导致的家庭功能失调，三年单亲妈妈生活的孤立无助，这些不利的家庭因素都影响了我对无忧孤独症的早发现、早诊断、早干预。

然而伴随我个人亲密关系的重建，我也切身体会到了和谐的家庭关系带给我的积极影响和稳定支持。

重建家庭关系：
家庭是孵化孩子心智的温床

2021年3月份，我遇见了现在的先生。虽然我们过去也认识彼此，但是私下却没有交流过。这次"遇见"的缘分，可以说是我人生的一个转折点。那时我离婚3年，独自带娃，事业刚起步，还没有想过要重新走进一段恋爱关系。但也许是冥冥中注定的缘分，我和我先生一见如故，很快就确定了恋爱关系。

先生和我是同行，他见到无忧之后不久就看出无忧是孤独症儿童，并且决定和我共同面对困难，一起养育无忧。令他感到惊讶的是我居然还不清楚这个事实。于是他一边给我发孤独症的科普文章，一边给我做疏导工作，给我打预防针。因为他判断无忧一上小学，我马上就会被学校约谈。

听到先生这样的说法，换作是以前我肯定会拒绝承认。可2021年的上半年，也就是无忧大班的下半学期，是我在养育方面最有心无力的半年。无忧的不当行为和环境的冲突越来越大。他几次在公园乱转、乱蹬滑板车砸伤别人。在幼儿园里也变得越来越不守纪律，经常在课堂上随意走动，或者直接躺在地板上休息。户外活动时出现不听指令，到处乱跑的危险举动。园长很着急，几次提醒我无忧这样是无法适应小学生活的。

而我自己对待无忧的态度也在不知不觉中发生了变化。我的情绪开始失控，有几次我不仅对无忧吼出了刻薄、疯狂的话语，甚至还动手推搡了他。我实在是困惑极了，我不知道无忧究竟是怎么了？明明话越说越好，可为什么行为表现却越来越糟呢？

"孤独症"这个词开始越来越频繁地出现在我的脑海里，尽管我还没有花心思去研究这究竟意味着什么。

先生目睹我的暴怒和失控，严肃地和我谈了几次，又召开了四次重要的三人家庭会议。他提醒我觉察自己的状态，调节自己的情绪，以免给孩子带来心理创伤，破坏亲子关系。而那四次家庭会议中的两次是关于"是否暂停无忧的钢琴课"？另外两次是关于"是否停止无忧的数学和英语课外班"？

无忧自己早就不想上钢琴课了，听到爸爸建议停课，马上积极响应。我一想到无忧3岁开始学琴，并且有少见的绝对音准，内心格外矛盾纠结。但是看到他俩那么坚持，也想到每次钢琴课时无忧的消极状态，以及每天练琴时我和无忧之间的艰苦斗争，我也同意暂停钢琴课了。

经过家庭会议，我们最终决定暂停无忧的钢琴学习

无忧对数学课和英语课有些犹豫，这两个课外班他都挺喜欢，线下课的时候他上课状态很是积极活跃。但后来因为疫情一直长期在线上课，面对屏幕时间太长，无忧根本就坐不住不说，还老揉眼睛。我经过再三考虑，也决定全都停掉。

事实证明先生的这些建议都是非常明智且必要的。一如他所言，"当务之急不是学这些课，而是训练孩子的规则意识和社交能力。""在这些课上花这么多时间精力，还影响亲子关系，真是得不偿失。"关系最重要，社会规则最重要，犹如《弟子规》所言"首孝悌，次谨信，泛爱众，而亲仁，有余力，则学问"。而我过去忽视的恰恰是关系和孩子对社会规则的意识，总想把他"绝对音准"的音乐天赋充分培养起来，没有重视他在学习音乐过程中的情绪状态和与我的关系变化。

这些课程停掉之后，家庭气氛明显松弛了下来。我的注意力也更加集中在了我先生以及园长所反映的无忧的行为问题上。可以说，如果没有我和我先生的相遇，如果没有他对养育方向的坚定把控，如果没有他对我的及时提醒和好言相劝，在养育方面，我很可能会陷入一个暴怒－后悔－暴怒的恶性循环。担心无忧，却又误解无忧。很想帮助无忧，却没有正确的方法，不仅适得其反，还亲手破坏了母子关系。

有了我先生所做的这些铺垫，我才能够在和校长面谈时保持镇定，并且有勇气说出"无忧可能是自闭症"这句话。因为在我心里，或许我已经默认了这个事实。我只是在等待一个冲破最后藩篱的机会。

无忧上小学以后，也是因为有我先生做后盾，我才能安心地入校陪读。我和先生每天都会深度复盘我在学校观察到的无忧的行为表现，并且一起想办法帮助孩子。每当我因为无忧的不当行为感到焦虑、急躁的时候，他也总是会给予我温柔而稳定的支持。

做母亲六年，我头一次感受到如此强有力的陪伴与支持。最直观的感受是，我的内心不再畏惧"孤独症"。我终于可以安顿好我的身心，重新认识无忧，陪伴他，与他的孤独症共舞。家庭是每个家庭成员的港湾，我们彼此相互支持，共同决策，才能在家庭遇到变故时同心协力，共渡难关。

无忧画的我们一家人

我在和很多孤独症孩子的家庭做咨询时发现，一个家庭在孩子确诊孤独症后，越是能尽快地面对现实，调整好状态，做好分工，团结一致，齐心育儿，孩子的成长和进步就越快，孩子和整个家庭的精神面貌就越好。

而那些一直不肯面对现实，彼此指责，互相推诿，逃避放弃的家庭；那些将自己的糟糕情绪转嫁给孩子，对孩子要求过高，缺乏耐心，打骂斥责的家庭不仅会导致家庭关系的裂隙，家庭功能的紊乱。更为严重的是，在这样的家庭成长，孩子的孤独症症状会逐渐加重，甚至还会产生抽动、焦虑、抑郁、严重的自伤等精神障碍。

家庭是孵化孩子心智的温床，是孩子社会情感健康发展的基地，家庭出了问题，也会体现在孩子身上。孤独症并不可怕，可怕的是家庭被孤独症打乱了阵脚。由衷地希望各位家长能守护好自己的家庭，在困境面前团结一心。用科学的方法，带领孩子，带领家庭，与孤独症共舞，舞出希望。

这也是我们写这本书的初衷，因为我们看到太多家庭因为孩子被诊断为孤独症以后不知所措，母亲成为替罪羊被父亲指责，或者婚姻亮红灯，导致一家人陷入更加痛苦的困境。我们希望本书能帮助家长理解、接纳孩子，形成一致的养育同盟，包括和幼儿园、学校建立同盟。

重视家园关系：
选择有特教支持系统的幼儿园

无忧确诊以后，我意识到我错怪了无忧幼儿园的老师们，也因此错过了发现孩子问题的关键时机。所以 2021 年 9 月 18 日那天，当我和无忧的小学校长坐在一起交流无忧在学校的行为表现问题时，我知道我必须重建我和学校之间的关系。当校长要求我陪读时，我就毫不犹豫地答应了。

没想到中秋节后陪读不到一周，我就被无忧在学校里的行为表现彻底震惊了。我真真切切地感受到，无忧当时的那种我行我素，不陪读完全是上不了学的。而且我在震惊之余，除了哀叹自己养娃六年并没享受过普通的亲子之情，感伤无忧的孤独症"命运"以外，也让我终于理解了为何过去三年我和幼儿园老师们一直有分歧，原因一如前面的篇章中多次提到的那样：

其一，是因为无忧在家里和在幼儿园里表现反差很大，我猜测他是在幼儿园里受了委屈，才会出现不当的行为；

其二，是因为我和老师们关注的焦点不同，我更关注孩子的身体和动作发育，以及他在某些方面表现出来的过人聪明，而老师却更关注孩子的社会性发展；

其三，是因为儿童医院问诊经验的误导，让我以为只要无忧语言发育慢慢好了，其他就都会好起来；

其四，是因为我自己那段时间作为单亲妈妈各方面压力很大，缺乏社会支持，主观上存在逃避心理。

幡然醒悟后，我立刻通过微信向幼儿园的老师们表达了我深深的歉意。老师们都很平静，认为帮助孩子成长是她们的"职责"，是"应该的"，只是很遗憾无忧没能早一点接受科学的干预，但都相信无忧从今往后会越来越好。

经历过这种从怀疑到感恩的过程，反思过去，合作互信的"家园关系"本来应该是我在养育路上很重要的社会支持。因为"家园共育"本身就是孩子们在社会化的过程中极为关键的一个环节。老师通过幼儿园日常教学活动的安排，引导孩子们关注社会性信息，培养孩子们的社会性情感，提高孩子们的社会认知能力。家长则在相应的家庭生活中予以配合和强化。这样的"家园共育"可以有效促进普通的学龄前儿童的社会性发展。

然而对于孤独症孩子及其家庭而言，事情远非这么简单。一如普通的家庭教育不能满足孤独症孩子的教育需求一样。普通的"家园共育"也不能满足孤独症孩子社会性发展的需求。

首先，很多孤独症孩子在入园之后就状况频出，很难适应幼儿园的生活。就拿无忧来说，他实际上不满足幼儿园对孩子的能力要求，我不想去设想如果当初幼儿园知道无忧是孤独症孩子还会不会录取他。但现实是很多幼儿园对孤独症孩子的接纳度很低，这导致很多家长出于权宜之计选择隐瞒孩子的实情，但在孩子入园之后因为难以适应，最终还是会在某个阶段选择转园。

其次，我国学前教育界普遍存在对"孤独症"的认知不足。无忧的幼儿园老师们虽然意识到他在园的行为表现出了问题，可也说不清大概是什么问题。一开始曾认为是无忧年龄小，语言发育不好的原因，中途也质疑过我的养育方式。最后觉得实在不对，建议我带孩子去医院看看时，无忧已经 4 岁半，再过半学期就上大班了。

再次，幼儿园也缺乏特殊教育支持体系，老师们通常只是按照教育普通学龄前儿童的方式教育孤独症孩子。这样不仅老师压力很大，孤独症孩子也得不到必要的行为干预。就这一点而言，即便后来无忧大班转园到了一所融合教育理念很好的民办园，但因为这家民办幼儿园仍然缺乏有针对性的支持，无忧的成长依旧非常缓慢。

最后，普通的幼小衔接班也不适合孤独症孩子。这种幼小衔接班的主要培养对象是普通孩子，培养目标是学业能力的提升。而孤独症孩子需要侧重于学校常规、规则意识、适应性能力等方面能力培养的特殊的幼小衔接班。无忧所在的民办园的大班本身也是幼小衔接班，有课堂纪律、集体生活技能等方面的训练。专项能力训练的缺失，导致无忧刚上小学时虽然学习能力没有问题，但班级常规很差，规则意识不足。以致他处处碰壁，情绪崩溃，并且需要家长陪读才能继续学业。

这些学前教育的现状导致孤独症孩子的幼儿园融合教育并没有落到实处。对于孤独症孩子而言，理想中的幼儿园融合教育，是让孩子在幼儿园环境中，在"家园共育"的接纳、包容、理解的氛围中，在幼儿园特殊教育体系的支持下，与老师、同学进行自然的社交交往和日常活动，在这个自然环境中逐步提升孤独症孩子的语言能力、社会交往能力和社会适应能力。

我们离这个理想显然还有很远，希望我们的这本书能引发教育界和政府有关部门的思考，也希望这部分经验的分享能够让家长朋友们意识到孩子入园以后可能会面临的种种困难。为了有效地帮助孩子成长，最好给孩子选择有良好特教支持系统的幼儿园接受学前教育。

三年不和谐的"家园关系"带给我的这些反思，让我深刻地意识到无忧在小学阶段所面临的种种困境。也进一步坚定了我的信念，就是我一定要处理好"家校关系"。吸取之前的经验，通过我的努力，为无忧争取良好的校园融合教育。

创造家校合作关系：
在互信中携手

新学年伊始，一个班有将近40个6、7岁的孩子，刚上一年级都懵懵懂懂，正是班主任老师和所有科任老师最忙的时候。"你需要来陪读，不然老师们没法上课了。你也来看看你的孩子什么表现，看看我们说的对不对。"校长在谈话最后有些疲惫地对我说。

不仅是陪读，考虑到无忧的情况，校长建议先上上午半天学。中午无忧在学校吃完午饭后，我直接带他回家，在家里学习、活动。然后等到时机成熟，无忧的纪律、情绪等各方面行为表现更适应学校的要求时，再考虑撤出陪读和恢复下午上课的事。

对我而言，这就意味着未来不知道多久，我几乎要全然放下自己心爱的工作和个人爱好，做起"全职妈妈 + 陪读妈妈"。尽管来之前先生就已经让我做好陪读的准备，但是一想到我自己的生活即将发生如此巨大的改变，我还是会感到十分沮丧。

那天晚上当我和先生表达我郁闷的情绪时，也提出找影子老师陪读的可能性。先生安慰了我的情绪，让我先陪读感受一下，再做决定。

一如前面多次提到的，进班陪读的真实体验带给我的冲击实在太大了。当我目睹无忧正上着课突然想要站起来躺到教室后面的地板上，当我看到无忧在上早操、上体育课时满操场乱跑，当我看到无忧因为一点儿小事儿大哭不止，无法安抚……我如此清楚地感受到我的孩子出了某种问题。想找影子老师来陪读的想法顿时烟消云散，无忧在学校遇到这么大的困难，他需要我的帮助。

而且看到无忧在学校的种种不当行为表现后，联想到幼儿园三年老师反映的问题，和我作为母亲感受到的无忧的另一面，我这些年积攒的所有困惑和焦虑都转化成了一种强烈的好奇心，对"孤独症"的好奇心。

这究竟是一种什么样的"症"? 让我的孩子呈现出这样强烈的反差感和错位感? 这究竟是一种怎样的"孤独"? 让我的孩子在社会环境中表现出如此的我行我素,自我中心? 我想要了解我的孩子,我想要帮助我的孩子。

就这样全身心地投入陪读之后,为了避免再出现幼儿园阶段的那些问题,我积极主动地创造着合作互信的"家校关系"。

首先,回想起公立园老师因为不了解孩子的孤独症特质而产生的强烈的教育焦虑,在陪读大约一个月后,我给无忧的班主任蔡老师写了一份"无忧指南"。 这份指南从社交、情绪、刻板行为等几个方面比较详细地介绍了无忧的行为特征及其成因,以期帮助蔡老师理解无忧,从而降低老师在教学管理方面的情绪压力。

那时候我写的"无忧指南"是基于我对无忧的行为观察,以及《高功能孤独症完全指南》和《高功能孤独症儿童养育指南》这两份"指南",形成的一份对无忧在校行为表现的解释和说明。

后来我发现这份"无忧指南"对我自己的意义更大一些,因为它相当于陪读一个月来我对无忧行为表现的一个阶段性小结。尽管只是一种比较粗略的理解,但是我好像已经能够透过纷繁复杂的现象,隐隐约约地窥见无忧孤独症症状背后的一些规律。这令我压抑的情绪得到了些许缓解。

而对于蔡老师,我一再惊喜又敬佩地发现,这位经验丰富的小学教育工作者对无忧的行为表现有自己的看法,而这些看法常常带给我很深的启发。

例如有一次我和蔡老师聊起无忧在社交和规则方面的表现,我表示有时真的觉得力不从心。蔡老师说:"这孩子就是在这些方面学得比别人慢,我们一直在这个方向关注,他就会慢慢有进步。但这孩子也有他自己的优势,培养得好也会很有前途,你要全面地看待孩子。"

蔡老师的表达带给我的丰富感受，可以说令我至今回味无穷，启悟良多。而且她的这几句话也基本奠定了陪读期间我和她两个人"合作共育"的总的战略思想，甚至也影响了我养育无忧的整体思路。

"学得慢"三个字简单、朴素、接地气，却充分道出了无忧在社交和规则方面的学习状态。不过虽然慢，但更有只要持续练习，也能学得会的希望和信心。这让我觉察到我自己渴望无忧在这些方面取得快速进步的不切实际的期待，以及有些缺乏耐心的情绪状态。而我们只需要"一直在这个方向关注"，方法正确，保持耐心和信任，无忧就会"慢慢有进步"。后来无忧的成长也表明的确如此，在正确的方向，用正确的方法，持续的培养，孩子各方面的行为表现就会有改善，有提升。

"有他自己的优势"这句话则让我意识到，陪读以来我多少有些矫枉过正，过分卷入孩子的不良表现之中，而忽视了孩子自身的进步和优势。其实刚开学不久蔡老师就表扬过无忧知识面广，绘画水平高，对感兴趣的知识表现得很积极，学得也快。并且陪读以来无忧在学校常规、规则意识、自我管理等方面一直在进步。而反观我自己，确实对孩子批评的多了些，鼓励和欣赏少了些。无忧整体的情绪状态也有变得不自信和焦躁的趋势。我需要调整一下自己的状态，"要全面地看待孩子"。把心态放端正，才能把无忧"培养得好"，无忧才会"很有前途"。

直到现在我依然时常想起蔡老师的这几句话，就像我在养育旅程中的一盏明灯，时刻提醒我不要忘记方向，莫失初心。

还有一次，无忧的情绪问题好不容易稳定了一段时间以后，又因为一件小事儿爆发了。看到他难以安抚、无法沟通的样子，我突然感到一种抑制不住的愤怒。那感觉就好像是说，"我们都为你付出这么多了，你怎么还是这么不通人情，还是这么无所顾忌呢？"我忿忿然找蔡老师倾诉内心的苦恼。

蔡老师推了一下眼镜，看着我说："别说孩子了，大人的状态也有好，有坏的时候。无忧在某些方面就是比别的孩子慢，需要持续的强化。还真和孩子置气啊？"后来蔡老师还说过："我们大人发脾气，是为了吓唬一下孩子，目的是教育孩子，让他们感受到自己的行为是不被允许的。不是真的生气，把自己气得不得了。"

蔡老师的这些话言简意赅，但却蕴含着很有智慧的思想。让我注意到我竟然希望 6 岁的无忧能一直保持情绪的稳定，而且还希望他在情绪状态中能够理智地和人沟通。我这种无理的要求显然与孩子的年龄、特质不相符合，也违背了情绪的心理学原理。有谁能在情绪爆发时保持自然的冷静克制呢？

这种反思还让我觉察到我自己的一种模式，这种模式在我的育儿冲突中曾反复出现。每当我"很努力"地教育无忧，但是他的表现却不尽如人意时，我就会陷入一种愤怒的情绪状态，在心里责怪他"辜负"了我。顺着这种"愤怒"和"辜负"的感觉去探寻，我后来意识到这和我自己儿时的亲子关系模式有关。

我父亲对我的要求严格而苛刻，而且他很难讨好。这让我自己在比较强烈的养育冲突中会不自觉地处于一种严苛的状态，就像我爸对我一样。而当孩子对我的付出表现出不在乎和无动于衷时，尽管孩子其实只是不理解或者做不到，我却又会陷入一种努力"讨好"而不得的愤怒状态。

有如暖风吹散我内心的阴霾，蔡老师的智慧点拨令我获得了意想不到的收获。不仅拓宽了我的自我认知，也让我拥有了更多的情绪自由。从这之后，我在养育无忧的过程中明显感觉自己更加稳定从容了。我开始能够清晰地分辨哪些情绪是源自我过去的模式，也因此更有余地去思考面对当下的养育情境，我该如何做出成熟理智的回应。

我和蔡老师的这种沟通让我领略到极富教育经验的班主任老师是多么的富有智慧。原本我还担心蔡老师因为不能理解无忧的不当行为而产生各种消极的情绪，谁曾想蔡老师不仅能够精准把握无忧的特点，还在不经意间调节了我的情绪。这也让我对无忧小学阶段的"家校共育"充满了希望、信任和信心。

当然，这本身也与我对学校和班主任老师的信任，以及强烈的配合和合作的意愿有关。我写的那份"无忧指南"和蔡老师的经验智慧相比起来，或许显得过于理论化。但我相信蔡老师看到之后能够感受到无忧家长的认真和真诚，对孩子坚定不移的支持，以及对学校和老师的感谢、尊重、理解和大力配合的态度。

其次，在无忧的行为管理方面，我认真听取班主任老师的建议，配合班主任老师的日常班级教学工作。不让无忧的行为影响班级秩序，这对无忧而言本身也是一种行为示范和规则的养成。

曾经，无忧的幼儿园老师给我提过很多该如何管理无忧行为的建议，但因为我当时不肯面对事实的怀疑状态，大多遗憾的没有落到实处。进班陪读以后，看到无忧的行为给蔡老师的教学和其他同学带来的影响，我立刻意识到那时候幼儿园的老师在教育无忧方面有多力不从心，就更加感恩老师们的耐心和优秀的职业素养。

因此在陪读期间，我时刻告诫自己要尊重和配合班主任蔡老师的工作，我自己要努力管理好无忧，不要给老师添太多麻烦。这态度虽然很好，但实际做起来却很难。

刚开始陪读的时候，最大的难题是口头表扬和口头批评对无忧起不了太大的作用。他不会因为我和蔡老师的表扬而更守纪律，也不会因为我们对他的批评就约束自己的行为。蔡老师平日里奖励给学生们的班级小红花，看得见，摸得着，一般情况下对无忧还能起到些作用。但是在他情绪起来的时候，不论是兴奋还是哭闹，也都不再管用了。

于是有一段时间，我在学校协助蔡老师管理无忧的行为时就出现了如下尴尬的场面：无忧在教室的地板上躺着，我低头弯腰劝他起来，他则继续躺着还转圈儿；无忧在操场上乱跑，我在后面追他，劝说他，告诫他，他一边儿跑一边笑。经常是这样拉拉扯扯，过了很长时间无忧才能停下来。既影响老师讲课，又影响班级秩序，到头来下一次无忧又继续重蹈覆辙。

我一度非常苦恼这个状况，直到发生了本书中多次提到的那次"操课事件"，蔡老师像往常一样在旁边观察了一会儿我是怎么处理的，然后朝我走来，对我说："我建议你把无忧带离操场，道理讲得够多了，他需要为他的行为付出点儿代价。"我当时正在用双手强按住无忧，面红耳赤，束手无策。听闻蔡老师这么说，我一开始还说了句："我们再给他一次机会吧？"结果话音未落，无忧又要冲出去。

说时迟，那时快，我意识到蔡老师的提议是对的。讲道理要是有用，也就用不着陪读了。于是我立刻紧紧拉住无忧，使出浑身力气把他带离操场，暂时带到了教学楼的走廊里。后面的故事相信大家在前面的讲述中都看到了，自打这一次带离过后，无忧从此再也没敢在操课上乱跑过。他行为的结果令他自己印象深刻极了，他也因此习得了操课上的规矩，能够约束自己的行为了。

后来我在和蔡老师交流沟通这件事的时候，她说："不是不给孩子讲道理，而是发现讲道理没用后，大人在关键问题上要把好关，不能和孩子商量，更不能妥协。"我听后犹如醍醐灌顶，真是一语惊醒梦中人啊。

"妥协"是我在养育无忧的过程中经常出现的另一种模式。曾经我将之理解为接纳和包容。但进班陪读后发生的一系列事件中我的处理方式，以及蔡老师的及时反馈，让我意识到我自己在给无忧立规矩方面存在不足。仔细反思我的这种模式，我感受到它既来自我母亲对我的影响，又和我的个人生活状态有关。

我的母亲是位性情温柔宽厚的女人，在我印象里她没有对我发过脾气。她总是信赖我，支持我。而在我成为母亲之后，我和无忧相处的姿态也更像是我妈妈，"自由、信任"多过于"规则、界限"。换句话说，我有些忽视给孩子立规矩这件事，我相信孩子经由自己的体验就能够自然学会规则。

但我忘记了，家里是我爸爸在行为方面给我立规矩。因为我自己的离异状态，无忧身边恰好缺少了给他立规矩的人。不仅如此，我一直为离婚这件事对无忧感到内疚，这种内疚感进一步促使我总是在养育的关键时刻作出让步，不由自主地进入一种"妥协"的状态。

当我的"妥协"遇上了和普通孩子相比，需要进行特殊而密集的常规训练和社交干预的无忧，情况可想而知。在后面的篇章里我会提到我的"妥协"在孩子的优势培养等方面起到的积极促进作用，但在此处，我想说的是经由陪读的体验和蔡老师的提醒，我终于清楚地觉察到我自己这种养育模式，以及这种模式带给无忧成长的消极影响。

痛定思痛，反思过后我立刻做出了调整，这也标志着我的陪读进入了一种高效的状态。在面对无忧的不当行为时，我不会再优柔寡断，我的养育思路开始变得清晰。我一般会提前和无忧讲明某种规则，和他探讨这个规则的必要性和重要性。然后和他说明如果违反这个规则，我会怎么做，以及如果他遵守规则，我会给他什么奖励。之后在具体的情境中，如果他出现不当行为，经过两次提醒无果之后，我会果断地执行我们定好的规矩。这个过程中还有很多值得分享的细节，我会留在后面的章节细述。

其实我的这种教育方法也是受到了蔡老师的启发。我在观察蔡老师的教学和管理工作时，发现她在教育孩子方面很有一套。如果哪个学生不遵守班级规则，她从来不发火，而是讲清楚道理和规则，让孩子品尝其行为的后果。

小朋友东张西望随堂作业完不成，那就先别去上下一节课；写字不认真，随便乱写，那就得不到小红花，兑换不了班级奖品。而在孩子们表现好的方面，蔡老师也是看在眼里，不吝表扬。奖惩并重，奖励有效，惩罚有度。大部分孩子很快就能跟得上班级的要求和节奏，迅速地成长起来。

在我和蔡老师相互信任、密切配合的过程中，无忧也在肉眼可见地成长着。他的规则意识明显提升，不会再躺在教室的地面上，不会在操课上到处乱跑，在体育、形体、音乐等比较活跃开放的课堂上的自我约束力也越来越好。无忧的情绪管理能力也有了很大的改善，他基本不会再因为一点小冲突就大哭不止，整体情绪状态相较于刚开学时也变得轻松、自信多了。

于是进班陪读3个月后，蔡老师和我都认为陪读可以撤出，无忧可以独自上半天学了。这并不意味着无忧在各方面已经完全达到了班级的要求，但是他从整体上已经能够适应学校常规，和老师、同学们一起度过学校生活了。

这3个月其实过得很快，也比我原本预计的陪读时间要短得多。毫无疑问，这是我和蔡老师通力合作的结果，是我们家和学校互信互助的结果。这也是良好的"家校共育"送给无忧最好的成长礼。

最后，在和班主任老师就某些问题意见不一致的时候，要积极沟通信息，寻求情感联络，促成问题解决，并坚决配合和支持班主任老师的最后决定。

幼儿园阶段我和老师们对无忧的行为表现及其成因意见分歧很大，我们各自看到的现象是很不一致的，这种信息不对称就导致彼此之间交流不畅。那时候我也没有处理好这种状况，言语上比较强硬，态度上也多有质疑和不信任。我这种态度不仅影响了家园关系，也导致我无法全面了解无忧，并遗憾错失尽早发现孩子问题的良机。

无忧上小学以后，我和班主任蔡老师在无忧的问题上合作得非常顺畅，但也并不是没有出现过分歧。吸取之前的教训，我要求自己在和蔡老师意见不一致时，多倾听老师的意见，多为老师的整体教学工作考虑。也相信老师会基于对无忧的观察，做出审慎的判断和决定。

就拿无忧何时"恢复下午上课"一事来说，无忧不用陪读之后，我们家和蔡老师就这个问题的看法出现过多次的意见不一致。

我们第一次考虑无忧"恢复下午上课"的事，是在他不用陪读之后不久。考虑到下午上课可以更好地促进无忧的语言能力和社交能力的发展，我们希望他能尽快全天上学。另一方面我们也担心无忧一直只上半天课的话，会慢慢失去下午上课的意愿，只愿意在家里待着。

这次和蔡老师沟通这件事时，蔡老师明确表示为时尚早。因为刚刚不用陪读的无忧上午的在校表现也还没有完全稳定下来，尤其是在和同学们的相处方式方面。无忧喜欢拥抱别人，很近距离和人说话，以及不经允许动别人东西，同学们老是找蔡老师告状。下午上学可能会激发更多的同学矛盾，引起同学告状不说，可能还会引发家长们的不满，这对无忧是很不利的。

听到蔡老师这么说，我们也非常认可。无忧和同学们的互动方式不仅会让对方感到不舒服，而且他自己也不舒服。他还理解不了别人对他社交行为的消极反馈，回到家里来有时会沮丧抱怨。如果在学校上一整天课，积攒的消极情绪越来越多，肯定也不利于无忧的身心健康。

和蔡老师交流过后，我们第一次"恢复下午上课"的提议就暂时放下了。而且一年级第一学期也即将结束，等第二学期开学，先观察一下无忧的情况再说不迟。

我们第二次找蔡老师商量无忧"恢复下午上课"的事情，是在一年级下半学期开学后不久。转眼半年过去，我和先生都感觉无忧进步很大，可以开始上全天课了。可是这一次蔡老师仍然觉得时机不成熟。

蔡老师在上半学期观察到无忧早上刚来的时候精力旺盛，纪律各方面也都表现比较好。可是到了临近中午的时候，他的注意力就开始不太集中。不仅老走神儿，而且有时也会出现用身体撞教室后面的墙壁，以及在教室过道里乱跑的现象。蔡老师认为无忧年龄还小，又有孤独症的问题，以他目前的发育状况和行为表现来看，还是很难适应下午的学习生活。

而令我们着急的是，一个寒假过去，无忧已经明显不再像上半学期那样期待下午上课。而且他似乎开始默认自己和别的同学不一样，甚至开始表达出"下午不上学也挺好的，不然也挺难的。"这样的逃避校园的想法。

蔡老师听到我们的这些担忧，考虑再三，决定先让无忧试一试下午上课。她反复提醒我，一定要叮嘱无忧遇到事情不要哭，让我告诉无忧，"蔡老师会帮助他解决问题的"。

于是一年级下半学期开学第3周的那个周一，无忧开始尝试上全天课，我下午3:30到学校接他放学。周一、周二还算安然度过，可是周三下午快4点的时候，我就接到了蔡老师的电话。无忧又因为一点小事儿情绪爆发，大哭不止，无法安抚。蔡老师让我赶紧去接他回家。

周三下午第一节课是无忧期待已久的科学课，这天的课程是"认识天平"。这可是无忧的长项，周二晚上他就很激动地和我说要给老师和同学们讲讲天平的工作原理，还让我仔细检查天平上的系绳有没有调节对称。这绳子是他自己剪长短，自己系上去的，还特别细。当时我就担心第二天他调整不好的话会闹情绪。果不其然，周三的科学课他正是因为调整不好绳子导致情绪崩溃的。

作为母亲我能理解无忧的情绪，我也和蔡老师认认真真解释过了。而且我觉得无忧周一、周二表现得还不错，按理说不影响他继续上全天课。因此当我听到蔡老师要求暂缓无忧下午上课的计划后，我一时间很难接受。

我说我愿意下午陪读，帮助孩子适应下午的学校生活，蔡老师也否定了这个想法。因为她判断在孩子精力不足的情况下，我的在场也发挥不了多大作用。蔡老师还表示我对无忧要求过高，操之过急。

无忧得知自己下午又不能上课了，心情也十分很沮丧，他不断问我"为什么啊？"听到我说明原因后，他激动地重复到"那我不哭了可以吗？"看到无忧这样，我的情绪更加低落。思索再三，我提笔给蔡老师写了一封很长的信。这是我们就无忧"恢复下午上课"一事的第三次沟通。

这封信的内容大意是，我们希望无忧下午上课不是对孩子要求过高，也不是不清楚无忧现在下午上课多少会有些吃力。而是希望无忧能像上学期克服困难，适应上午的在校生活一样，进一步克服下午上课带给他的挑战，逐渐适应全天的学校生活。我们认为不能仅凭无忧这次的情绪问题，就完全限制他下午上课的权利，从长远看这种剥夺对无忧的成长有多种消极的影响。

蔡老师看到信后很快也给我回复了一封长信，也正是通过这封信，我们了解到蔡老师这么安排的真实用意。其实蔡老师非常确定无忧还不能适应全天的在校生活，这次同意让无忧试一试下午上课，主要是出于照顾我们家长的情绪。也希望能用事实让我们保持耐心，再给孩子点时间，不要操之过急。

蔡老师认为无忧还没准备好上全天课的原因如下：

• 经过上学期的努力，无忧进步很大。但总体来看在规则和情绪方面还不够稳定，尤其是到了临近中午时分，就难以约束自己的行为，情绪也变得不太稳定。下午上课对无忧的身心都是太大的挑战，他目前还做不到。

• 尝试恢复下午上课的那三天，为了保证能稳定住无忧中午和下午那种躁动不安的状态，不让他在教室里的过道和外面的走廊里乱跑，或者做别的有危险隐患的事情，蔡老师就得一直花时间盯着无忧。这就导致蔡老师非常疲惫，得不到休息。而且班里同学告无忧状的情况明显增加，蔡老师不得不逐一调节。这不仅影响班级的教学管理，又进一步消耗了蔡老师的精力，令她疲惫不堪。

看了蔡老师的回信，我们也认同蔡老师说的下午上课对无忧是个有很大的挑战的事儿，但我们并不认为无忧无法通过努力去克服困难。但是我们没有就这个问题再去过多地和蔡老师进行商议。主要原因是听到蔡老师说她很疲惫，而我们就算是陪读，也不免像上学期一样或多或少会影响班级秩序，又令蔡老师操心。

为了照顾好蔡老师，不让她因为无忧的问题太过疲惫。我们这次"恢复下午上课"的提议也暂时放下了。班主任老师在班里的日常事务非常繁忙，带一年级的孩子又需要格外的费心。我们很体谅蔡老师的劳累和困难，更加感恩她对无忧额外的照顾。以蔡老师的意见为主，尊重她的整体安排，是我们作为家长能给予老师最大的理解和配合。而且后来我们意识到这次的"放下"并不是真的放下，而且这个"放下"确实很有必要。

一年级刚开始时，蔡老师就开始给孩子们培养良好的学习习惯，要求上午的各项小作业要在上午完成，下午的要按时在下午完成。无忧在写作业方面一直是只写感兴趣的作业，比如数学。语文作业基本不写，其他同学写语文作业的时候无忧就坐着发呆，然后把积攒的作业拿回家写。

蔡老师在上半学期只是偶尔提到无忧在写作业这方面的问题，我清楚地记得那时候她说"这还不是重点"。到了下半学期，除了继续稳定无忧在纪律和情绪方面的问题以外，蔡老师和我沟通无忧作业问题的频率明显增加。她说，"写作业事小，重要的是帮助孩子养成良好的学习习惯和时间规划能力，这样到了三年级往上才能越学越顺。"她希望我能重视起这个问题。

听取蔡老师的建议，一年级下半学期我花了很多工夫在无忧的学习习惯上。有关细节在本书的其他篇章会详细说明。半学期过去，无忧不再抗拒写汉字，字越写越有心得。他也开始渐渐意识到只有合理的规划时间才能安排好自己的学业任务和课余活动。尤其是在 2022 年 5 月初至 6 月底这将近两个月的在线上学期间，无忧每天在家里像正常上学一样安排学习和生活，保证课前预习和课后复习，认真完成每一份作业，学习习惯越来越稳定。我和无忧的这些努力也在 7 月中旬的期末小测验中得到了体现，"都会，都对，写得也还挺整齐的"，是无忧对自己这次小摸底的高度评价，而这和实际情况也基本相符。

寒来暑往，告别精彩的暑期生活，无忧迎来了二年级的新生活。开学第一周，我们也就无忧"恢复下午上课"的事情和蔡老师进行了第四次沟通。这一年里我们明显感觉到孩子的进步非常大，在自我意识和自我管理方面都有着质的飞跃。考虑到蔡老师可能有和我们不同的视角与看法，这一次我们只是简单表达了对无忧状态的肯定和信任，并诚恳地询问蔡老师关于上全天课的意见。

这一回蔡老师清楚地表达了对无忧纪律和情感方面成长的肯定，认为无忧在这两方面的表现已经比较稳定。但是，开学以来蔡老师观察到无忧在写作业方面还是不积极，经常不能按时写完早自习作业。"如果无忧能突破这一关，我觉得他就能比较好地适应全天上课了。"

听到蔡老师这么说，我立刻领悟到了她的良苦用心。原来一年级下半学期虽然蔡老师几次拒绝了我们想让无忧"恢复下午上课"的请求，但其实她心里有更长远的考虑和安排。蔡老师不想让无忧在班级里只是"混"着，学不到好的学习习惯和其他有用的技能。她想让无忧完全跟得上班级的节奏，一步步成长为合格的小学生。

因此蔡老师从一年级下半学期开始，一边在学校继续关注无忧的纪律和情绪调节能力，一边持续地督促我帮助无忧养成良好学习习惯，克服在写字等方面的畏难情绪。这样一来，等到二年级开学，无忧在纪律、情绪、学习习惯三个方面都能适应班级的要求，这对无忧而言可谓是一种最佳的学校融合教育状态。

我想，只有极富经验的小学教育工作者才具有这种全局意识，做出行之有效的计划和安排，并且坚定引导学生家长一同配合实现。我很庆幸没有在一年级时因为无忧下午上课的事和蔡老师起冲突，而是遵从蔡老师的安排，循序渐进地帮助孩子一步步适应学校生活的各项要求。否则就算蔡老师勉强答应让无忧下午上课，而无忧的各方面又都没稳定下来，就很有可能会因为压力导致行为功能退化，并且产生对学校生活的逃避心理。

能遇到蔡老师这样优秀的班主任老师，不仅是无忧的幸运，也是我们整个家庭的幸运。

于是按照蔡老师的要求，我开始帮助无忧突破"按时完成作业"这一关。不过这个难关或许比纪律和情绪这两关更难一些，蔡老师对此是这么表达的，"写作业这件事需要他自己去调节注意力，靠外界的提醒用处不大"，而我在实际带领无忧克服这个难关时，也切实体验到了孩子的"知道"和"做到"之间有巨大的鸿沟。

不过有了一年级在完成作业方面的扎实积累，我惊喜地发现无忧对语文作业的畏难心理明显少了很多，在家里写作业的速度也快了很多。他现在在"按时完成作业"这方面的困难，更多是难以调动注意力去做他不太感兴趣的事情，而这也是很多孤独症孩子所共同面对的问题。有关这个问题该怎么破解，我将在后续的章节中仔细分享。

经过我们和蔡老师的共同努力，一周里无忧按时完成早自习作业的次数越来越多，虽然还不够稳定，但是他在这方面的意识明显增强了。不过这距离他每天稳定按时完成早自习作业还有一段距离。

考虑到无忧"按时写作业"这件事不是在短时间内就能稳定下来的。但是只要我们一直往这个方向努力，他就会逐渐步入正轨。我就发起了第五次与蔡老师之间关于"恢复下午上课"的对话。而在这次沟通中，蔡老师也认为在孩子的纪律和情绪都已经比较稳定的情况下，尽管"按时写作业"这项要求还需要时间去努力达成，却可以先恢复上课了。

一个"恢复下午上课"的诉求，从一年级至二年级，五次和班主任老师之间的对话，这个例子可以很好地展示出"家校共育"的核心要素，就是密切交换信息，明确阶段性目标，协调一致，共同努力。以班级大局为重，配合班主任老师的规划与安排。唯有如此，才能创造出尊重信任，相互支持的良好"家校关系"。

曾经的我在面对无忧的问题时否认、回避，在处理"家园关系"时怀疑、对抗，最终抱憾错失以"家园共育"共助孩子成长的良机。现如今我在勇敢面对现实之后，通过积极建立尊重、互信、互助的"家校关系"，为孩子创造出密切配合、协调联动的"家校共育"温床。这也是家庭和学校通过积极努力，共同摸索出的一种"孤独症孩子学校融合教育"的良好示范。

"孤独症孩子学校融合教育"处理不好的话，很容易演变成孩子只是"混迹"于学校，没有得到学校必要的支持和帮助。有效的融合教育需要家校精诚合作，协调一致，共渡难关。我们想以我们家的这个故事作为深度案例分享，带给在融合教育道路上遇到各种疑惑和困难的家长一些有益的启发。"关系"是在彼此的互动中创造出来的，由衷地希望家长朋友们能够积极行动起来，为孩子，为自己，为家庭，创建支持性的良好人际关系。

共建养育同盟：
创建和谐家庭友谊

无忧上小学一年级确诊孤独症后，我的另外一个心结也算是解开了。

无忧刚入幼儿园时，我算是班级活动的积极分子。无论是组织集体购买物品，还是张罗家长带娃给主班老师亲手制作教师节礼品，我都很愿意牵头沟通协调。那时我和无忧班里小朋友的家长关系大多也非常融洽。我们经常在等着接孩子时一起聊天，交流育儿的心得和家长里短。回到家里也会在微信上保持联系，氛围友好而愉悦。

而幼儿园小朋友之间的关系，一开始通常是由家长主导的。如果家长彼此之间觉得谈吐投机，带孩子们在一起玩儿的频率就会更多一些。慢慢地你来我往，就越来越熟悉了。小班伊始，我和无忧班里一位名叫易阳的小男孩的妈妈经常交流。那时候我们经常一聊聊很久，话题天南海北，家长里短，关系很是亲密。

我们自然也很希望两个孩子能玩到一起，所以给他们安排了很多相处的机会。一起去公园，一起去游乐场，一起在家里玩儿，甚至想一起上某个课外班。可是尽管我们设想得很好，可孩子们关系的进展却不尽如人意。

我那时候还不知道无忧是孤独症孩子，但也已经能直观地感觉到无忧在人际交往方面的奇怪状态。在家里玩儿时，易阳看着无忧的眼睛和他讲话，无忧却基本不看易阳，而且很明显也没有认真听易阳说些什么。总是易阳话音未落，无忧就已经跑开抓拿某个玩具去了。易阳想玩无忧的某个玩具，无忧也总是不断地抢夺。易阳拿哪个，他抢哪个。抢完之后他就扔一边儿去了，自己也并不玩。

一同出游的时候气氛就更加尴尬。无论易阳想怎么玩儿，无忧好像都不配合。他大力拥抱易阳，几次快把易阳扑倒。他也常常自顾自地到处乱跑，易阳追上他，想拉他去别的地方一起玩儿时，他也好像没有看到一样。有时易阳在游乐场里搭积木，已经搭了很高，无忧走过去一把就给弄坏。气得易阳小脸憋得通红，眼泪在眼眶里打转。

这一切我们两个妈妈都看在眼里。易阳妈妈觉得无忧还小，语言发育也不好，表现得比易阳幼稚也可以理解。我则在家里反复地给无忧讲道理，一遍又一遍，希望他能在下一次和易阳玩儿时更有礼貌。我们俩还是想促成两个孩子的友谊，但是在这个过程中，无忧进步甚微，依旧我行我素。而易阳则积累了大量的消极情绪，开始向他妈妈表达不想和无忧一起玩儿的想法。

终于有一天，在一次普通的偶遇时，易阳爆发了。他指着无忧，大声地冲他妈妈喊道："我不想和他玩儿！我不想和他玩儿！"易阳的表情如此愤怒，令我感到震惊又困惑。因为当时我还没有意识到情况是如此严重。无忧对易阳的反应表面看似很平淡，但那天在回家的路上，他反复地问我易阳为什么那样说。他显然也感受到了朋友的消极情绪，只是他不理解缘由。

当天晚上，我和易阳妈妈就这个事情聊了很久，我才知道易阳不想和无忧做朋友很久了。我也从对话中感受到易阳妈妈对我的消极情绪，她感觉我没把无忧教育好。从这儿之后，我们两家的往来就越来越少，渐渐没了联系。

在"易阳事件"过后不久，我还经历了"木木事件"。木木比无忧大一岁多，木木妈妈是我博后在站期间认识的一位朋友，我俩关系很融洽。她家一开始住在顺义区，木木 5 岁多时搬到了朝阳区。我俩都特别高兴，想着以后可以经常带孩子一起玩儿了。

可是我和木木妈妈的这个美好愿望没过多久也彻底落空了。和易阳一样，木木不喜欢无忧。不同的是，5 岁多的木木会用行动表达自己的感受。无忧想要去抱木木时，木木会大力把无忧推倒在地。无忧在游乐场乱跑，我怎么叫也叫不住他时，木木会冲过去打他。如果无忧抢木木的玩具，木木会直接拿起玩具砸向无忧。

后来我和木木妈妈都不敢让两个孩子在一起玩儿了，不仅如此，在最后一次见面时，我至今记得很清楚，那天无忧拿了一个他喜欢的航天飞机。来的路上我已经和他说好要给木木哥哥玩一下，无忧见到木木后，伸出手想要给木木看他的飞机，嘴里还口齿不清地说着"给木木哥哥"，但手伸到一半儿不知怎么的又收回去了。这时毫无防备的，木木突然间一下子就拍掉了无忧手里的飞机，并仰着脸大声对我说："他是个傻子吧！"我惊呆了，奇怪的是木木妈妈并没有批评木木这样的说法和做法，她只是把木木拉到身后，有些意味深长地冲我笑了一下。

我和木木妈妈这天之后再也没有见过面，那年过年我想给她发个新年祝福时，才发现不知何时她已经把我拉黑了。或许木木最后喊出的那句话，只不过是木木妈私下里评论无忧的言语当中的一句而已，木木不过是道出了他妈妈的心声。就像易阳妈妈暗示我的那样，她们或许都认为我没把孩子教育好，她们或许都认为无忧是个令人讨厌的怪小孩吧。

"易阳事件"中，无忧的社交表现令易阳厌恶、拒绝，最终导致我和易阳妈妈渐行渐远。"木木事件"中，木木频繁攻击令他厌恶的无忧，我和木木妈妈的关系也因此戛然而止。可以说无忧彻底改变了我和其他家长的人际关系。

而这种状况也不仅仅出现在"易阳事件"或者"木木事件"中，以无忧那时的社交沟通的状态而言，在不知道他是孤独症孩子的情况下，相识的家长们渐渐对无忧、对我都颇有微词。曾经有家长对我说："孩子还是要打，自己不打，走进社会就要被别人打。"还有家长奚落我说："心理咨询师也教育不好自己的孩子啊？怪不得听人家说这个职业的门槛特别低呢。"

这种来自家长的社交压力令我感到非常压抑，比这个更压抑的是我当时一直想不明白无忧这是怎么了。为什么这个在家里和我相处得还不错的孩子，在同龄人面前是这个样子？我也想过其他家长的建议，打，或者关禁闭。但是直觉告诉我不能这样做，因为我能感受到无忧不是故意的，他的行为背后有某种我解释不了的东西在支配他。我如果只是简单粗暴地去惩罚孩子，后果恐怕是我更加无法面对的。

在这种局面下，我一方面更加寄希望于"语言发育问题"这个解释，另一方面开始刻意减少和其他家长的接触。最后，面对来自幼儿园和家长的双重压力，我决定在大班时将无忧转到一家氛围非常好的民办幼儿园。

一如之前提到过的，这家民办园恰好有非常丰富的融合教育经验，一个班孩子也少。于是在民办园和谐、理解、接纳的整体氛围下，无忧的行为问题发生了肉眼可见的改善。不过因为我那时候仍然拒绝面对无忧的实情，另外这家幼儿园本身也缺乏科学的特教支持体系，无忧在民办园的一年只是缓慢进步。

这段时期我和这家民办幼儿园的家长之间少有交往。一是因为转园过来，和家长们都不熟悉。二是因为班里孩子少，家长接孩子的时间都不太一样，很多时候都遇不见彼此。而且由于前车之鉴，我也不愿意和新园的家长们主动建立关系。

无忧对我与其他家长关系的这种影响，的确令我感到压抑和遗憾，但却没有太多困扰。毕竟我有自己的职场社交和同学老友。可是毫无疑问的，我对家长关系圈的这种刻意回避，会反过来影响无忧的社交关系。渐渐的，大多数时候都是我自己带着无忧出去玩儿。这种状况显然不利于无忧社交能力的发展。直到无忧大班下半学期，我和我先生相识，我们才由两个人变成了三个人，家里也变得热闹起来。

这种"社交孤立"的状态也是很多孤独症孩子的家庭所熟悉的。孩子或者带不出去，或者带出去就会引起很多冲突和尴尬。不仅令家长非常焦虑和疲劳，还会让家长和家庭遭受误解和孤立。不过对于我们家而言，这种状况在无忧确诊之后发生了很大的改善。

小学开学伊始，无忧确诊孤独症。那天忙完所有的检查，带着无忧从医院往家走的路上，往事一幕幕浮现，令我感慨万千。除却本书中已经提到的林林总总以外，我在"幼儿园家长关系"问题上遗留的困扰，总算得到了一种回应和理解。

坦白讲"易阳事件"和"木木事件"带给我的触动还是不小。我是真诚地在和两位妈妈交往，无忧也没有任何坏心眼，他也愿意和两个孩子交往，在家里还会说起他们一起的经历。我也一直在努力地教育无忧，尽管效果不明显，尽管无忧的社交表现还是令人很不满意，但是我们是真心将对方当作朋友，没想到结局却是不欢而散，还引人非议。

不过一纸诊断，终于让我清醒地意识到，无忧糟糕的社交表现和其他行为问题，不是什么"语言发育问题"导致的。那个让我困惑不解的，支配无忧行为的东西，叫做"孤独症"。

易阳和木木，讨厌的不是无忧，而是无忧的孤独症行为表现。易阳妈妈和木木妈妈也不是对我不够真诚，面对无忧这样一个外表很可爱，行为却让人感觉很"没家教"的孩子，她们是真的觉得我"教育失败"。

这种后知后觉让我内心的芥蒂烟消云散。不仅如此，我还收获一种庆幸。尽管这顶隐形的"教育失败"的帽子我戴了两三年。但是面对孩子的奇怪行为，我从不曾因为外界环境的压力而粗暴对待孩子。我苦苦地坚持，尊重孩子，保护孩子，等待孩子成长。

"孩子养得很不错！他功能很高，但带养依然不易。"无忧确诊以后，问诊医生的这几句话，让我瞬间热泪盈眶。比起被不知情者误解、嘲讽带来的憋闷，医生的评价无疑是对我过去几年付出的最佳褒奖。

往事如烟，随风而逝。如今一切真相大白，水落石出，我的"幼儿园家长关系"的心结也终于解开。而且有了之前不和谐的"幼儿园家长关系"的经验，当我再度面对"小学家长关系"时，我知道自己必须非常慎重。

友好、接纳、支持的同龄人关系有助于无忧的社会性能力的发展。我想要积极建设一个"养育同盟"，请求同盟家庭的支持，能够平日里带着孩子一起玩，并且恳请大家尽量去理解和包容无忧的行为表现。

反思过去，考虑到幼儿园的种种误会与大家都不清楚无忧是孤独症孩子有关，在给班主任蔡老师发"无忧指南"那天，经过深思熟虑，我也同时给无忧三位同学的妈妈各发了一份"无忧指南"，并在指南最后表达了我希望得到大家的支持，共建"养育同盟"的意愿。

我选择向这三位妈妈透露无忧的实情，并寻求她们的关系支持，是为了规避幼儿园时期犯的另一个错误，就是大人之间因为想结交朋友，就硬把孩子也往一起凑。易阳是这样，木木也是这样。其实，在孩子们不接纳无忧的情况下，友谊压根无从谈起。

第一个孩子是无忧的同班男同学丹青。丹青情商非常高，又很乐于助人。我在陪读期间观察到他多次默默地帮助无忧，而且他不仅安抚无忧的情绪，甚至还安抚我的情绪。令我百感交集。我在陪读一个多月时，就已经决定要尝试和他家结成"养育同盟"了。

另一个孩子佳玉在幼儿园小班、中班时就和无忧同班，而且对无忧一直挺友好。现在他俩又分在一年级的同一个班，陪读时我也常看到佳玉悄悄提醒和帮助无忧。我和佳玉妈妈的关系也一直比较融洽，因此我也想要邀请她们加入我的"养育同盟"。

最后一个孩子是无忧编程兴趣班的同学小宇，两个孩子已经相识两年多，因为有共同的兴趣，每次上课时互动都比较融洽。这个男孩子恰好也喜欢天文、宇宙，看起来会和无忧成为非常好的朋友。他的妈妈也比较欣赏无忧，觉得无忧聪明极了。当我在设想一个"养育同盟"的时候，其实第一个想到的就是她们家。

三位妈妈看到"无忧指南"以后的态度不太一样。丹青的妈妈表示理解和支持，还询问我该怎么做。佳玉的妈妈感到很意外，并和我探讨有没有必要告诉家里孩子无忧的实情。小宇的妈妈感到更加意外，因为在她眼里无忧是淘气但智商很高的那种孩子。但是三位妈妈都表示愿意同游，并且会理解和接纳无忧。

不过尽管"养育同盟"这个设想很好，看似开端也很好，我却很遗憾地在一年级下半学期又再度经历了"小宇妈妈事件"。

小宇就是无忧编程兴趣班的男同学，我和小宇妈妈在一年级上半学期带俩孩子一共出去玩了5次。无忧和小宇说来也有缘分，他们一路上总能找到说不完的话题，从恒星到黑洞，从星系到虫洞，从乐高飞船到国际宇宙空间站。或许这就是共同兴趣的力量吧。

但是后来小宇妈妈像是变了个人。她看到无忧很开心地抱着小宇时，会突然很紧张地问我，"孤独症孩子情绪激动了会打人吗？"看到无忧高兴得上蹿下跳，还躺在了地上时，她像是自言自语道，"我有个朋友的孩子就挺夸张的，后来听说是智力有点儿问题。"无忧和小宇聊天，聊到兴奋处有些结巴。她竟然把小宇拉到自己身边来站着，仿佛在躲着无忧似的。还有一次，在餐馆吃饭时，当她看到无忧手里拿着一个矿泉水瓶子，边斜着眼睛看这个瓶子，边嘴里发出飞机起飞的声音时，很明显地表现出十分焦虑、厌恶的样子，一个劲儿在那儿催小宇快吃。

无忧还是那个无忧，她认识两年多的无忧，她曾经各种夸奖的无忧。但似乎当无忧和孤独症有了关系，一切就都变了。我想小宇妈妈一定在网络上查阅了孤独症的一些报道，各种夸张不实的信息令她感到不安，她或者她的家人不放心自己的孩子和无忧交往。

果不其然，在我们最后一次一同出游回程的出租车上，我试探地说无忧最近要练练字，就先不约了。没有犹疑，小宇妈妈马上响应道，"是啊，小宇周末事情也很多的，等娃大点儿咱们再约吧。"听闻我俩的话，无忧和小宇一齐大声抗议说，"不要！不要！还约！还约！"在孩子们的叫喊声中，我和小宇妈妈心照不宣地各自安抚着自己的孩子。我们都清楚，已经没有所谓的"下次再约"。

那天带无忧回到家里，想想白天发生的事儿，我居然感受到了某种幽默。"易阳事件"中，我体验到同龄人不接纳无忧，且拒绝无忧。"木木事件"中，我体验到的是同龄人不接纳无忧，且攻击无忧。而在"小宇妈妈事件中"，情况大反转，变成了孩子接纳彼此，但大人不接纳无忧。我这是要集齐孤独症家庭社交状态的全部卡牌吗？

不过自嘲归自嘲，我其实能理解小宇妈妈的心态。毕竟网络上有关孤独症的高质量科普文章太少，而夸大不实的宣传又太多。以至于很多家长在自己孩子确诊孤独症后都恐慌得不得了，更何况旁人呢？而且别说是孤独症孩子了，普通小学生之间的友谊长久也要看缘分。我提醒自己放平心态，莫急于求成。

"小宇妈妈事件"也让我意识到，比起幼儿园家长，小学生的家长更加在意自己孩子的交往对象。因为这个年龄段的孩子比较容易受到朋友的影响，家长们担心无忧会带给孩子不好的影响。于是我立刻调整了对"育儿联盟"中其他两个家庭的期待，我不希望对方带着压力和困惑，好像完成任务一样来成全我们的期待。

丹青妈妈一直鼎力支持我的每次出游提议。她家里有两个男孩，老二比无忧小两岁多，管理起来已经非常操劳。有时我们带着三个男孩一起出去的时候，无忧不是招惹哭了弟弟，就是让哥哥很生气，导致我们两个妈妈要不停地维持秩序。而无忧去丹青家里做客时，呈现出的不当行为表现有时也会令这位妈妈面露不悦。尽管她很少表达出来，但换位思考，在我自己有时都会被无忧的行为气到的情况下，再这样交往下去，对我们的关系是很不利的。感受到这些以后，我也调整了和她一起带娃出游的频率。

而且我意识到不仅仅是相处频率的问题，"育儿联盟"是个很好的想法，但在实践中，我至少有三件重要的事情没有做到位：

1. 只给三位妈妈发了理论性过强的"无忧指南"，没有帮助大家更好地理解孩子的行为表现。

原本我在给三位妈妈发"无忧指南"的时候，还约了时间见面，好给她们仔细讲一下无忧的情况。可是后来因为我忙于陪读和在家里干预无忧的行为，一来二去，就把"育儿联盟"中这个极为重要的环节给省略了。妈妈们还是难以理解无忧的行为表现，再加上网络上杂乱无章的消极信息带来的影响，妈妈们就难免有些焦虑不安，并不放心自己的孩子和无忧交往。

2. 没有引导孩子们正确认识无忧的行为特征，没有教给孩子们该如何应对无忧令人不悦的社交行为，也没有给孩子们示范过该如何帮助无忧改善社交技能。

孩子们在不了解无忧的情况下，很容易在交往的过程中感到无忧幼稚、鲁莽、笨拙，觉得和他一起玩儿很"没劲"，更别谈有意识地去帮助无忧了。而且孩子们在这个时期也更期待互惠互利的友谊，无忧呈现出的自我中心一旦引起孩子们的频繁抱怨，就更容易让家长感到不满意。

3. 和"育儿联盟"家庭在一起时，大多数时候都处在自然互动状态，对家长和孩子们与无忧之间交往缺乏必要的支持和指导。

无忧是很难在正常的社交互动中自然习得正确的社交技能的，我需要把社交流程具体化、结构化，像传授知识一样，逐一教会他认识某个环节，训练他应当如何在这个环节做出正确反应。这个过程其实也需要"育儿联盟"家庭的建设性参与。除了上述提到的要给家长和孩子做相关的认知准备工作以外，还需要告诉大家如何在交流过程中给予无忧快速的反馈和及时的强化，并在互动的具体情境下提供必要的支持。

而我们每次相处基本都是我和妈妈们在一边聊天，孩子们自己玩儿自己的。这种互动模式对于提升无忧的社交技能是远远不够的，不仅如此，事实证明也不利于家庭之间关系的良好维系和发展。

尽管有这么多没做到位的地方，但我发现和同龄人的社交对无忧而言意义重大。朋友们说的话他总是记得很清楚，并且能很有效地促进他的行为改变。就比如说他以前和人聊天总是爱滔滔不绝地说他的宇宙、天文主题，我和我先生提示他要照顾到对方的兴趣，选择对方喜欢的话题或者活动。他虽然能听进去，但是改变不大。

可是一年级下半学期有一次，无忧和丹青一起在小区附近的公园玩儿，回到家后，他对我说："妈妈，你知道吗，每个小孩儿感兴趣的东西都不一样。丹青就不喜欢宇宙，他更喜欢足球。"我立刻问他："那你会一直和丹青聊宇宙吗？"无忧答："当然不会，他又不感兴趣，我一说他就跑了。"我追问："那你们在一起聊什么呢今天？"无忧说："就聊一下公园里有什么可以玩儿的，还有他打的游戏什么的呗。"这一切发生的如此顺畅，同龄人的反馈对无忧而言印象深刻，改变也顺应而生。

和同龄人的交往也能激发无忧对友谊的感知和思考。一年级下半学期，有一段时间无忧表现出对丹青的回避。丹青打来电话他总是不接，发来的信息也不想回复。关于这种变化，一开始他也说不清是为什么。直到有一天在小区超市门口遇到丹青，当我建议无忧和丹青一起玩一会儿时，他突然产生了一种强烈的消极情绪，对我说："我不想和他玩儿！"

而且回家的路上他好像终于想明白了什么似的，和我倾诉了一路他对丹青的不满。无忧说明明他没有不守规则，但是丹青和别的小朋友却不让他参与他们的游戏。丹青答应他要赛跑，玩羽毛球什么的，却都是骗他的。一起出去在小区附近的公园玩儿的时候，丹青总是扔下他去和别人踢足球。他总结道，"我想找一个和我很像的朋友，我们有一样的兴趣，性格也不是特别闹。"

饶有兴味地听完无忧讲述他的友谊心事，我内心感慨万千。这是我第一次听他如此清晰地表达他对友情的体验、不满和期许。他抱怨自己守规则丹青他们还不让他参加游戏，其实是因为尽管他没有破坏规则，但他参与游戏的方式太幼稚，不合拍，同学们就不乐意带他一起玩儿。而所谓的"骗他"，不过是丹青临时灵活地改变了玩儿的内容。至于"扔下他"去踢球了，实情是丹青一再地鼓励无忧加入大家一起踢球，无忧自己不想去的一个结果。

无忧还难以领会同龄普通孩子丰富、多变的社交世界，他也难以很快捕捉自己的感受，并及时地向同伴或者家长表达，以寻求沟通。不仅如此，我还意外地感受到了我带给无忧的社交压力。

那天回到家里，无忧还沉浸在对友谊的失落情绪之中，当他倾吐完对丹青的不满之后，毫无征兆地转而对我说："妈妈，我还比丹青差几分？"我一时间没反应过来他的意思，就又听见他说："我也很能交朋友吧，你看我的手表上都这么多人了。"我惊呆了，可能是因为平日里我时常在他面前夸奖丹青多会交朋友吧，以至于无忧在默默地拿自己和丹青做比较。而他对丹青的消极情绪里，或许也包含几许自叹不如的失落。

从这天起，我再也不在无忧面前一味地夸奖哪位同学社交能力强，哪位同学有多灵活。原本我也不认为孩子必须这样才好，只是为了激励无忧而已。在当晚的复盘中，我告诉无忧，我真诚地欣赏他的很多优秀品质。每个人都是不一样的，我们要懂得欣赏他人，同时做好自己，走好自己的路。"嗯！"无忧紧紧地拉着我的手，语气释然而肯定。

我用心培育的"养育同盟"还在路上，还在摸索的过程中。我对"家长关系"以及无忧的"同伴关系"的态度也更加开放、从容。小宇妈妈后来仔细看过我在个人公众号上持续更新的陪读经验后，主动联系我。她说我不容易，无忧也很棒，还说小宇老提起无忧。不过我们都没有再约，这也是这段关系中彼此最舒服的状态。无忧和丹青的关系经历了一点小的波折，不久也就烟消云散了。现如今的无忧，更懂得欣赏朋友身上的优秀品质，同时对自己有更多的悦纳和自信。

在和很多孤独症孩子的家长沟通过程中，我经常发现很多家长朋友期待周边环境中的家庭能够接纳自己的孩子，能允许孩子们在一起玩儿，但是又过分敏感、脆弱，甚至会在孩子面前不断地抱怨别的家长和孩子。

希望我在这些方面的丰富经验可以帮助大家认识到，好的关系是需要经营的，是被创造出来的。我们作为孤独症孩子的家长，就要花更多的心思，用更大的诚意，用正确的方法，去赢得别人的理解和支持。

家长为了关系而努力的姿态，本身也是给孩子做出的一个极好的示范。在这个过程中，孩子会感受到我们对人际关系的态度，对自我和他人的觉察，对关系维护和促进的方式方法，对冲突的理解和解决办法。孩子会由此获得一种对人际关系的积极、可控的印象。再经由他们个人的体验，一步步收获社交沟通方面的成长。

不过不论是"自我关系""家庭关系""家校关系"还是"养育同盟关系"，有一个要点始终处于整个社交关系网络的核心，起到重要的激活、连接各个网络的作用。这个要点就是"陪读"。在本书中的各个篇章中，无不呈现出"陪读"的真实体验带给我的触动、转变、成长和创造。可以说如果没有陪读这段经历，我将难以更好地理解并支持无忧后续的稳步成长。

陪读创造关系：
在恰当环境中帮助孩子成长

虽然做足了思想准备，但和无忧的小学校长谈完话，确定自己第二天起就要开始进班陪读的那一刻，我的心情还是很低落的。毕竟这不仅仅是上午半天的陪读而已。除了上午半天的陪读以外，我也要利用好下午和晚上的时间，在家里想办法针对无忧的不当行为展开一些必要的训练。

这一方面意味着我要暂时放下自己热爱的工作，尽管和来访者如实沟通过后，我得到了所有来访者的理解，并尽可能地协调了咨询时间。但我的内心还是充满了歉意，并且一种职业发展的巨大压力油然而生。这难免令我倍感焦虑。另一方面，我也不得不暂别我规律而持续的运动训练，这是我的业余爱好，让我保持活力和健康。一想到要被迫中断，顿觉沮丧无奈。

先生看出我的消极情绪，在当天夜里就和我长谈了一次。他问我："如果当初幼儿园老师提醒你关注无忧的情况时，尽管当时你的各方面压力都很大，你却能咬紧牙关勇于面对现实，那么现在会是怎样？"

这个问题真是问到了我的心里。是啊，如果当初我能更勇敢，现如今无忧或许不会被贴上孤独症的诊断标签。而我自然也不会面临需要陪读的局面。如果一切有因果，那么无论从基因角度，抑或是养育角度，今日的一切，都是我作为母亲，必须要坦然承担的责任。

"或许你可以就把孤独症作为你未来专注的从业方向，无论是优质的科普，还是行之有效的家庭干预办法，国内在这方面的需求量都比较大，但是做得好的并不多。"先生还在职业发展方面给了我一些建议。

那天晚上我对于这个建议未置可否，这几年我在普通人的心理咨询方面刚有起色，在这方面的积累渐成体系，还有很多想法有待实现。我从未想过要转去其他的方向，特别是孤独症，这个原本离我很远、很远的领域。我对它是真的一点儿感觉也没有。

不过先生的劝慰帮我迅速调整了情绪。且不管别的，现在无忧需要我的帮助，就让我全力以赴、责无旁贷地给我的孩子提供他所需要的支持吧！我就是在这样一种"舍己为儿"的状态下，拉开了进班陪读的帷幕。不过有意思的是，我却是整个陪读过程中最先获益的那个人。

1. 陪读改善自我关系

在前面的章节中，相信大家已经可以感受到陪读带给我的震撼。不论是无忧令人惊讶的行为表现，还是和同龄人对比之下，无比清晰的"异常感"，都让我在很短的时间内切身体验到无忧的社会性发展出了问题，并且激发出我对孤独症的强烈好奇心。

除此之外，当我坐在教室的后面，养育无忧的经历就像过电影一样在我脑海里浮现。不仅如此，陪读的体验给予我新的视角去观察和梳理过去的经验和记忆。

看到无忧同龄人普遍的社交状态，我终于意识到当初幼儿园的老师们并不是对无忧缺乏耐心，这种后知后觉令我感到内疚。但与此同时，我也留意到无忧在不同环境中行为表现的反差感，以及在不同方面的表现的错位感。正是这些强烈的对比，使得我和幼儿园老师观察到的现象有很大的出入，并进一步导致我们沟通不畅。

陪读的经历让我切身体验到了无忧孤独症的复杂行为表现。老师看到了无忧社会性认知的缺损，我则看到了无忧非社会认知的优势，它们都是无忧的一部分。这种认识使我对过去的养育经历怀有一种理性的态度，免于陷入过度自责的情绪陷阱之中。

而在和班主任蔡老师的密切沟通、紧密合作中，在蔡老师的提示下，我也领悟到由婚姻问题所产生的对无忧的"愧疚感"和我自身的养育模式，导致我在给无忧设定边界、树立规矩方面存在不足。考虑到无忧这样的孤独症孩子需要比普通立规矩更加科学、密集的认知和行为的训练，他的我行我素的现状和我的养育不当可以说密切相关。这种反思令我感到无比遗憾。

但是与此同时，我也庆幸当初在面对外界的种种压力，自己在育儿方面又深感困惑无解时，没有把粗暴惩罚或是忽视、拒绝当成是给无忧立规矩，而是一直保护他，信任他，并且一直耐心陪伴和支持他的"特殊兴趣"。这种母爱让无忧的精神面貌积极、自信，我们的母子关系也充满安全感和信任感。而这些积极的因素也在后来无忧的成长和进步中发挥了非常重要的促进作用。

陪读带给我的启发，不仅帮助我辨识出了我经由童年经历所形成的养育模式，以及我的生活状态带给我的回避养育冲突的心理状态。也让我能够以更加辩证的视角去看待自身的养育经验。这种深度的自我觉察让我更加了解、悦纳自己。面对养育的冲突，我的养育思路越来越清晰、笃定，我的情绪调节能力也因此得到了显著提升。

陪读带给我个人的收获绝不尽于此，这本书就是在陪读以及后续养育无忧的经验上完成的。我也在和无忧的孤独症共舞的过程中，在见到很多孤独症孩子及其家庭的处境后，发自内心地做出了要专门从事孤独症方向的心理工作的转变。有一天，在翻看一本认知神经科学的教科书时，看到我在将近四年前在关于孤独症的某一小节标注的三个"？"，那一刻我想也许这就是我和孤独症之间冥冥中注定的缘分吧。

当我坐在教室里看着孩子们天真稚嫩的模样，在我"泪洒教室"那一刻，我深深感受到过去那些年，我作为一个单亲妈妈对孩子的爱与呵护，坚韧与不易。尽管我有很多做得不到位的地方，但在我心里，我已经达成了和自己的和解。

往事不可追，来者犹可忆。陪读的体验让我在无忧确诊孤独症后，迅速调整了遗憾自责和沮丧压抑的情绪，全身心地投入到帮助无忧规范不当行为，提升社会情感，改善社会认知的过程当中。无忧也因此取得了稳步成长，从上午需要陪读上半天学，到全天正常上课，在纪律、情绪管理、时间管理等方面都逐渐适应了学校的要求。

我在和孤独症孩子的家长沟通或是做咨询的过程中发现，有不少家长在学校允许、甚至建议最好陪读的情况下，依然抗拒陪读。这些家长不是不关心自己的孩子，而是确实还没有意识到陪读的必要性。陪读不仅仅能帮助孩子度过眼下的难关，更容易被忽视的是，家长自己通过陪读也能够拓展自我认知，提升情绪管理能力和应对养育冲突的能力。而在养育孤独症孩子的过程中，家长作为孩子的领路人，自身养育能力的不断提升，实乃重中之重。

陪读经历对家长而言是一个很好的深度自我觉察的机会，通过我的细致分享，希望家长朋友们也可以勇敢地踏上这场自我探索之旅。相信在旅途中，你会与自己某种过往的记忆与心理模式不期而遇。并由此拓展自身心智的疆界，见慈悲之心，行智慧之事。从容有度地带领着孩子，带领着家，与孤独症共舞，稳稳地行走在通往幸福的道路上。

2. 陪读增进亲子关系

我对无忧的耐心在他幼儿园大班下半学期遭遇到了严峻的挑战。无忧身高较同龄人高，长得又结实，五岁半的他看起来已经像是小学一、二年级的学生了。可是他无所顾忌的行为却有增无减，而且开始产生令人担忧的危险性。

无忧从 1 岁起就喜欢转轮子，发展到 5 岁多时，他就开始抢起能拿动的车子，连人带车一起旋转。他转的速度很快，自己也不晕，不倒，可越是这样越存在安全隐患。果不其然，大班下学期接连两次，因为他这样转滑板车不小心撞到别人，导致我差点儿两次被打。而除了这样的"转轮子事件"，因为他抢滑梯、乱跑，撞到别的孩子这样的事，牵连我被人白眼、批评就更是家常便饭。

我发现即便是我拉着他给人赔礼道歉，或是他看到我被人挥舞拳头，大声呵斥，无忧好像都无动于衷，不为所动。而且任凭我怎样耐心给他讲道理，晓之以理，动之以情，他都反应茫然，缺乏回应。玩儿的时候依旧我行我素，惹是生非。

在这种情况下，我开始滋生一种"被辜负"和"不被尊重"的愤怒情绪。批评教育无忧的声音越来越大，甚至开始出现推搡他的举动。尽管我先生对养育工作的分担和对我的持续提醒，在一定程度上缓解了我的情绪，但是我真正的转变还是发生在无忧确诊以后，我入校陪读的过程之中。

在学校的环境中，目睹无忧种种夸张、奇特的行为表现，我很快就意识到无忧的社会性发展出了问题。这个不期而遇的答案好似一道刺目的光线，一下子就串联起了过去几年我在养育无忧过程中所积累的那些困惑。原来我的孩子不是什么"语言发育问题"，也不是"养育问题"导致的"没家教"。我的孩子是"生病了"，一种发生在神经层面的非典型神经发育。从它给孩子的发育和发展带来的困境角度而言，也不妨称之为一种"病"。

这种姗姗来迟的醒悟令我为无忧的命运感到心碎，为我在他学龄前阶段的疏忽大意感到自责，也让我对近半年以来，我对无忧越来越暴躁的情绪和误解感到深深的愧疚。

陪读犹如一扇窗口，透过它，我得以看见真实的无忧。寻着这样的"看见"，我开始越来越理解无忧的行为表现，我的心距离我的孩子也越来越近。

就拿转轮子来说，仔细回想，无忧也不是无时不刻都在转轮子。一般他是在无聊，或者有些焦虑的时候才会下意识这样做。那两次"转轮子事件"中，都有一个共同点，起初无忧其实是想参与小朋友的游戏，但因为他参与的方式不被接受，就一再地被拒绝。无忧旋转轮子是发生在不断被排斥的社交受挫之后，那是他在沮丧、焦虑状态之下的一种缓解情绪的方式。

而我在当时完全不能理解无忧行为的功能，也无法照顾到他的情绪。只是看到他撞到了别人，就生拉硬拽地逼他去道歉。无忧的行为背后是社交能力不足、社会认知缺损、刻板行为模式等一系列孤独症的神经特征。所谓的"无所顾忌""没有礼貌"只是孩子心智中所有这一切外化呈现出来，又被普通人盲人摸象、粗简评价的那一部分。

陪读时有一天坐在教室后面，当我想到这一切，我突然感到像长舒了一口气，好似放下了千斤的巨石。我是个普通人，但我也是孤独症儿子的妈妈。我要做我儿子和社会之间的那座桥梁，不遗余力地支持他，去理解这个世界，并学会与这个世界相处。我也要帮助像我一样的普通人，普通的家长，去理解这些孩子，接纳并欣赏这些孤独症孩子。

更让我动容的是，在这之后，我又找回了那种亲密的母子关系的感觉。而在过去的半年里，我的暴躁和高度的焦虑已经让我近乎失去了这种曾经的母子之情。如今写到这里，我还是不由得想要双手合十。感恩生命，让我遇见了你，我的儿子。你不是完美的，甚至是有残缺的，但在妈妈心里，你是我最棒的儿子！

孤独症孩子的行为表现容易引起普通人的误会和厌恶，有时连他们的家长也无法避免。我见到过不少孤独症孩子的家长因为不能理解孩子，而产生回避、放弃，或者暴力打击等不当养育行为。

我知道要理解一个孤独症孩子会给家长带来极大的认知负荷，让人想要逃避，或者不由自主地产生攻击心里。而要想理解一种很复杂的现象，最佳途径就是在合适的环境，近距离、长时间观察这种现象，很多理解就会呼之而出，并没有想象得那么复杂。因此我一直在呼吁家长朋友们，要珍惜进班陪读观察自己孩子行为表现的机会。这不仅仅是在帮助孩子成长进步，更是在保护亲子关系，促进你们双方的身心健康以及家庭的和谐发展。

我也理解家长们有对个人职业发展和家庭经济状况的忧虑，也有对陪读这件事本身的畏难情绪。确实，在陪读过程中发生的各种状况需要家长和老师相互配合，做出快速而行之有效的反应和处理，这对家长而言确实是不小的挑战。经济条件不好的家庭也不得不考虑一位家长放下工作，陪读孩子所带来的经济危机。

可是从长远角度讲，处理得当的话，陪读带来的收益可能远远大于付出的这些代价。陪读期间摸索出来的管理孩子行为的办法，建立起来的良好家校关系，因为了解而越来越紧密的亲子关系和同舟共济的家庭关系，以及家长自我认知的拓展和深化等，这些收获的价值，就算是从经济角度来考虑，也是利大于弊。

3. 陪读连接家校关系

无忧的班主任蔡老师，是一位有着 32 年教龄的教师。2021 年 9 月份一年级开学之前的在线家长动员大会上，我就已经领略到蔡老师严肃、清晰、简明有力的管理风格。当时我的心情多少有些复杂，一方面我觉得无忧在这样一位经验丰富的老师的引领下，各方面行为表现肯定都能取得稳步成长，另一方面我又十分担心无忧当下的状态会引起蔡老师的不满和放弃。

不出所料，开学之后几乎每一天，我都会收到蔡老师反映无忧在校表现的微信，有时我们还会语音通话沟通情况。除了前面提到过的弄坏彩笔盒盖大哭不止，要求马上批改作业大哭不止，体育课躺在地上或者拿着篮球到处乱跑，形体课上满地打滚儿，音乐课上把椅子推来推去发出噪音，还把椅子并在一起躺在椅子上等科学课抢了老师的教具拔腿就跑，甚至爬到桌子上去等这些"大事儿"以外。蔡老师还反映无忧会躺在班里的地上，会在教学楼走廊里乱跑，会用身体撞击墙壁，会在上课时眯缝着眼睛、斜眼看向窗外。

情况简直糟透了，但是令我印象深刻的是，蔡老师从来没有用先入为主的消极看法评价过无忧。她总是耐心地询问我孩子在家中的行为表现是什么样的？在幼儿园的表现是什么样的？平日里家中是谁照看孩子多一些？最近家中有没有发生什么事情？甚至是孩子最近的睡眠、饮食和健康状况。我能感觉到蔡老师是在寻找无忧行为表现的原因。

相较之下，那时的我尽管已经被我先生提醒过，说开学之后我可能会被老师谈话，甚至学校会有进一步的要求。但我主观上还没能认识到无忧问题的性质和严重性，因此在我和蔡老师交流的过程中，我还是在不断强调无忧学龄前的"语言发育问题"。但是很明显蔡老师并不这么认为，蔡老师觉得无忧的问题绝不仅仅是"语言发育问题"。在和我沟通无果，无忧的行为问题找不到症结，也没有改善迹象的情况下，就出现了王校长约我谈话的那一幕。

时至今日，我仍要感谢蔡老师和学校的这种快速反应。蔡老师敏锐地觉察到无忧的问题不一般，又发现我这个家长还没能正视现实，就及时向学校反映情况。而校长的约见，严肃的长谈，明确的要求，则彻底给我敲响了警钟。随后带无忧问诊、确诊孤独症、我进班陪读，并且终于意识到无忧的"异常"。一切就如同步入了正轨，开始向着正确的方向前进。

可以说我和无忧学校老师们的关系一开始就非常融洽，这和我在幼儿园阶段充满对抗的"家园关系"史有关。我真的不愿，也不能再重蹈覆辙。事实证明我的这种反思和转变是明智且及时的，在陪读的过程中，因为我对老师的尊重和信任，我和蔡老师的配合越来越默契。而在我们的带领下，无忧也一天天肉眼可见地在进步。

在我和蔡老师密切沟通，通力合作的过程中，我发现每当我给蔡老师讲解无忧孤独症的行为特征时，她总是能耐心倾听，积极接受，并提出很有价值的问题和建议。

比如在前面的章节中，我提到过我和蔡老师经常一起研究无忧的情绪问题。蔡老师在无忧确诊以后，能够马上理解无忧的情绪与其神经发育状况有关，并主动调整了教育无忧的方式，尽量通过合理的安排避免无忧的情绪爆发。并且建议我回到家里后，在孩子情绪平静的时候，要持续地给孩子做工作。帮助孩子理解发生了什么，以及下次该怎么办。后来当蔡老师和我都发现无忧的情绪里开始出现故意操纵大人的成分时，蔡老师果断建议我要用行为的结果教育无忧，说这时候再给孩子讲道理，就是惯了孩子的毛病。

蔡老师作为旁观者，给我的养育方式提出了很多很好的建议。不论是在面对养育压力时的"妥协"模式，还是应对养育冲突时的"愤怒"模式，都是我在陪读期间和蔡老师的沟通和配合的过程中领悟到的。这让我愈发尊重且信赖蔡老师，她总是娓娓道来，有理有据，言简意赅，又极富智慧，带给我启发良多。

蔡老师也能很好地把握无忧在校行为训练和环境适应的节奏。她先给无忧提出保持纪律的要求，和我一同奖惩并重，帮助无忧逐渐适应学校的各项规则。稳定了一段时间之后，再提出让无忧保持情绪稳定的要求，以及后来的学会计划和安排时间，按时完成作业的要求。而且蔡老师的这些安排并不是随意而为，而是通过对无忧行为的观察，结合自己多年的教育经验作出的合理安排。

蔡老师认为在遵守规则方面，通过适度的奖惩和外部的提示，孩子应该能够比较快的学习和适应。但是情绪管理就涉及更复杂的因素，在孩子纪律方面改善了以后，遇到的冲突自然就变少了，再加上对环境的熟悉，情绪也会逐渐稳定下来。而时间管理和作业完成对孩子提出的要求就更高，需要孩子能够较长时间协调自己的注意力，克服环境的干扰和畏难情绪。在孩子纪律、情绪都比较稳定的基础上，再进一步提出这个要求，才有可能实现。

在蔡老师的整体安排和我的紧密配合下，无忧真的一步步适应了学校的生活节奏。如今想想他当初在学校的行为表现，我时常感慨万千，孩子的变化实在太明显了。用无忧自己的话说："我克服了纪律的困难、情绪的困难，连写作业的困难也克服了！"他说这些话的语气骄傲又淡定，我想他已经品尝到了通过持续的努力，最终达成目标，获得成长的力量感。而这也是我和蔡老师一起送给他的人生最为宝贵的礼物！

在和蔡老师沟通合作的过程中，我一再被这位优秀的小学教育工作者的教育智慧和人格魅力所折服。蔡老师常常自谦说自己的理论知识不多，全都是经验而已。这种从容不迫，谦虚有度的态度，更是令我欣赏不已。陪读结束以后，我们依旧保持着密切的联系，经常交流无忧的进步和需要改善的行为。蔡老师已经像是我的一位大姐，我的一位朋友，和我共同呵护着无忧的成长。

我不知道家长朋友们看完我和蔡老师之间的故事，会是什么样的感受？

前面的章节中我多次强调过，幼儿园老师的关注点和家长有时不太一样，幼儿园老师更看重孩子社会性能力的培养，要逐步帮助孩子适应小学的生活和节奏。在这个阶段，家长要多听取幼儿园老师的看法和意见，才能形成对孩子比较全面的认知。

而小学教师更加重视学龄儿童能力的培养，在学业能力、社会性能力、自我管理能力等多方面都对学生有相对具体的要求。不仅如此，小学老师，尤其是经验非常丰富的小学教师，还掌握着大量实用、好用的教育方法。这些方法都是经过几十年不断摸索和锻造出来的，并且可以根据不同孩子的发育和发展状况做出灵活地调整。在井然有序的学校环境中，这些方法常常可以起到事半功倍的教育效果。

小学是孩子社会化进程中至关重要的一个时期，优秀的小学教育工作者是孩子成长过程中重要的支持性力量。在教育方面，这个阶段家长和老师是密切配合的同盟关系，甚至因为教师职能的优势，老师可以指导家长改进家庭教育的方式。双方越是统一战线，就越是有利于孩子各方面的成长和发展。

这种感觉也是我小时候对学校和老师的印象，我的父母都十分尊重老师，他们也会经常交流我在学校的表现，共同帮助我成长。而且这种"家校关系"也是我们那时候的一个常态，整个社会的氛围就是尊师重道。家庭和学校就像两艘大船，共同载着我们这些孩子行驶在人生的海洋之中。

然而令我惊讶的是，现在不少家长似乎都默认小学班主任老师素养有限，尤其是普通公立小学，好像但凡有点资源的家长都不想让自己的孩子上普小。孤独症孩子的家长就更是焦虑爆棚，担心自己孩子的班主任不好沟通，担心老师不愿意费心思理解和帮助孩子，更担心老师会拒绝甚至排挤孩子。

不排除有个别小学班主任老师个人品质和职业素养确实不过关，社会新闻上不时报道出的一些有关小学老师的负面新闻，也容易让人形成以偏概全的刻板印象。但术业有专攻，小学班主任老师是职业的小学教育工作者。老师们大多热爱教育事业，有良好的职业道德和扎实的专业技能。就拿蔡老师的话来说："我们的心思全花在怎么教育好孩子身上，职业道德是最低的要求。"

确实如此，而且不仅班主任老师是这样，在陪读的过程中，我也密切接触到无忧的各位科任老师。我发现老师们不管是教授什么课程，不论是什么年龄，都在通过仔细观察每个孩子的个性特点和发展水平，不断地调整教育的方式。老师们都很有耐心，也很有办法，无忧他们班的孩子很快就爱上了学校的生活。

而比起老师们的坦率和敬业，我更常见到的是，家长质疑班主任老师的教育方式，不配合班主任老师的工作安排，轻视和不尊重班主任老师的辛苦付出。良好的"家校关系"需要双方共同以建设性的姿态，积极主动地参与其中，任何一方的消极懈怠、怀疑对抗都会破坏这种共建关系。老师们随时准备着与家长结成这种教育的联盟，由衷地希望家长朋友们能调整好心态，连接、创造和维护好这个联盟。"家校共建，家校共育"，一同支持和帮助我们的孩子健康茁壮成长！

孤独症孩子在小学阶段面临的挑战会很多，孩子们需要在正确的引导和训练下，付出比普通孩子更多的努力才能取得逐步的进展，家长务必要慎重对待。孤独症孩子适应学校生活，需要班主任老师和家长共同努力，需要学校和家庭的密切配合。陪读是一种绝佳的促进"家校关系"，达成"家校共建"的机会。在陪读的过程中，老师和家长可以更加了解彼此，并摸索出一条适合孤独症孩子个体的"最佳共育路线"。

我在本书中用大量的篇幅讲述了陪读期间我和无忧的班主任蔡老师之间的往来互动，希望这些真实的例子可以给家长朋友们带来一定的启发和参考。愿家长朋友们可以抛却成见，珍惜并创造一定的陪读的机会，建设好"家校关系"。用今日之保驾护航，换孩子明日之身心健康。

4. 陪读打造"养育同盟"

孤独症孩子建立同龄关系难，幼儿园阶段的关系经验让我意识到我不能代替无忧交朋友。我和家长之间关系好，的确可以给无忧创造更多的同龄社交机会，但是他自己友谊的长久最终还是取决于他和朋友之间的相处状况。因此我在陪读时就格外关注无忧与同班同学的社交与沟通。

我发现无忧其实很想和同学们交往，但是他的社交方式总是会令对方感到不舒服。比如他总是想和对方肢体接触，拥抱或者用身体撞别人。他上幼儿园的时候也喜欢撞别人，老师曾经认为这是一种攻击行为。但令人惊讶的是，当我坐在教室里仔细观察他整个撞击动作的全过程，我才发现，他这种行为原来是一种社交行为。无忧喜欢撞击的感觉，他在用他自己喜欢的方式寻求人际连接。

这种领悟令我感到有些心酸，也有些内疚。我没少因为他这个动作批评他，尤其是在大班下半学期。有一次他哭着对我说："这样好呀！这样好呀！"我听后觉得难以理喻到一时语塞，自己跑一边生闷气去了。现在想来无忧是多么的困惑无助。

无忧也喜欢距离同学很近说话，近到几乎要贴到别人脸上，他也喜欢距离别人很近地站着。有几次我看见同学因为他这个举动直接把他推开，还厉色警告他不要再过来。他则委屈巴巴地问我："我想和他说话呀，我没碰到他啊，他们为什么要说我？"还是类似的，无忧以自己的方式和同学交往，却忽视了对方的感受和反馈。

此外无忧很少能感受到同学的非语言信息，一般他的举动令对方不悦时，孩子们通常都是先用眼神、表情或者身体姿态的变化来提示他、警告他。但是无忧就好像看不见似的，目中无人，我行我素。

在班级的环境中，无忧的格格不入显得如此清楚刺目。尽管作为他的母亲，我能理解他行为背后的含义。但是换位思考，我更能理解他的同龄人对他产生的消极情绪。特别是除了社交交流方面的这些问题，无忧还有其他各种幼稚又古怪的行为表现。他总是破坏课堂秩序，影响老师讲课和同学听课。要接纳这样的同学，恐怕是有点难。

不过无忧的不良行为和淘气、故意搞破坏有着明显的区别。一方面他的行为真的是无所顾忌，不区分场合和环境，不在意老师是否在场。而一般淘气或者故意搞破坏的孩子会看人下菜碟，人前人后有区别。另一方面他的情绪状态非常简单，躺在地上、到处乱跑是因为开心，大哭不止是因为沮丧受挫。非常个人化，没有淘气或者故意搞破坏那种复杂的社交情绪。简而言之，无忧的行为确实不是故意的，他幼稚到离谱。或者更准确地说，他不像是一个社会人，他的社会性发展出了问题。

陪读时坐在教室后面，我总是在想会有孩子能感受到无忧的真实状态吗？感受到他是一个简单、幼稚，需要帮助的小朋友。令我感到庆幸的是，的确有一些孩子好像能感受到不一样的无忧。

特别是丹青和佳玉，这两个孩子很少会笑话无忧。无忧不守纪律时，他们一般会回头看看我的反应，眼神中时常透露出一种对我的共情，令我感到很贴心。如果可以的话，我发现他们还会小声地提醒无忧。在他们眼里，无忧可能不是莫名其妙的怪小孩儿，而是一位还不适应学校生活的，幼稚无助，四处碰壁的小朋友。

看到丹青和佳玉对无忧包容的态度，我开始萌生出创造一个"养育同盟"的想法。无忧渴望和同龄人交往，我看到他一次次地被拒绝，又一次次地靠近。他这种对同龄人的社交需求在大班下学期开始表现得越来越明显，这意味着他的心智在发育。无忧的社交情感越来越强烈，但是社交技能却严重落后。我想给他打造一个支持性的人际关系环境，给他提供包容、接纳的社交氛围，帮助他发展他的社交技能。

于是我开始在私下里主动接触丹青和佳玉的妈妈，尽管两个孩子并不反感无忧，但我过去的经验告诉我，两位妈妈对孩子们交往的认可可能更加重要。而且我有必要和两位妈妈告知无忧是孤独症孩子，否则太容易引起误解和隔阂。

一如前文提到的那样，我们的"养育同盟"在一年级上半学期就顺利结成了。两位妈妈在得知无忧的情况后，都表示愿意支持孩子们之间的交往，还仔细询问了有关的注意事项。尽管在后续的交往中，因为我没有把孤独症的科普做到位，也没有给孩子们之间的交往以必要的支持，引发了一些小插曲。但是整体说来我们之间的氛围是和谐而友好的，无忧也在他和朋友的关系里得到了成长。我很确定我们的友谊，我们的"同盟"会一直延续下去。

如果没有我在班级的环境里亲身感受到的这一切，关于无忧和同龄人之间的关系，我的心态或许还是会像幼儿园时那样，更心疼无忧受了委屈，觉得他也不是故意的，环境对他怎么这么不包容。这也是很多孤独症孩子的家长容易产生的一种心态。

孤独症孩子在家里和在集体环境中的表现是很不一样的，不少家长觉得我的孩子人畜无害，很单纯，没有坏心眼。可是在集体环境中，孩子无害的、单纯的行为却会给他人带来不小的冲击感和不被尊重的感觉。家长们要常常换位思考，当自己孩子的行为令对方感到不适，是不是简单的请求原谅就够了？什么才是真正的保护孩子？

班主任蔡老师对这个问题的看法是，一旦孩子的行为明显影响到了他人，就务必把孩子坚定地带离。等到孩子情绪稳定后，再给孩子梳理认知，教给孩子正确的做法。这样做既是在减少孩子的不良行为导致的人际拒绝，也是在给孩子做出正确的行为示范。让孩子意识到自己的行为会影响别人，要学会为自己的行为负责，能够约束自己的行为。

这不代表着不接纳孩子的特质。蔡老师在班里教育无忧时已经调整了方式，也叮嘱我在每次把孩子带离后，要注意帮助孩子理解发生了什么，以及下一次该怎么做。我很赞同蔡老师的看法，毕竟作为孩子的引路人，我们希望无忧成为一个有道德的人。而这一点，和他的孤独症无关，和教育有关。

现在，无忧是一个挺能共情他人的孩子，他会由衷地感慨他们班的某位同学很优秀，也会庆幸自己遇到蔡老师这样的好老师。他为他的学校感到骄傲，这是因为我们引导他关注身边的环境，身边的人，帮助他意识到他人对自己的善意和关爱。而注意力在哪里，神经就在哪里生长。

陪读是一个非常好的观察孩子和同龄人之间社交关系的办法。通过观察，家长会觉察到很多以前没有意识到的事情，从而对自己孩子的处境感同身受，同时也能更好地和别的孩子共情。通过陪读，家长也可以积极建设支持性的社交环境，给孩子创造包容、友善的人际关系，促进孩子社会性能力的发展。

无忧妈妈的话：

在本章中，我们从关系的角度讲述了我们家是如何帮助无忧发展人际关系，改善社交能力的。我们以陪读为核心，串联起了"自我关系""亲子关系""家校关系"和"养育同盟"。以家长的深度自我觉察和积极的转变为基础，进一步引导孩子的心智成长，促进孩子的社会性发展。

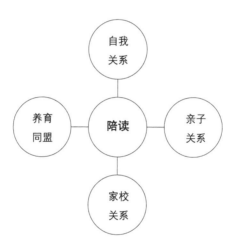

诚然，无忧是因为在小学一年级才确诊，在各方面完全无法满足学校的基本要求，才必须由家长进校陪读，以便协助老师管理孩子的行为，帮助孩子尽快适应学校生活。但实际上在学龄前确诊的孤独症儿童，就算经过了比较系统的行为干预和训练，在刚进入小学时，也会面临很大的适应性压力。还有一些症状表现不严重的孤独症孩子，在小学阶段也会遭遇很多挫折。

实际上有相当一部分在小学低年级好像适应的还可以，到了小学高年级却难以继续学业的孤独症孩子，以及绝大多数到了小学高年级，甚至初、高中阶段才确诊的孩子，往往因为持续积累的情绪和认知方面的压力，因为不同程度的校园人际拒绝，甚至校园霸凌，一经确诊往往已经合并各种比较严重情绪和躯体的障碍，直接面临休学和需要住院治疗的局面。

这些现象都如同警钟，提醒家长一定要非常重视孩子在小学阶段的适应情况。不能因为机构说孩子没问题了，已经训练好了就掉以轻心。要多和孩子的班主任沟通，及时掌握孩子在校的行为表现，和老师紧密合作，共同帮助孩子调整不恰当的行为、僵化的认知和极端的情绪。还有一些家长，即便班主任老师持续反映孩子的某些行为问题，却一直疏忽大意，只看重孩子在校一时的学业表现，认为老师对孩子的要求太高，不够包容，一味放任孩子在规则和人际方面的不当行为。

孤独症孩子在人生的不同阶段面临的成长困难是不同的，并没有"一劳永逸"的已经"被干预好"的孤独症孩子。小学阶段对于孤独症孩子而言非常重要，是孩子们在进入青春期前的一个准备状态。我们建议如果有可能，家长要向学校争取进班观察孩子行为表现的机会，不一定是"陪读"这种形式，也可能是抽一周的时间看一下孩子在校的具体表现，好做到及时掌握孩子的真实情况。

最后，我们想说，养育孤独症孩子，实际考验的是孤独症孩子家长不断成长进步，一步步做好孩子引路人的能力。而梳理好各种关系，恰好是家长自我成长的过程中，最为重要的一件事。人的心智由关系塑造，又在关系中不断地发展。由衷地希望各位孤独症孩子的家长，可以走出孩子孤独症标签的心之藩篱，与孩子的孤独症共舞，沉淀出悦纳的自我关系，创造出支持性的人际关系。让这些关系拨动孩子的心弦，奏响心智成长的乐章！

改变孩子从改变自己开始

情感调节（Feeling Regulation）

家中有孤独症儿童，这对家长而言意味着什么？

回顾养育无忧 7 年以来的往事，我的答案是，这意味着改变。我的人生因为无忧而彻底改变。

这个改变的过程起初是无意识的。在无忧学龄前阶段，因为他的人际交往障碍，我经历了负面评价和人际拒绝，渐渐进入一种社交回避和人际对抗的状态。而在他确诊之后，我的改变则是有意识的。我开始用无忧能理解的方式帮助他适应周围的环境，并且积极主动地创造友好的社交环境，全方位地支持他发展各方面的社会性能力。

作为孤独症儿童的母亲，我必须为孩子做出改变。对我个人而言，这种改变也是有价值的。过去这 7 年是我人生成长最快的 7 年。我从一个不擅长家务的人，变成了一个家务小能手。卫生、收纳、采买、做饭样样不在话下。我从一个回避人际冲突的人，变成了一个不畏惧冲突，能通过积极沟通解决问题的人。我更是从一个闲散随性的人，变成了一个时间管理大师。孩子的事，家里的事，自己的事，都能安排得当，并且做得还不错。

这一切从结果上看尽管是向好的，但我在这个过程中最大的体会，是孤独症孩子的家长所承受的情绪压力实在是太大了。我在写作本书的过程中，回想起过去的种种艰辛时仍不免落泪，并再度体验那些恐惧、焦虑、孤独的情绪，令我战栗。

我经历过最深的绝望，是我明明知道我的情绪稳定对无忧而言至关重要，但是我自己却做不到。无论幼儿园大班后半学期我日益增长的愤怒、暴躁的情绪，还是一年级上半学期我充满攻击性的错误惩罚，我目睹了我的情绪失控带给无忧的伤害和变化。他的刻板行为开始越来越频繁，和我之间的情感联结也在变弱，眼神接触越来越差，甚至开始出现摔东西、扔东西的攻击行为，以及不想上幼儿园，不想上学的行为表现。

看到无忧的这些变化，我感到我陷入了一个怪圈儿：我越失控，孩子越糟；我愈发焦虑，就愈发失控；孩子越来越糟，我越来越痛苦、失控……那段时间我有如一个溺水的母亲，拼尽力气想用力托举起自己的孩子，却绝望地发现自己和孩子正在一片漆黑的深水里越陷越深。

在我给孤独症孩子的家长做咨询的过程中，也经常体验到这种"溺水感"。有些家长的面孔十分平静，好像在诉说旁人的家事。有的家长情绪激动，不停地抱怨哭泣。但他们话里话外无不透露出对养育的无望和对生活的绝望。

作为一名从这种情绪陷阱里走出来的孤独症儿童的母亲，作为一名富有经验的心理咨询师，我最想送给孤独症儿童家长的礼物，就是"孤独症儿童的家长如何有效调节自己的各种消极情绪"。孤独症孩子的家长都是很善于学习的家长，孩子的状况促使家长们持续的学习和成长。可是如果家长自身的情绪状态一直调整不好，不仅会影响训练和干预的效果，还会伤害亲子关系，并进一步影响孩子的社会性发展。严重的情况下，甚至会带给孩子依恋创伤，误导孩子的人格发展。

家长稳定的情绪，是孩子心智发育的温床。对于孤独症孩子来说，尤其需要家长稳定的情绪作为支持，来包容和促进孩子们的社会情感和社会认知的发展。家长稳定的情绪，也是维系好家庭关系的核心要素。孤独症孩子的家庭尤其需要团结一致，协作养育。稳定的情绪好似家庭关系的黏合剂，可以帮助家庭应对来自养育和生活的重重压力。家长稳定的情绪，也是连接家庭和外部环境的坚实桥梁。通过这座桥梁，可以建立起家庭和友好环境之间的联系，促进孩子的人际关系发展，并保护家长的心理健康。

父母如何应对孩子确诊带来的情绪冲击

2018 年 5 月，我第一次带无忧去北京儿童医院的儿童保健中心问诊，起因是这年 9 月份无忧就要上幼儿园了，可是他却还不会讲话，连"妈妈"都不讲的那种程度。我担心他无法通过幼儿园的面试，在这种压力的驱使下，才带他去看语言发育问题。

那次医生给出的诊断虽然是"轻度发育迟缓"，但根据病例上医生的观察记录而言，无论是"眼神接触少，语言发育迟缓""喜爱转轮子"，还是"喜欢太阳系"，都表明医生本人大概率认为无忧就是孤独症儿童。但是因为无忧不满 3 岁，又是首诊，再加上那天问诊等了两个多小时，无忧进诊室时已经很不耐烦，状态很不好等原因，并未做出明确的孤独症诊断。

医生给我推荐了一家语言训练机构，建议我带无忧去这家机构进行语言干预。这随后就是在长达三年的时间里，我忽视无忧大脑发育的真正问题，一味固执地认为只是语言发育问题。尽管有幼儿园老师的持续提醒，但却令人遗憾的一再错过孩子的最佳干预时机。

发生在我家的这个故事，也集中反映出一些孤独症孩子家庭普遍存在的问题：

1. 家长没有特别关注孩子的社会性发展；

2. 没重视孩子早期呈现出的社会性发展的延迟和刻板行为；

3. 经常是因为对孩子的语言发育问题感到担忧，并因此寻求专家问诊；

4. 首诊时在医生出于种种原因未给孩子做出孤独症诊断的情况下，即便有各种迹象表明孩子的问题不仅仅是语言问题，家长仍心存侥幸。甚至不寻求随诊和复诊，一心只是训练孩子的语言，导致错过早诊断和早干预的最佳时机。

不仅如此，很多家长在孩子最终确诊孤独症后，心态崩塌，陷入严重的恐慌情绪。有的家长拒绝承认现实，追求反复问诊。有的家人之间互相埋怨，推脱责任。还有的家长遍寻各种未经科学实证的偏方，企图"治愈"孩子。

不论是哪种情况，可以肯定的是，缺乏科学的养育方法和和谐的家庭环境，都会导致孩子的孤独症症状越来越重，而家长的情绪也随之越来越焦虑、无助。长此以往，家庭功能日渐失调，不少家长在巨大的精神压力下，长期处于焦虑、抑郁的情绪状态中，成为心理问题的高危人群。

这些血淋淋的现实令人感到痛苦。不过相信我在本书中的深度分享可以令大家意识到，如果家长能够调整好心态，有意识的持续调整自己在养育冲突中的种种困难情绪，对孩子的发展抱有合理的期待，不断学习和摸索适合自己孩子的科学养育方法，并且积极行动起来，为孩子和家庭创造支持性的人际环境，那么孩子就一定会取得显著的进步和成长。

面对孩子孤独症的现实，要想克服自身的困难情绪，家长们需要关注到如下几点：

1. 合作养育，避免指责

养育孤独症孩子对普通家长而言是个极大的挑战，因为正常的养育是远远不够的。如果没有科学的社交干预，正常养育下的孤独症孩子，迟早也会表现出与环境不相协调的孤独症症状。这一点意味着孩子的孤独症不是父母的养育导致的。我们无须过分自责，或者一家人互相指责。

2. 双重共情，自我关怀

遗传基因导致孩子产生孤独症这种神经发育障碍。就这一点而言，孩子延续了双亲的基因。与其说是孩子改变了我们的命运，不如说是我们影响了孩子的命运。当我们对孩子的人生产生同情心和义不容辞的责任感时，也对我们自己的境遇产生悲悯之心。这种双重共情的慈悲心，可以帮助我们学会自我关怀，避免过度的情绪卷入。

3. 接纳现实，互相支持

尽管养育不会导致孤独症，但是养育方式确实会影响孤独症的发展走向。放任和忽视孩子表现出的孤独症早期行为，会让孩子的孤独症程度加重。可是即便从这一点而言，别说是普通家长了，就连孤独症专家也需非常谨慎方可做出判断。除非孩子的症状非常明显，家长是很难有这种区辨能力的。普通家长也不可能天生具备科学养育孤独症孩子所需要的技能，社会层面相关的资源又非常匮乏。因此在孩子最终确诊以后，我们要理解和同情自己家庭处境的艰难。一家人要相互鼓励，尽快振作起来，面对现实，共同努力，协作育儿。

4. 合理期待，持久努力

养育孤独症孩子很不容易，孩子们僵化的认知、极端的情绪、刻板古怪的行为常常带给家长非常强烈的认知和情感上的双重冲击，有时难免令人感到孤独、痛苦、恐惧、愤怒、绝望。孤独症的干预注定是长期而复杂的。我们对孩子的成长一定要有合理的期待，对持久存在的养育冲突也要有心理准备。不要指望有什么捷径可以帮助孩子"痊愈"，要接纳并尊重孩子天生的特质，学会与孩子的孤独症共舞，帮助孩子优化个人发展，这才是长久之计。

5. 发展优势，提升自信

要善于发现并培养孩子的优势能力。优势能力的发展、迁移和转化不仅能够非常有效地促进孤独症孩子能力的全方位发展，为孩子今后的职业发展和就业奠定基础，也能让孩子体验到自我效能感和自我身份认同感，提升孩子的自信心，有利于孩子的身心健康。孩子的优势同时也给家人带来许多欢乐，是孩子与他人建立良好人际关系的一个重要纽带。对孩子优势能力的耐心培养是养育孤独症孩子的一个要点和重点。

6. 呵护自己，健康积极

家长要优先照顾好自己，尽管家有孤独症孩子，一位或多位家长有可能短期，甚至长期辞职在家陪伴孩子成长，但也要尽量保证正常的社交和娱乐生活。要做到这一点就需要家人之间协调好孩子的日常安排，互相分担，支持并鼓励彼此过一种更为积极、健康的生活。

7. 养育联盟，营造环境

家庭一定要学会寻求外界环境的支持和帮助，尤其是要积极创造并维护家校关系和养育联盟。包容、理解、接纳的环境对孩子社会性能力的发展，和家长的精神健康都有不可替代的促进作用。

8. 持续学习，探索方法

家长要持续学习孤独症的相关知识和科学干预的各种办法，但活学活用非常重要。孤独症本身充满复杂性和异质性，不同孤独症孩子的症状表现很不一样，至今没有一个理论能完整解释孤独症的所有表现。家长需要仔细感受自己孩子认知、行为和情绪的特点，并且尝试摸索出适合自己孩子的养育办法。

如果可以做到上述八点，家长们就会渐渐意识到，孤独症其实并没有那么可怕。很多时候恐惧是源于不了解，甚至是误解。

在无忧确诊孤独症后，我在查询相关资料的过程中，发现整个社会普遍存在对孤独症的认知不足，而且网络上有相当多有关孤独症的伪科学宣传。孤独症被妖魔化了，"严重的精神残疾""需要终身照料"，这些字眼无不给家长以强烈的刺激。特别是在有些过分强调障碍，以偏概全的言论，还是出自某些所谓"专家"之口的情况下，就不难理解家长们在孩子确诊孤独症后的恐慌心理了。

作为一名孤独症儿童的家长，在这里我想说的是，无论何时何刻，对于家长自身而言，最重要的永远不是紧紧盯住孩子被医学诊断标准打上的"孤独症"标签不放，而一步步陷入焦虑、无望的情绪陷阱当中。这个标签对我们的意义，只在于提醒我们关注到孩子独特的神经发育的特质，并且提醒我们必须调整家庭的养育方式。

对我们而言，最重要的是好好去感受自己的孩子。他们的喜怒哀乐，他们的行为特征，他们的认知风格，他们的优势和短板。当我们能够从标签中有所借鉴，同时又能够扔掉标签，去感受眼前鲜活的孩子，就会获得这样的觉察：我们孩子的社会性发展的确出现了问题，孩子们急需我们的帮助和支持。

但他们依旧是被诊断前那个我们深深爱着的孩子，带给我们很多快乐，或许有令人欣喜的优势，也曾让我们陷入麻烦。这些都是我们孩子的一部分，他们并不是什么被社会边缘化的"精神残疾"，而是需要被包容、被理解、被接纳、被支持的"小朋友"。

孤独症正式被报道 80 年以来，尽管已经积累了大量遗传学、认知神经科学和环境因素等诸多研究结论，但其成因至今尚未阐明。而且孤独症领域一直存在不小的争议，孤独症究竟是一种精神疾病？抑或是一种非典型的神经发育特征？孤独症孩子有没有独特的认知优势？有关这些问题，不同专家有不同的看法，不同家长的态度也有很大的差异。

在这种现状下，家长就更应该放松心态，不追求标准答案、统一答案。根据自己孩子的特点，灵活、正念、科学地对孩子进行行为干预，积极行动起来为孩子创造友好的支持性环境。可以肯定的是，支持性的环境和科学的干预可以显著改善孤独症孩子的社交缺陷，以及有关的情绪和行为问题，并且帮助孩子展现自身优势，实现个人价值，为社会做出自己的贡献。

孤独症固然具有挑战性，但并不可怕，可怕的是家长在孩子确诊之后乱了阵脚。希望我在本书中的分享可以给予大家一些信心与力量。无忧小学开学伊始"大闹学校"，我被要求带他问诊，并进班陪读。无忧6岁才迎来姗姗来迟的确诊，那时的他常规、纪律、情绪、人际等方面都令人头痛不已。然而经过我和班主任蔡老师一年的默契配合，如今二年级的无忧已能够较好地适应学校的学业和生活。孩子发生了翻天覆地的变化，连他自己都感慨"我长大了，以前做不到的事情，现在可以做到了"。

这就是科学干预、友好环境的力量，这就是家长的爱的力量，这就是生命成长的力量。希望你们的家中也可以生长出这样的力量！孩子确诊孤独症，这是好事，这意味着我们终于可以重新认识真实的孩子，也只有这样才能有效地帮助孩子成长。而且越早确认孩子的问题，对孩子的发育和发展越有利。

因此，如果您的孩子在3岁以前就得到了确诊是幸运的，那么不妨和您的家人打开一瓶红酒，一起庆祝可以早发现、早诊断、早干预吧！祝贺家庭及时踏上通往正确方向的养育旅程，同时也庆幸孩子不是在与环境产生严重冲突后才得到必要的重视和关照。

我们也祝福大家，一家人互相支持，同心携手，一起养育好孩子，照顾好彼此。

父母如何应对自身的消极情绪

进班陪读以后，我天天目睹无忧各种"匪夷所思"的行为表现，心情十分复杂难受。现在想来，刚陪读那个阶段，我的消极情绪主要有这样几个来源：其一是不能理解无忧的不当行为，其二是不清楚该怎么管理无忧的行为，其三是对无忧的改变有过高的期待，最后就是对我自己的养育模式缺乏觉察。

为了应对这些引发情绪困境的难题，我就需要去悉心而深入地观察和理解孩子的行为，全然接纳孩子孤独症的行为模式，在此基础上还要在不同的环境中展开灵活的干预，并且对孩子的成长和进步有一个合理的期待。而对于自身的养育模式，恰好可以在每一次养育冲突中去感受和觉察，并且做出正念的回应。

1. 观察理解，灵活干预

就拿"水彩笔盒盖"事件而言，我那时是真的不能理解，明明是无忧自己把彩笔盒盖子摔坏了，为什么要逼蔡老师立刻、马上给他修好？而且得恢复到原样？任凭蔡老师怎样安慰他都无济于事。他在班里号啕大哭，哭到了蔡老师的办公室，又一直哭到我赶来学校接他回家。回家的路上他还逼我马上去文具店再买一套新的彩笔，声嘶力竭，涕泪横飞，歪理连篇，还不断拉扯我的衣服，引得路人频频侧目。到了家里他竟然接着哭，前前后后总共一直哭了 40 分钟有余，哭得我头疼。

处在这种养育状况中的我有如热锅上的蚂蚁。我不理解无忧究竟为什么要这样做。我和蔡老师各种好言相劝他都听不进去，他一会儿"如果"，一会儿"但是"，追求完美，逼迫他人，无视环境。在不明就里的情况下，我自然也不知道该怎么帮助他平静下来，更加焦虑以后如果再遇到类似的事又该怎么办？而且无忧因为这样一点儿小事就歇斯底里、涕泪横流的样子令我十分尴尬，我想可能连幼儿园的小孩儿都不如会如此吧？他这也太夸张了！

此外，无忧那种毫不理会我和蔡老师对他的耐心沟通的样子，令我心底再度升腾起难以抑制的愤怒情绪，那天回家的路上，我感觉我一直紧紧握着拳头，这种感觉就是我在他幼儿园大班下半学期时经常会陷入的一种强烈情绪。

如今回忆往事，细节还历历在目。实际上这也是许多孤独症孩子的家长所共同面临的养育困境，孩子的行为实在超乎常规，难以理解，无法共情。而且在旁人看来，会误以为孩子很没有家教，甚至品行很不好。不仅如此，有时甚至连家长自己都会产生这种偏见。来自环境的误解和排斥，以及家长自己对孩子的负面评价，无形中进一步加剧了家长的精神压力。

之所以会这么困难，最主要的原因是整个社会普遍缺乏对孤独症的科学认知，相关的服务资源又很匮乏。以至于说起发育类型的障碍，大家知道多动症是孩子多动冲动，智力障碍是孩子智力水平低下，交流障碍是孩子语言发音和使用方面有问题，甚至知道学习障碍是孩子学业存在困难。但一提到孤独症，要么完全不知道是什么，要么和上面这些障碍混为一谈，还有的甚至说孤独症都是因为家长没养育好孩子。环境这么不友好，难怪家长们在孩子确诊以后会感到孤立无援。

此外，从孤独症的症状本身而言，孤独症的行为表现的确令人难以琢磨，容易滋生偏见和误解。大部分孤独症孩子的智力正常，一些孩子的智力甚至超常，但他们的情感感受和认知方式与常人很不一样。这就导致常人很难凭借自身经验去准确推断孩子们的内心状态。孤独症孩子的价值系统也与常人迥异，社会性的奖励或者惩罚对他们都不大起作用，表扬安抚和批评斥责有如形同虚设。这种情况就更容易让人产生不满和成见。

这些困难是现实存在的，大环境也是我们难以在短期内改变的。不过从养育角度而言，家长只要能够理解孩子，懂得孩子行为表现、情绪反应和认知特征背后的深层次原因。我们就能够根据孩子的特点，找到帮助孩子调整心智状态，促进成长发育的办法。

不仅如此，如果我们可以教育好我们的孩子，我们就可以给身边的人作出很好的示范，向大家展示孤独症是什么，以及孤独症并不可怕。每一个孤独症家庭就会像孤独症科学普及的星星之火，聚力为改善我国孤独症群体的整体生存现状而努力！

说到理解孩子，不是指看了几本孤独症的书，几篇文章，在认知层面记住了一些概念和逻辑，然后将理论生搬硬套到自家孩子身上。孤独症有很复杂的异质性，不同孩子的行为表现可能很不一样。家长要静下心来，去全方位地感受自己的孩子所表现出的各种行为现象。然后基于这种全方位的观察，再结合现有的孤独症理论，尝试去理解自己孩子的行为，并且形成对孩子相对完整的总体印象。

就拿无忧来说，除了"水彩笔盒盖"事件以外，陪读期间我反复观察到他诸多不当行为的一些共同点，就是他在用一种"量化"逻辑去理解社会信息。

盒盖应该是好的，否则就是不完美的。老师让多改几遍生字，多了几遍，也不完美了。这是一种非黑即白的简单量化。他也会用数量来表达情绪和感受。比如困意有几分，饿度是百分之几，能量还剩几格，给妈妈的爱量是多少，被妈妈批评了还剩多少爱。通常他还会一边说一边用手在空中比画数量的增减。这是另一种稍微复杂一些的量化方式。

其实这种"量化"的、找规律的逻辑，很早就体现在无忧的非社会认知方面。他1岁左右就对数字着迷，并表现出对太阳系绘本的强烈兴趣。2岁多一点儿就能计算加减法，且已经可以认识任意时间。到6岁上小学一年级时，他对感兴趣的科学领域的各种数据和基本规律更是信手拈来，不在话下。只不过我才意识到他可能是把这种认知模式迁移到了社会认知上！

然而社会系统和人的心理系统与自然科学系统是很不同的，它们充满了复杂性、模糊性和不确定性。无忧的"量化"逻辑用在这两个世界显然过于简单、粗糙。而且普通孩子的社会认知和心理理论是在社会化的过程中自然习得的，在变化的场景中孩子们通常可以通过直觉做出快速而准确的判断和反应。无忧的"量化建模"又显然过于僵化而缺乏变通。

无忧还是用他自己熟悉且擅长的方式理解周围的环境，可是在小学的环境里，规则多，要求高，他处处碰壁，举步维艰。他还难以理解发生了什么，为什么这世界如此复杂难懂，不像他想象。对此他是这么表达的："这也太难了！"语气中无不透漏出慌张焦虑和畏难退缩的消极情绪。

这种领悟令我茅塞顿开，原来无忧每一次因为一件小事的情绪崩溃都并非无理取闹，他只是想按照他自己的"量化"标准来行事，这套标准令他感到安全、舒适、可控。可一旦被"破坏"，就会引发他的不安全感和压力反应。

可是无忧擅长的太阳系、宇宙星辰也并不简单啊，他不是也能很好地理解吗？进一步受到这个事实的启发，我认为我可以通过无忧擅长的认知方式和感兴趣的主题，正面引导他理解社会信息，提升社会认知。于是每晚睡前复盘时，我开始针对当日发生的事情，有意识地引导和启发无忧的注意力，帮助他关注环境的要求和他人的反应，并且鼓励他表达自己的观点。我则在合适的时机通过形象的隐喻，或者用他熟悉的事物打比方，培养他换位思考，以及多视角理解问题的能力。

事实证明这个方法非常有用，无忧会非常认真地和我探讨"为什么要遵守规则？""为什么要上学？""为什么不能抱别人？""为什么不能完全做自己？"等问题，我能感觉到他对这些问题很困惑、难以理解的那种压抑的状态。而通过我们的复盘，一旦他自己接纳了某种解释，就会表现得很快乐，并且会很好的照做。

渐渐的，我发现无忧的社会思维不再那么机械、僵化了。我最直观的感受是无忧好沟通多了，以前我和他讲道理时总感觉他听不懂或者不想听，而现在他能听进去了，而且有时候还能举一反三。比如关于"下楼梯要慢慢走"这件事，刚开学时他总是冲刺下楼，安全隐患很大。后来当他理解了这样做会给自己和他人带来危险，再看到有人逆行骑自行车，或者闯红灯过马路时，他会主动告诉我说"他们这样做会给别人和自己带来危险"，令我很是欣慰。

总的说来，基于我对无忧的深度观察，我觉得他是一个很擅长找科学系统的规律的小朋友，但是在社会情感和社会认知方面却有缺陷。尽管他也有社交需求，但他缺乏社交直觉和自然习得社会认知的能力。在生活中他是用量化的，找规律的逻辑去思考和处理社会信息，呈现出简单、机械的认知偏差，以及缓慢、僵化、缺乏灵活性的心理状态。

在这种深入的观察和思考过后，我看到了 Baron-Cohen 的孤独症"共情－系统化"理论。这个理论认为孤独症人士有高度系统化的认知风格，非常善于从细节入手探寻科学系统的规律，但是难以有效对共情系统进行系统化。这与我对无忧的观察与分析不谋而合，也能很好地解释我的部分孤独症咨询个案的行为表现。从我个人角度，我是比较认可这个孤独症的心理学解释的。最近，Baron-Cohen 又从进化论的角度让我们看到，系统化倾向的进化是导致人类"认知革命"的前提，孤独症孩子属于"pattern seeker"（执着于规律的人），人类哲学、科学知识的积累，文明的进步，无不得益于这类群体的贡献，他们也许缺乏社会情感，有的终生未婚，孤独终老，也许行为怪异，与社会格格不入，但是，他们的名字在人类进化长河中熠熠生光，如康德、牛顿、爱因斯坦等。无忧很小（5 岁）就很明确地说自己未来要做航天工程师，因为他很清楚自己喜欢航天和系统操作。

当然目前没有一个单一的理论能很好地解释孤独症所有复杂的行为表现，很有可能某一个理论只适用于某一类孤独症的亚型。对于孤独症孩子的家长而言，这些理论只具备参考价值，要根据自己孩子的具体情况来灵活的借鉴和应用。

除了这种系统化的认知风格以外，陪读期间我也一再体验到无忧不太受社会性奖惩的约束。无论是蔡老师的耐心鼓励，还是当着全班同学面的批评，抑或是同学们不满的眼神，一开始无忧都不太在意。就好像这些社会信息完全没有价值，他如入无人之境，我行我素，无所顾忌。

我一直对认知神经科学很有兴趣，人类大脑中的社交神经系统是我所熟悉的，这个系统同时也是价值神经系统。对于我们普通人而言，社会性的奖惩是具有生存意义的社会价值，我们会优先注意、学习和记忆相关的信息。无忧的表现反映出他的社交神经系统出了某些问题，对他而言感兴趣的科学主题远比社交沟通有趣的多，而这种"社交障碍"和"特殊兴趣"的双结合，恰好是孤独症有别于其他精神障碍的核心特质。

这一切都串联在了一起，我突然觉得无忧的行为表现看起来不再令人费解。他的成长历程在我头脑里像过电影一样流动，曾经令我百思不得其解的种种矛盾冲突，都有如云开雾散，变得清楚起来。

原来答案早就在我心里！这答案不仅不令我恐惧，反而让我油然而生一种对无忧的接纳和欣赏。因为在我看来无忧的孤独症与其说是一种病症，倒更像是一种天赋，一如他已经展现出来的系统化优势那样。只不过作为家长，我需要更有智慧地去引导他的心智，帮助他克服社交缺陷，实现个人价值。

孤独症的认知神经科学目前只处在起步阶段，离澄清孤独症的机制还有很远的路要走，相关的研究结论也有很多不一致的地方。不过对于家长而言，就像借鉴孤独症的认知心理学理论来帮助我们理解孩子的行为表现那样，我们只需要知道人类看似特别简单、毫不费力的社交沟通能力，实则是进化赋予我们的社交神经系统的精妙功能。而孤独症孩子恰是因为这套系统出了些问题，才表现出社会性发展的问题。这提示家长需要通过持久而科学的社交干预，来帮助孩子提升先天有缺陷的社交能力。

针对这个问题，我用行为原理和认知复盘来调整无忧的行为，这一部分将在下一章中仔细分享。我发现只要方法得当，无忧完全能够掌握原本不会的行为技能，而且在认知和情绪上也越来越灵活和协调。现如今的无忧，也像他的同学们一样，班主任蔡老师一个眼神过来，他就能明白老师的意思，并适度约束自己的行为。在家里和我们之间的情感互动也越来越默契，有些时候，会让人忘记他是一个孤独症孩子。

孤独症孩子的家长，在孩子确诊以后，都很想深入理解自己的孩子。大家会通过各种渠道学习孤独症的各种知识，但是有的时候会觉得信息太多，又太过碎片化。看了很多资料，听了很多说法，不但没有更加懂得孩子，反而变得更加焦虑了。

其实所有的理论都出自对现象的观察，孩子才是我们最好的老师。我建议家长们耐心观察和记录自己孩子的行为表现，多和孩子沟通交流，并尝试去寻找孩子行为的规律。这是理解自家这个独一无二的孩子的最佳途径。这种理解是一个不断尝试，不断试错的过程，各种现有的孤独症理论可以供我们参考，其他途径得来的相关信息也要审慎地看待。而最后综合各种因素摸索而成的解释是否相对准确，可以根据基于这些解释采取的养育方法的效果来做出判断。

还有一些家长总是想找到一套标准答案，或者最好用的干预方法。然而每个孤独症孩子都是不同的，没有标准答案，只有适用于自己孩子的答案。这个答案从哪里来？还有谁能比天天接触孩子的家长更适合给出这个答案呢？也没有最好用的干预方法，或者说，最好用的方法就是最适用自己孩子的方法。又有谁比家长自己更适合摸索出这样的方法呢？

愿我们的故事可以给大家一些启示，孤独症并没有那么可怕，孤独症孩子也不难理解。大家要静下心来，认真地去观察记录自己孩子的行为表现，好好去感受孩子，理解孩子。因为只有理解孩子，才能找到适用于孩子的养育办法，养育才能事半功倍。也希望我们的故事可以给大家以希望，只要养育得当，孤独症孩子也会成长得很快。

2. 全然接纳，合理期待

不过过去这一年多绝非如此一帆风顺，真实的情况是，我在已经认识到无忧的系统化认知风格和社交障碍的情况下，仍然不免会陷入消极的情绪当中。这其中的原因之一，就是我不由自主地对无忧产生了过高的期待。

在我们和蔡老师的共同努力下，无忧的进步有目共睹。陪读 2 个多月的时候，在体育课上，他已经基本不会在操场上乱跑，也能按照老师的指令做动作。形体课上，他也不太在地板上躺着，或者打滚儿了。音乐课上，他也很少再去挪动凳子，发出噪音，或者趴在凳子上不听讲。英语课上，他也能做到安坐在座位上，而不是站起来走到教室后面溜达。

不过现在看来，这一大堆的"基本""很少"都反映出无忧在纪律方面虽有进步，但尚未稳定，还需继续努力。而且从孩子角度讲，无忧开学以来成长很快，这也意味着孩子承受了很大的压力。尤其是刚开学那一个多月，我在不理解他的情况下，态度时常比较急躁。无忧在学校的行为表现虽然一直在改善，但我也发现他情绪上反倒不自信了，开始表现出不想上学的畏难情绪。他的认知负荷也很大，总是问我还爱不爱他，内心明显还有很多他自己表达不出来的困惑。

然而就是在这样的一种情况下，我却过于乐观地认为陪读可以告一段落，无忧已经完全胜任小学的各项要求，能够很好地适应小学生活了。蔡老师显然并不这么认为，她判断无忧远没有准备好。但是蔡老师也赞同陪读应该逐渐撤出，无忧需要在我不在场的情况下也能够遵守学校的各项要求。

我记得第一天不用陪读的时候，我高兴得不得了。那感觉好像对无忧的干预和训练已经大功告成，从此无忧就能像普通孩子一样，正常的学习和生活了。然而现实的打击来得很快，那天上午的第四节课是形体课，蔡老师给我发来了语音，还配上了一张照片。照片里无忧又在地上躺着，蔡老师说形体老师叫不起来他，让我尽快到形体教室看管无忧，不然影响老师上舞蹈课。

第二天的英语课，无忧在上课时跑到了别的同学的座位后面站着，还扔自己的文具。我又被老师叫到了教室。因为担心美术课再出问题，我就取消了当天中午的一个咨询工作。然后第三天的第四节课是体育课，我再一次到学校报到。无忧在队列里转圈儿，不做动作，而且又想躺在地上。考虑到无忧的表现，蔡老师要求我以后在形体、英语、体育等个别课堂上还是要陪伴一下孩子，等孩子进一步稳定之后，再逐步撤出陪读。

那天我的心情简直糟透了，晚上复盘的时候，我不想说话。无忧大概也知道我的心情，他突然问我："妈妈，你就想让我变成你想要的样子吗？"我惊讶得合不拢嘴，迟疑了一会儿，反问他："妈妈帮助你成长，你看你现在已经基本能自己上学了，这不好吗？不是你想要的吗？"无忧回答："我想呀，但是我太累了！小孩儿的成长都需要过程，就像一棵小树苗，一点一点长大。"

我本来想冲口而出说"我更累"，但是我又很高兴他能表达出他自己的状态，特别是他还记得我给他讲的凡事皆需要过程的道理，还有小树苗的隐喻。一时间心里五味杂陈，不知道该说什么好。

这时候无忧又说："妈妈，是不是只有我变好了你才爱我？我好想变成小婴儿啊！"夜色里四下寂静，尽管我知道答案，我还是问他："你为什么要变成小婴儿啊？"只听得无忧一字一顿地回答："因为那样你就会一直爱我。"

我轻叹一口气，不可避免的，我的孩子也问出了这样的经典问题。他感到他的妈妈爱的不是他，而是一个被妈妈改造过的，"好"的他。他甚至想退回到小婴儿时期，这样妈妈就不会那么挑剔和苛刻。就算他犯错，妈妈也会温柔地对待他，给他时间长大。

我也想到蔡老师对我的劝告，她说我对无忧的要求太高了。无忧本身在班里年纪就小，还是孤独症孩子。她让我要多考虑孩子自身的成长发育，凡事不要操之过急。还有我先生一直以来给我做的心理工作，他说要做好陪读一年的打算，不要盲目乐观。

"妈妈，"无忧见我一直没有说话，轻轻叫了我一声。这一声好似吹开了我浓厚的思绪，在声音那一头的光亮里，站着一个小小的孩子。那是我的孩子无忧，他向我伸出双手，想让我拉着他。

黑暗里两行泪水顺着我的眼角滑落，这天晚上，我真正体验到作为一个孤独症孩子的家长的含义。养育孤独症孩子，不是一朝一夕，不是三五个月，而是一生。这一生意味着家长需要给予孩子持续、长期、科学的养育，这一生意味家长要全然接纳孩子成长的规律和节奏，这一生意味着要包容和尊重孩子某些不会改变的孤独症特质。

擦干眼角的泪水，我能感受到我的心理状态像是在调换着"档位"，这是一个有些消耗的状态，是我发自灵魂深处在做出准备，准备以臣服的姿态，与无忧的孤独症共舞。我转过身拉着无忧的手，温柔地对他说："妈妈会永远爱你！"

无忧的小手紧紧地拉着我的大手，那一刻，我们的心真正地连接在了一起。

我的心态并不是在这一天之后就彻底改变了，但是很明显的是，当我再面对无忧的各种状况时，我能够有意识地主动调整我的情绪状态。我不会再因为某堂课无忧表现不好，我又被叫去学校而感到恼火。也不会再带着负面情绪和攻击性的言语教训无忧。在这种氛围下，通过积极的引导，无忧又开始变得自信，并且在开学将近 5 个月后，终于能够独立适应学校环境，自己上学了。

与上一次不同，这一次我反倒没有太兴奋。因为我知道无忧还有很长的路要走，随着他年纪的增长，学业任务的增加，学校各项要求的逐步提升，社交环境变得越来越复杂，他还会面临各种各样的压力和挑战。

但是我清楚地看到无忧在稳步地成长，我自己应对养育冲突的能力越来越强，我们一家人温馨、团结、和睦，我们的家校关系越来越尊重、信任、和谐，我们的养育联盟也更加包容、友好、支持。我确信在家庭、学校和朋友的帮助下，无忧会成长得越来越好。

尽管一开始我主观上并没有想要"完全改变"无忧的动机，但是在我觉得自己更理解无忧之后，我反而过于乐观，盲目自信了。对我而言，这次心态的转变，比我在认知层面理解无忧还要更加重要。或者说，如果没有这份全然的接纳，就不算是真正地理解。

我在和孤独症孩子的家长咨询的过程中，始终感到家长们太想改变孩子了，这种太想改变的背后常常是不接纳孩子的孤独症。可是如果家长的情绪这么急躁、浮躁，又怎么可能沉下心来去感受自己的孩子？家长的消极情绪，也会直接影响孩子的状态。让孩子感到低价值感，不安全感，和对家长的不信任感。这些都会严重影响孩子的社会性发展。还有的家长因为不能接纳孩子，会回避孩子，或者对孩子发脾气，甚至打骂孩子，进一步造成对孩子的伤害。

在我个人的例子里，如果我不能及时反省，可以预料的是，无忧的厌学情绪会越来越严重，我们的母子关系也会被破坏，他已经有所改善的行为可能会退化。并且这一次，因为缺失了对我的信任，我就算再陪读，可能也起不到作用了，他可能会产生逆反心理。

我庆幸我自己做出的改变，这还要感谢无忧，是他的"灵魂提问"敲醒了我。孩子就像一面镜子，能照见家长心底最真实的部分。"你就想让我变成你想要的样子吗？""是不是我只有变好了你才爱我？"我再次把无忧问我的这两个问题，奉送给各位家长。

希望家长朋友们能放下所有的偏见，及时调整心态，不要因为个人的情绪损害亲子关系，影响孩子的发展。毕竟我相信所有家长的初心，都是希望咱们的孩子能好好成长。而家长能管理好自己的情绪，就是帮助孩子成长的过程中，最为关键的一环。

3. 觉察模式，正念应对

整体说来，我是一个对孩子比较有耐心的母亲，这一点很像我的母亲。但是自无忧大班下学期以来，当养育冲突越来越激烈时，我却频繁陷入一种"愤怒"的模式。很多时候我觉得我的愤怒有理有据，甚至是一种对孩子必要的惩罚。可是在我和我先生，或者后来在和蔡老师沟通时，我发现让我感到愤怒的那些事，在他们眼里是如此正常，他们的应对方式也更加成熟理智。我渐渐觉察到我的这种"愤怒"情绪很可能是我个人的一种反应模式。

陪读期间，我没少为无忧的情绪问题费功夫，无论是从行为上树立边界，还是安抚和接纳情绪，抑或是通过复盘做认知建设。我付出了很多心血，我也很期待无忧的情绪问题能有所改善。无忧的情绪问题也确实在逐渐改善，陪读后期他就很少再因为一点挫折而情绪崩溃了，我为此感到很是欣慰。

有一次在学校里他又因为一点小事儿情绪爆发，失去控制。当我看着他再度进入那种不可理喻，无法沟通的状态时，我感受到我内心瞬间涌起一股非常强烈的愤怒情绪。如果不是因为是在学校里，我觉得我可能会动手打他。

那天课间我和蔡老师抱怨无忧太令人失望，蔡老师的回答却令我印象非常深刻。她说成年人的状态都会有变化，别说是孩子了，有反复很正常。而且无忧在某些方面本身就学得慢，就更需要给他持续的强化。应该看到孩子的进步，而不是因为一点反复就着急上火。蔡老师的语言平静从容，又充满智慧。那一刻我真切地感受到这才是一个健康的成年人该有的理性态度，而我的情绪更像是一个愤怒的孩子。

顺着"愤怒的孩子"这个模糊的意象，回想那半年类似的情绪反应，我突然想起了童年的一些事儿，都和我那"愤怒且难以讨好"的父亲有关。我父亲是一个很严厉的人，特别是在我犯了什么错误的时候，他的情绪经常是愤怒的。而且他很难被取悦，我小时候经常要很费力才能让他表示出对我的一点满意。更多的时候，我会觉得非常的失落，并且这失落很快就会转化成一种愤怒，似乎愤怒比失落要好过一些。

当我想到童年的过往，那个"愤怒的孩子"的影像逐渐变得清晰起来。在我遇到比较强烈的养育冲突的时候，这种压力让我下意识地进入了我父亲的严苛模式，我好像在扮演我的父亲。而当我很努力地教育无忧，为他付出很多，他却表现的不尽如人意，好似"辜负"了我的用心时，这种低自尊感又会让我迅速进入到另一种因失望而生的愤怒之中。那个愤怒的孩子，分明就是儿时的我自己。

这两种愤怒模式在我身上并存，在强烈的养育冲突中时常快速的切换，我却浑然不觉。我一度还认为这些模式是合理的，甚至是有必要的。不过当我意识到这种关联，作为这种模式的亲历者，同时又是这种模式的施加者，我深深地体验过，并且见证过这种模式带给孩子的伤害。我知道，我必须做出改变！

每个人身上都有这种形成于生命早期的反应模式，且很容易被情境所激发，尤其是在压力重重的养育情境中。其特征是与情境不相符合的身体反应、过激情绪、认知偏差和冲动的行为，"一键四连"。

完整地经历过我个人频繁的"一键四连"——破坏亲子关系，后悔懊恼，反思觉察，调整改变的过程之后，我总结出这样几种方法，可以帮助家长识别自己在养育中的反应模式，并且有效的做出改变：

方法 1：提升认知，觉察模式

在养育冲突中被激活的"一键四连"的反应模式，与家长童年的亲子关系经验有关。而且一旦进入这种模式，我们就会脱离现实，进入一种失察的非理性状态。家长们需要知道这种养育模式的存在，并且在日常的养育中有意识地去觉察这种模式。

和亲友沟通，多听取他人的意见，阅读相关的书籍，或者求助有经验的心理咨询师，都可以帮助大家识别自己的养育模式。我建议大家记录一下自己在养育过程中"一键四连"的反应模式：被什么情境所激发？产生了什么样的身体反应、情绪变化、消极想法，以及做出了什么样的冲动行为？之后进一步尝试去给这些反应分类，并感受这些反应与自己早年亲子关系经验之间的关系。这种记录非常有助于我们识别自身的养育模式，同时也能促进我们的反思和觉察。看看自己的反应模式，什么时候是恐惧、回避的"儿时的自己"，什么时候是指责、攻击的"儿时的父母"？什么时候是稳定、理性的"成人自我"？

方法2：接纳自悯，自我慈悲

养育子女已经是一件非常操劳的事情，而孤独症孩子的家长所承受的养育压力更非常人所能想象。身体的疲劳，巨大的精神压力，家庭经济的压力和家庭关系的危机等，都容易让家长感到身心耗竭。在这种情况下，孤独症孩子的家长更容易产生压力反应，也更容易进入不理智的养育模式。而家长们在冷静下来之后，往往又会陷入自我批评、悔恨、挫败和恐惧的情绪，苛责自己是不称职的家长。

孤独症孩子的家长对自己实在是太苛刻了！就拿我来说，我如此细致耐心地去感受无忧，去接纳他的所有，可是却不够善待我自己。前面提到的那次睡前复盘，我仿佛看到小小的无忧在伸出手，希望得到我的爱和接纳。在我的养育模式中，我也看到儿时的我愤怒孤单地站在记忆的角落里。我为什么不能同等地对待这两个孩子呢？我为什么不能全然地接纳我自己呢？就像接纳无忧那样。

家长朋友们，我们需要对自己慈悲，给自己爱意，就如同母亲抱持自己的孩子，如同对待受伤的朋友。养育孤独症孩子实属不易，我接纳我可能会犯的过错，我接纳我那些不理智的情绪，我接纳我自己的不完美。我也祝福我自己，我祝福我自己平安、幸福，我祝福我自己更有力量，我也祝福我自己越来越轻松自如。我把这些祝福同样送给本书的读者朋友们，送给所有孤独症孩子的家长们！

人生漫漫，养育不易，自我慈悲，爱己爱人。

方法3：明确需求，合作养育

孤独症孩子的养育不是母亲一个人的事儿，也不仅仅是一个家庭的事儿。需要一家人分工合作，协调一致。也需要"家园共育""家校共建"，以及"养育联盟"的友好支持。这些关系都需要家长创造性地参与其中，支持性的养育环境对于家长而言非常重要，可以有效地缓解养育压力，预防因压力过大而导致的各类情绪问题和身体健康问题。

家长要学会明确表达需求，积极沟通合作。在家里，即便是某位家长主要负责养育，也要合理安排自己的时间，给自己留有个人空间和时间。这就要求一家人互相理解，支持和配合彼此，保持更为积极健康的生活方式。

在学校，家长要主动创造合作互信的家校关系，尊重并配合老师的工作，多和老师沟通，虚心向老师请教，良好的家校关系是家长在养育方面最有力的社会支持。而友好的养育联盟不仅仅能促进孩子的社会性发展，更是家长的心灵 SPA。和家长们一起聊聊天，吐槽一下孩子，自嘲几句，憧憬一下生活，往往能非常有效的释放精神压力。

方法 4：开阔视角，有如初见

孤独症孩子的家长很容易不自觉地给孩子贴上各种负面的标签。就拿我来说，在无忧确诊之后，当我得知他自小对宇宙的爱好属于"特殊兴趣"时，有那么一小段时间，我回避且拒绝和无忧说相关的话题。刚陪读时，我也时常向蔡老师抱怨无忧比普通孩子难教育太多，以至于有一次蔡老师说我矫枉过正，过度关注孩子的短板，而忽视了孩子的长处。

我也很惊讶我自己的这种变化，为何仅仅因为一纸诊断，我心中的"宇宙小子"就变成了"刻板怪娃"？为何仅仅因为一个医学标签，我爱孩子的姿态就变得这样敏感挑剔？我意识到诊断标签让我产生了一种对无忧的消极预期，就像带了一副有色眼镜。无忧身上那些曾经令我欣赏并为之自豪的特点，被这副眼镜过滤之后，竟然都变成了缺陷和不足。

仔细思考过后，我并不认为诊断标签是不好的，因为它给予我新的视角去观察无忧,这让我积攒多年的养育困惑都有了着落,也有了全新的养育思路,这对我和无忧都非常重要。只不过我需要以更为开阔的视角去看待无忧的孤独症特质。

无忧喜欢宇宙,擅长绘画,这些或许都是他孤独症的一部分,是他系统化思维和视觉优势的体现,我也仍然欣赏,并为之自豪。不过与此同时,我也看到了无忧社会性能力的缺损。相比以前,我知道我应当更加关注无忧的社交沟通能力,适度培养无忧的优势能力,并善用无忧的优势去促进他的社会性发展。

可能有的家长会说,我的孩子没有任何优势可言,我再怎么开阔视角,再怎么拉远距离全面看待,看到的也不过都是缺陷和问题。关于这一点,我想说任何人都有自己的相对优势,孤独症孩子也不例外。更何况有研究表明,孤独症孩子在某些能力特征方面有自己独到的优势,比如优秀的机械记忆、视觉空间感、音律感、系统化思维能力等。孤独症孩子的个性品质也有令人称道的优势,比如忠诚、单纯、可信等。我会在下一章中讲到孩子的优势培养问题。孩子的优势需要家长去细心观察,耐心培养。戴着有色眼镜的眼睛无法看到彩虹的绚烂。

有一天我翻看无忧小时候的照片,看到他刚出生时那一团红色小肉球的模样,我内心流淌着幸福与喜悦。这是初见无忧的感觉,也是我人生最为珍贵的记忆之一。我还记得那天我在医院的病床上看着他,内心充满好奇与新鲜,就仿佛在看一个小小的天外来客,他的每一部分似乎都如此精妙美丽。

这时无忧走过来坐在我身旁,出神地看着照片上的自己。此时此刻,照片里一个幼小初生的天外来客,身边坐着一个"来自星星"的天外来客,这一幕令我不由自主地笑了。当初,我以初见之初心与我儿相见,现如今,我仍当以初见之初心与我儿重新相识。母子一场,所谓的诊断标签,只不过是我深入了解无忧的一个路标,而绝非是一种屏障。

希望家长们能以开阔而全面的视角去看待孩子的孤独症特质,切莫落入消极预期的陷阱之中。祈愿大家能以初见之初心陪伴孩子成长，摒弃偏见，洞察优势，弥补缺陷，科学养育。不忘初心，方得始终。

方法5：连接身体，暂停反应

上述认知、心态和环境的多方面准备，可以在相当程度上缓解家长的情绪压力，维护家长的精神健康，并且减少养育冲突中消极的教养模式出现的频率。但考虑到养育冲突是无可避免的，尤其是在孩子情绪激烈的时候，家长"一键四连"的养育模式也会被压力激活。

这时候我们需要想办法叫停我们的自动化反应，以更智慧的方式去应对养育压力。而连接我们的身体反应，是最简单有效的暂停冲动反应的办法。当我们把注意力放在呼吸上，或是与其他的身体感觉相连，我们都会重新关注当下的真实体验，而不是盲目卷入反应当中。

对身体状态的注意，既能帮助我们稳定情绪，又可以帮助我们自我慈悲，自我关怀，调节我们身体的紧张感，这不仅会进一步减缓我们的自动化反应，也增加了我们对当下状态的觉察，让我们意识到自己已经出现了压力反应。这就为我们的心智开辟了空间，让我们有机会去作出更理智的回应。

大部分时候，如果我们可以做到这五种方法，我们就能照顾好自己的情绪，较少进入反应式养育模式。但是养育孤独症孩子是个漫长的旅程，孩子会不断面临新的困难，家长还是会遇到棘手的养育难题，倍感失落和挫败。

这时候，请回到方法二。请对我们自己慈悲，请带给我们自己爱和温暖。家长也是肉体凡胎，我们并不是完美的，我们也在承受痛苦。请接纳我们自己，爱我们自己，祝福我们自己。爱是力量的源泉，对自我的慈悲会给我们勇气重新上路。

家长能够觉察和调节自身的情绪，是家长帮助孩子调节情绪的先决条件。试想，如果一个家长对自身的情绪缺乏自知和自制，又该怎样去帮助孩子呢？因此在进入孩子的情绪调节这一部分之前，我建议家长朋友们一定要首先理顺自己的情绪，不断提升管理情绪的技能。唯有如此，才能以身作则教会孩子如何应对个人情绪。

父母如何引导孩子学会情绪调节

刚开学的时候最令班主任蔡老师和我们头疼的问题，并不是无忧满操场乱跑，躺地打滚儿这类不遵守纪律的问题，而是他的情绪问题。蔡老师说："他只要一哭，整个教学楼都能听见，咱们年级老师都和我反映过好几次了，影响人家教学！"

一年级上半学期结束时，无忧的纪律已经比较稳定，能够较好地约束自己的行为。可是他还是会在遇到一些突发状况时情绪崩溃，失去控制。经过了一个寒假，进入下半学期，孩子又成长了一些，我们找蔡老师商量恢复他下午上课的事。蔡老师仍然非常担忧无忧的情绪问题，但也考虑到要让他渐渐适应下午上课的节奏，就决定先让他试一下。

结果很快无忧又因为科学课上调试不好天平而大哭不止，这一哭导致刚刚争取到的下午上课的机会被蔡老师暂时取消了。当时我和蔡老师就这个问题沟通过很多次，其实现在想来，是我太过着急。无忧的情绪爆发有多折磨人我是清楚的，蔡老师对他已经很有耐心了。班级日常事务这么繁忙，如果还要照看无忧这样一个随时可能会崩溃的学生，蔡老师确实是太累了。

我了解到很多孤独症孩子被要求陪读或者暂时休学的主要原因，都是情绪问题。通常纪律问题只要不是太影响他人，就还在老师的容忍范围内。但是情绪问题不可避免地会影响班级秩序和老师授课，甚至会影响到其他的班级。还有的孤独症孩子在情绪发作时伴随攻击性的语言和行为，以及不同程度的自伤行为，会对孩子自己或者别的同学产生不容忽视的安全隐患。这就是学校更加不能接受的了。

而孤独症孩子的情绪问题也是家长在养育过程中，遇到的最为棘手的困难之一。孤独症孩子情绪的强度大，持续时间长，很容易引发家长的压力反应。而家长的情绪一旦失控，就会进一步加剧孩子的情绪问题。导致养育冲突快速升级，亲子互动陷入令人倍感挫败的恶性循环。

乍一看孤独症孩子的情绪成了学校不管，家长也管不了的无解难题。然而我的养育经验告诉我，绝非如此。孤独症孩子的情绪，和任何普通人的情绪一样，都有其发生和发展的过程及原理，也有着类似的调节方式。只要家长能够敏锐地感受到孩子的心理状态，就能找到帮助孩子调整情绪的办法。

人类的压力反应

人类处于压力下的自动化反应是自然选择的结果。我们的祖先生活在一个危机四伏的自然环境里，他们需要对威胁做出不假思索的快速反应，以确保生存。在早期进化中发展出来的脑干和边缘系统负责对感知到的危险进行反射式的反应，可能有些反应过度，但有备无患，有利于种群的生存繁衍。

现代人享受了进化的成果，继承了祖先的基因，我们在感受到威胁时仍然会做出自动化的快速反应，以确保我们和家人的安危。当家长看到年幼的孩子摇摇摆摆走向下行的斜梯时，能不假思索、快速地冲过去护他周全，就是这个古老的预警系统在起作用。

可是我们的生存环境已经截然不同。就拿养育来说，孩子赖床快迟到、做作业拖延、被同学拒绝等日常情境都不会危及生命，可是家长还是会为这些事感到焦虑。这些无关生死的威胁会唤醒同样的压力反应，让我们身体紧张，情绪过度，思维杂乱，行为冲动。这种"一键四连"的自动化反应是人类的进化属性，但却毫无疑给现代人带来了很多不必要的麻烦，让我们的心智太容易处于一种脱离现实的盲目状态。

不仅如此，人们经常会在某些特别的压力情境下无意识地进入一种失调的反应模式。当下的情境激活了早年的记忆，扭曲了我们的感受，限制了我们的思维，影响了我们的行动，让我们陷入一种与情境不相符合的、激烈的情绪反应状态。

就像是我在无忧情绪不稳定时感受到他"辜负"了我，我认为他是个"坏孩子"，我非常愤怒，并且有打他的冲动。如果不经觉察，我们不会认为是当下的养育冲突激发了过去的情绪反应，反而认为我们的感受和想法都是"真实"的，这就在无形中进一步助长了我们的压力反应。

继承自祖先的压力反应，在现代生活中更多地变成了一种负担，尤其是在养育情境中，过度的情绪给教养带来了诸多消极的影响。孤独症孩子的家长们对此肯定特别感同身受，高强度的养育冲突对家长的身心都构成了巨大的挑战。当家长感到压力重重时，就会更加频繁的进入反应性的养育模式，对孩子产生各种冲动性的反应。我们需要用慈悲的心去接纳现实，用智慧的方式去应对这些压力。

而对压力反应的调节，从根本上而言，是要激活我们的额叶皮层的执行功能，让我们能够注意到我们的情绪反应，并做出明智的判断和决策。前面我们已经提供了一系列有效的方法，可以有效地帮助家长觉察自己的压力反应，留出空间进行有意识的回应，而不是立刻进入边缘系统和脑干自动化的反应当中。

压力反应是人类进化的产物，从这一点而言我们是无法选择的。但我们可以学会接纳这些反应，更加慈悲地对待自己身上的这种人性。我们也可以选择如何去做出回应。通过有意识的觉察，我们就能够减缓我们的自动化反应，并作出更加明智的回应。

孤独症孩子的压力反应

无忧在情绪状态中长达 40 多分钟的哭闹该怎么理解呢？还有他那些"歪理连篇"，以及对家长和老师的逼迫，难道是一种异乎寻常的压力反应?

仔细想来，每次无忧情绪崩溃都有诱因，不论是彩笔和盖子摔坏了，还是天平调节不好，尽管在我看来都是不值一提的小事，但很显然对无忧而言都构成压力。是这些无忧承受不了的压力，诱发了他的情绪反应。他的"歪理连篇"对我来说也并不陌生，我自己在压力状态下也经常言辞过激，思维混乱，失去理智。而无忧纠缠老师、拉扯我的衣服的行为我也很熟悉，我在教训他时还推搡过他，相比起来真是有过之而无不及。

因此无忧面对压力时不过也是陷入了"一键四连"的冲动反应之中，在这一点上与常人并无二致。只不过他的情绪反应更加激烈失调，而这其中的原因，则与他年幼发育未完全的大脑，以及孤独症的神经特质有关。

1. 发育中的大脑

产生压力反应的脑干和边缘系统在孩子出生时就已经基本完好，但是调节压力反应的大脑前额叶皮层要到成年早期才能发育成熟。因此所有孩子的情绪都容易失去控制，孤独症孩子也不例外。

不仅如此，大脑的前额叶皮层的功能还包括：集中注意力、做出决策、社会认知、共情、自我认知和社会道德等。这就意味着当孩子处于压力状态下时，他们通常很难考虑到他人的感受，多半也说不清自己在想些什么，更加难以做出明智的决策。

从普遍的发展角度来看，孩子那些在成年人看来无理取闹的情绪，来自还没有发育好的大脑。而且在孩子们精神状态和体能状态不好的时候，他们的自我约束力就更弱，情绪也更加不稳定。孩子们不是不想保持良好的情绪状态，而是不能。

2. 孤独症大脑

即便从未成年人的角度来看，孤独症孩子的情绪反应也比同龄人的平均水平激烈得多。这提示我们孤独症孩子的大脑发育有其非典型的特征。

这和前额叶皮层的功能细分有关。前额叶腹侧区域是大脑皮层协调皮层下脑区加工过程的神经枢纽，它与边缘系统和脑干密切互动，参与记录并调节情绪和身体反应。这个区域对社会互动非常敏感，其功能还涉及价值评定、社会情感、社会认知、心理理论与自我认知。同时这个区域作为大脑的一个信息整合中心，也是心理灵活性神经基础，给予我们在变化的情境下灵活反应的能力。

而上述大部分心理过程都是在无意识的状态下完成的，有意识的心理活动只占心智活动的一小部分。前额叶背侧区域在这种有意识的心理活动中扮演重要的角色，负责与觉察、思考、规划有关的注意、认知和分析过程。尽管无意识的过程影响着我们的意识，但觉察力能让我们有意识地做出改变。意识会影响情绪加工的过程，能觉察到自己的情绪是非常重要的，这有助于我们进行反思，并做出改变，而不是一味地陷入自动化的反应状态。

孤独症孩子的前额叶腹侧区域存在功能异常，这直接导致孩子们的社会功能出现障碍，也严重影响着孩子们的情绪调节能力、自我认知能力以及心理灵活性。孤独症复杂的异质性也和前额叶腹侧区域发育受影响的部位以及程度密切相关。孤独症不必然伴随着前额叶背侧区域发育的异常，但是发展中的大脑作为一个整体，某部分功能的受损也会影响到其他部分。

孤独症孩子的大脑发育还可能存在其他的问题，比如边缘系统和脑干的功能失常，目前的神经科学对此也并无定论。但从情绪的角度而言，可以肯定的是，孤独症孩子的前额叶皮层对情绪反应的整合和调节存在明显的功能障碍，因此孩子们的压力反应才表现得更加激烈和失调。

年幼未完工的大脑，非典型发育的大脑，不知道家长们看到这里时有什么样的感受？会不会很心疼自己的孩子？成年人在状态不好的时候尚且容易情绪崩溃，而我们的孩子则面临更加严峻的挑战。孩子们太难了，他们需要我们的帮助！

智慧的父母促进孩子心智发展

有关养育的一个普遍事实是，亲子关系可以促进孩子大脑的发育、发展和整合，或者按照人际神经生物学的理论，孩子心智的发展是养育者大脑与孩子大脑互动的结果。尽管孤独症是一种多基因遗传的发育障碍，基因不会改变，但是经验会影响基因的表达，也就是影响孩子的表观遗传。大脑的发展是经验作用在基因潜能上的产物，父母的养育方式和社会环境会影响孤独症孩子的神经连接，促进形成新的神经突触，修剪不适用的神经细胞。家长要成为孩子心智的塑造者，智慧的养育可以改善孤独症孩子的社交障碍，以及相关的情绪和行为问题。

1. 慈悲接纳，安抚情绪

一年级开学刚进班陪读时，我的教养压力非常大。每天在学校要频繁处理各种突发状况，在家里除了对无忧进行一些行为干预以外，还要带他练写字，写作业，培养好的学习习惯。精神高度紧张，身体也很疲劳，我的情绪肉眼可见的越来越急躁。

"操场事件"中，我在把无忧带到教学楼走廊里时，因为他还要往外冲，我重重地推搡了他。水彩笔"盒盖事件"中，我在往家走的路上不仅仅是沉默而已，我还挖苦讽刺他"像个疯子，不可理喻！"一年级上半学期在家里写作业时，因为他总是太过拖延，我还摔过铅笔，扔过他的书。我重复体验到，每当我皮层断线，情绪失衡时，无忧的情绪就更加激烈失控。

不仅如此，无忧也开始表现出攻击行为，有一次在我催促他赶紧写作业时，他突然拿起手边的词纸重重地扔了出去。而在这之前我从来没有见过他类似的行为，这样子好像情绪暴躁的我自己。而且无忧竟然开始出现不想上学的厌学心理，不再像刚开学时那样自信、开朗。此外，最让我感到难以接受的是，无忧和我的关系也出现了裂痕。很直观的就是他看我的眼神都发生了变化，变得困惑、警惕、疏远。有段时间，他还总问我，"妈妈，你还是我妈妈吗？""妈妈，你还爱我吗？"

无忧的变化为我敲响了警钟，再加上蔡老师带给我的启发，和我先生一直以来对我的提醒，我渐渐意识到自己对无忧不切实际的要求，以及我在养育压力下的反应模式已经反噬了无忧的成长和亲子关系。尽管无忧看起来已经可以自己上半天学了，但是他的精神面貌却变差了，认知、情绪和行为也呈现出了不好的发展趋势。而且亲子关系变差以后，我对无忧的表扬和肯定也没有那么有效了，他甚至开始害怕我，回避我，这令我感到无比痛苦。

痛定思痛，经过深入的反思，我做出了及时的调整和改变。这改变或许是从对自身压力反应的觉知和认知开始的，但对自我的慈悲，对无忧的慈悲，却是有效帮助我接纳种种消极感受，抚慰我走过那些艰难养育时刻的最重要的心态。

一年级下半学期刚开学不久，有一天下午无忧在家里写生字，上半学期到现在他对写生字一直有抵触情绪，这天也不例外。坐在书桌前他一会儿发呆，一会儿摸摸尺子，一会儿弯着腰不知道在地板上捣鼓些什么。我在门外感觉到自己的情绪在发生变化，深呼吸，几次克制住想要冲进房间质问他的冲动。但一晃快两个小时过去，无忧换了一个看着窗外愣神儿的姿势，我再也按捺不住，三步两步走到他的面前，正要大声质问他究竟在干什么时。却听见他带着哭腔对我说："妈妈，这该怎么写？我不会，妈妈你帮帮我吧！"

我一下子愣住了，这是我第一听到无忧清楚地表达他在写字方面的感受，看着他焦虑又恐惧的表情，我真切地感受到他在写字方面遇到了很大的困难，而且他非常害怕我发脾气。在那一瞬间我非常自责，一把抱住无忧，竟发现他的身体是僵硬的。我轻轻地拍着他的后背，就像小时候安抚他那样，嘴里发出温柔而有节奏的抚慰声。不一会儿，无忧的身体就松弛了下来。

无忧这种身体反应的变化令我难以忘却，小小的孩子僵硬的身体里满是紧张和无助，这让我想起上半学期我时常感觉到他的身体就是这样的僵硬，不仅仅是在我批评他的时候。上小学以来无忧承受着巨大的压力，虽然他自己表达不出来，但他的身体不会撒谎。而我因为巨大的压力而忽视了这一点，一如我那段时间总是暴饮暴食，不知不觉地长了十几斤，却浑然不觉一样。

家长肩负着照顾好孩子，帮助孩子成长的重任。如果不能敏锐地察觉自己的压力反应，照顾不好自己，通常也很难去感受和关怀孩子的难处。在这种状态下，我们将无法感受到自己和孩子真正的需求，也难以采取有效的行动，给彼此提供真正所需的帮助。

"妈妈，该怎么办啊？"无忧的头埋在我的怀里小声问，声音中里充满了无助。

"无忧不知道该怎么写，觉得好困难啊！"我试着描述着他的感受。

"妈妈，太难了！"无忧马上脱口而出感慨道。

那一刻我很难相信半学期过去了，我好像从来没有在这方面共情过孩子的畏难情绪。

"妈妈帮你把写字这件事变得简单一点儿好不好？"我故作语气轻松地说。

"好！妈妈，好！"无忧立刻抬起头寻找着我的眼神，那一刻我感觉我们的心智相连，就好像我们的大脑神经已经做好了准备，要去做一些有建设性的连接。

这件事，连同很多件发生在我和无忧之间的事，渐渐地改变了我，也改变了无忧。我深刻地意识到，无论是我，还是无忧，当我们身处情绪的洪流之中，唯有温和的抚慰，充满爱意的接纳，才能抚慰我们的焦虑，舒缓我们的身心，让我们渐渐平静下来。而在这之后，理性的劝导才可能发挥作用。

值得我感恩的是，当我能够更好地照顾自己和无忧的情绪，感受到彼此真实的需求，我发现我其实有能力很好地帮互无忧面对一个个成长中的困难。我也能够通过合理的安排，给自己留出时间和空间，去完成自己的工作，保持锻炼，并享受适度的休闲时光。

而无忧在这个过程中，经由切身的体验，体会到情绪是可以被感受、被分享、被理解、被接纳的，并且被调整的。他的情绪感受力，情绪理解力，述情能力，以及情绪复原力都得到了显著的提升。

上半学期时他因为适应压力和我急躁的情绪而滋生的厌学情绪得到了很好的调整，又变成了那个喜欢上学的孩子。而他模仿我的行为，就快要习得的扔东西的冲动反应，也被及时阻断，并且学会了通过表达和沟通来寻求关注和帮助。在这个心智同频共振，情感相互调和的过程中，我们受损的母子之情也获得了修复。我能够更加敏锐地感受到无忧的状态，比以往更加了解他。无忧也长大了，他开始理解人的行为是会互相影响的，同理心明显得到了改善，学会了察言观色，适度约束自己的行为。

这是一个漫长的过程，无忧也并没有变成一个普通孩子，他仍然具备孤独症的特质，有他孤独症的行为方式，比如找规律的思维模式和谈话方式，不够灵活的社会情感和社会认知，依然偶尔呈现的刻板行为。但是在情绪越来越稳定、健康的情况下，这些孤独症特质越来越像是一种性格特征，而不是一种缺陷。

情绪是人类心智的核心，情绪经验引导着神经的生长和连接，安全、积极的情绪有助于心智的发展和整合。家长在教养孤独症孩子的过程中，切记要把和孩子的情感连接放在首位。充满爱意的情感连接能帮助孩子平静下来，愿意和家人沟通，也能增进亲子关系。这是一种科学有效地促进孩子大脑各部分之间神经整合的人际互动过程。

2. 设置界限，共渡难关

陪读期间，起初遇到无忧在教室里情绪崩溃的时候，我都是直接在教室里安抚他。现在想来我这样做的动机之一，就是希望他能尽快平静下来，不耽误上课。但是在教室那样的环境里，我根本无法好好安抚无忧，而且无忧的情绪被环境所刺激，也愈演愈烈。另外，那时候在面对无忧的情绪时，我其实也不太确定该怎么把握好教育的尺度。我知道他的行为不是故意为之，太严厉怕伤害到他的自尊。但他的哭闹已经影响到课堂秩序，我管教得太温和又怕是在纵容他的行为。

"孩子不是故意的，我能理解他的情绪事出有因，我很心疼他，我也希望环境能多包容他。""孩子的情绪和行为已经影响到了其他人，还怎么哄也哄不住。我觉得很没面子，但也没有更好的办法，就连吼带叫，连扯带拽地把他带走了。我生气极了，孩子也闹得更凶了。最后都是两败俱伤，孩子不仅没有得到成长，还更逆反，更刻板了。"这是家长在管理孤独症孩子的情绪问题时最常见的两种情况。

这种困惑反映出家长不清楚孩子能从情绪冲突中获得怎样的成长，或者说，家长不知道在这种情况下该教给孩子什么。

无忧的班主任蔡老师观察了一段时间我犹犹豫豫的管教行为后，给我提了些建议。她说家长是要共情孩子，理解孩子，给孩子讲道理。但是当孩子处于情绪状态下，还难以进行理性沟通时，家长需要把好关，用行动告诉孩子该怎么做，而不是一味地妥协。

而在我吐槽无忧的行为出现反复，令我感到很挫败、很愤怒时。蔡老师又说大人的严肃情绪是为了让孩子意识到自己的不当行为会影响他人，也不被允许。归根结底是为了教育孩子，而不是为了发泄情绪。

结合我自己长久以来的养育体验和自我觉察，蔡老师的话深深地触动了我，令我醍醐灌顶。

一方面我认识到当无忧情绪崩溃的时候，他其实是无助的。他不能理解发生了什么，也不知道该怎么做。这时候我对他情感的接纳和抚慰是为了帮助他冷静下来。但是在无忧冷静下来以后，并不能自动理解发生的事情，也并不知道下一次再遇到类似的冲突该怎么去面对。我作为家长需要帮助他理解事件的经过，引导他进行多角度的观察和换位思考，帮助他学会考虑自己行为的影响和后果，让他意识到自己可以做出更好的选择。

另一方面，在无忧情绪激动，暂时难以冷静下来，并且已经影响到了他人，或者存在安全隐患的时刻，我需要坚定设置行为的边界，平静地将他带离当时的情境，换个合适的环境再继续安抚他的情绪。这既是一种行为的示范，帮助无忧意识到我们应当尊重他人，并承担自己行为的后果。也是一种有效的矫正无忧不当行为的办法，无忧可以借此学会约束自己的行为。

不仅如此，我还意识到过去在养育中我对无忧的过度共情，其实是和我自己在养育中的"妥协"模式有关。而我在比较大的养育压力下容易被激发的失控情绪，则与我的另一种"愤怒"模式有关。这种与情境不相符合的我个人情绪，显然不是无忧所需要的，也并不有利于无忧的成长。

这些领悟令我如释重负。无忧的情绪并不可怕，它只不过是无忧遇到他难以处理的冲突时，所产生的一种自然的压力反应。无忧真正需要的是我接纳他的情绪，抚慰他的不安，并且帮助他理解发生了什么，以及该怎么办。

在这之后，我的养育能力明显增强了。仔细总结无忧在学校的行为表现，我在晚上复盘时和无忧约定好了"无忧违反课堂纪律时妈妈会怎么做"，然后在陪读的过程中，我会温和但坚定地执行我们的这个约定。我发现当我的内心是包容和稳定的，行为是清楚而坚定的，无忧的心就也跟着安静了下来。当他能清晰地感知到我和环境对他的要求，也能理解其中的原因，知道并品尝过自己行为的后果，改变就应运而生。

孩子在成长过程的不同阶段会遇到很多新的问题，需要家长帮助理解，并设立规矩。我和无忧仍在路上。我深深地感受到，这是家长接纳孩子的情绪，给孩子的行为设置边界，并且与孩子共渡难关的过程。这也是家长以身作则，以自己的行为作为榜样，教会孩子在情绪激动的情况下如何做出正确决定的重要时刻。

最后我想说，在孩子遇到困境时，家长首先要想清楚自己想借此机会帮助孩子学到些什么？"心疼孩子，想让环境多包容孩子。"和很多家长一样，我也有过类似的想法。这个想法其实隐含着我对养育的畏难情绪、想降低对无忧的要求的心态，以及对环境不切实际的期待。

一年级开学之初，我曾多次和蔡老师交流过这个问题，她对此的态度是，我们要接纳无忧的孤独症特质，但不应当先入为主地给孩子设限。我们努力帮助他改善缺陷，提升各方面能力，但不强求一定要达到什么标准。

蔡老师这种"尽人事，知天命"的教育理念其实是她32年教育智慧的高度凝结，带给我很多的感动和力量。而我也在自己养育能力日渐增长的过程中，在陪伴无忧一天天成长的喜悦与感恩中，见证着这种教育理念在时光中雕刻的奇迹。

心智具有可塑性，孤独症孩子也有很大的发展潜力。家长莫因自己的焦虑畏难，妥协退让，狭隘偏见，就先入为主给孩子设置了种种发展限制。接纳孩子的情绪，设定行为界限，与孩子共渡难关，帮助孩子心智发展。

"尽人事，知天命"，智慧养育，花开有时。

3. 深度复盘，整合心智

在我们自己遇到一些事情，待情绪平稳之后，我们通常都会思考一下发生了什么，以及再遇到这类事儿该怎么办。这种反思和复盘能帮助我们从事件中成长起来，增进我们对自我和社会的认知，增强我们的情绪耐受性，提升我们的问题解决能力。

教育孩子也是类似的道理，进班陪读第二个月起，我就开始在每晚睡前用半小时左右的时间带无忧进行"每日复盘"。第二章中对此有比较详细的描述。尽管那时我的教养压力非常大，我对自己的养育模式还缺乏足够的觉察，在养育方面也存在一些困惑，但是从一开始，我和无忧之间的复盘就进展得非常好。

我会非常认真地回应无忧的每一个问题，非常耐心地引导他的注意力，真诚地鼓励他发表自己的看法，并且和他一起探讨问题的解决办法。基本没有敷衍了事，或者压制批评。我可以非常明显地感觉到"每日复盘"带给无忧的变化，他的心智在连接，在生长，他外显的行为也渐渐发生着变化。

如果说从安抚情绪、设置边界这两点还不能完全体现出孤独症孩子的心智特点，那么在复盘的过程中，家长就能深刻体验到孤独症孩子非常独特的认知模式。和孤独症孩子展开对话，对家长而言是个不小的挑战。

一年级下半学期有一天晚上复盘的时候，我深情地回忆到我妈妈。在这之前我每次和无忧提起"姥姥"，都绝对令人"印象深刻"。

比如有一次我和无忧讲因为我不听姥姥的话，导致我有蛀牙，上面一颗，下面一颗。结果无忧就开始进行蛀牙的"排列组合"，左上右下，左下右上……完全无视我的情感状态和我说话的意思，自顾自滔滔不绝。还有一次由着保持好的健康习惯的话题，我说姥姥去世比较早，结果我话音未落他就插话说："妈妈，45 岁到 59 岁是中年人，60 岁到 74 岁是年轻老年人，但是有的国家说 65 岁以上才是老年人呢。那姥姥才中年的时候就死了啊！"我们所忌讳的表达在无忧这里似乎就只是一组数据而已，带给我的冲击非常之大。

这天晚上说起我妈妈，是因为无忧说很喜欢我们的复盘，我就回忆到我小时候和妈妈也会这样子聊天。我本来是想通过这种分享来增进情感，深化无忧的自我认知。结果对话一开始无忧就又将其演绎成了数量逻辑。

"妈妈你和姥姥几点聊天？"

"有时白天聊，晚上聊得多。"

"晚上几点聊？"

"不一定，有时我下晚自习已经 10 点多了，姥姥还在等着妈妈。"

"10 点多了！那你们聊完天就 12 点了，晚上睡 10 个小时，就算 9 个小时吧，也都 9 点了，你要迟到了！要是聊 n 个小时，你就永远上不了学了！那可怎么办啊？"

因为他这种找量化逻辑的认知风格我当时已经深谙于心，所以那天听到他这么讲，我内心倒是很平静。我在想我该怎么打破他这种固定模式，拓展他的思维，引导他能和我共情。

"哎，现在我都没有妈妈了，也没人和我聊天了，我好可怜啊。"我的声音表现出非常伤感的状态。

"妈妈，你还有我和爸爸啊！我不是正在和你聊天呢吗？"无忧注意力显然已经关注到我的感受。

"妈妈现在觉得手好冷啊。"我假装手凉。

"我给你热乎热乎！"无忧一下子扑到了我的手上，两双小手拉着我的手，还压在了他的胸脯下面。

"谢谢儿子！"我用头蹭着无忧的额头，"妈妈好羡慕你！"我说。

"羡慕我？妈妈你羡慕我什么？"无忧好奇地问。

"我羡慕你能和你的妈妈每天晚上都这样美滋滋地聊天，多么美啊！"我由衷地说。

"美吗？是 100% 的美吗？"我感觉无忧好像又要进入他的量化逻辑了。

"美啊，可美了！宝宝说说，你和妈妈每天晚上这样聊天，是美在哪里？"我再度主动引导他的注意力。

"嗯，我觉得妈妈会帮我说说今天有哪些好的，哪些不好的。也会提醒我明天要注意些什么。"无忧思考了一会儿回答道。听着他的总结，我倍感安慰，很明显无忧已经很清楚我们每天的复盘是在做什么。

"对！宝宝说得真好！还有没有？"我夸奖他，并鼓励他进一步思考。

"还有，妈妈会腻乎腻乎我！"无忧说的"腻乎"就是我拍拍他，抱抱他这种亲密的母子互动。他一边说一边扭动身体，像只可爱的小肥鱼，感觉幸福极了。

"嗯，妈妈腻乎腻乎小宝宝！"我低头亲了无忧一下，贴着无忧肉乎乎的小身体，我也真的感到非常幸福！这一刻的时光对我们而言是记忆中的珍珠，永远闪亮温润。

"那你情绪不好的时候，妈妈是怎么样的？"我想让无忧关注到我们在复盘中对他情绪的调节。

"妈妈会安慰我，嗯，让我会想这件事情。"无忧的意思是，我帮助他理解发生了什么。

"对！宝宝都可以怎么想啊？"我鼓励他表达得更加具体一些。

"就是，蔡老师的要求是什么，学校的规则是什么，还有同学们笑没笑话我。"这前两条是我们经常沟通的，但是有关于同学的"笑话"，却是无忧自己体验到的感受。这一方面说明他能感受到，并且在意同学们对他的看法，另一方面则反映出他还没有放在具体的情境里看待同学们对他的态度。

"蔡老师的要求是什么，宝宝？"我先这样问他。

"就是规则要好，情绪要好。"回答得很利索。

"宝宝现在能不能做到？"我想看看他怎么回答。

"60% 吧，小孩儿都是慢慢进步。"这个说法很无忧。

"你说同学们笑话你，是说在你表现好的时候，大家都笑你吗？"回到"笑话"这个未解的问题，我有意这样问他。

"不是，妈妈！我表现好他们笑我是高兴的笑。"看来他自己也是明白的。

"那你说同学们的笑话是？"我装作不理解的样子。

"就是我表现不好时，或者我又哭了时，他们就笑话我。"无忧悻悻地说。我能感觉到他潜在的感受是，在他崩溃无助的时候，他承受不住，也不理解同学们对他的这种情绪。

"你不是故意表现不好的，你觉得同学们不该那样对你？"我尝试描述他的感受。

"嗯，我不是故意的。"无忧压低声音道。

"你表现不好时，蔡老师和爸爸妈妈笑话你了吗？"我引导无忧关注到身边的成年人对他行为表现的反馈。

"没有，你们帮助我。"无忧马上回答，语气中又有了些精神。

"那你觉得，为什么大人不笑话你，同学们会笑话你？"我并不想否认其他同学会"笑话"他这个事实，我想帮助他意识到同学们和他一样都是孩子，有时候并不能理解，也难以顾及他人的感受。

"因为他们都是小孩儿啊！小孩儿还不懂事儿呢。"无忧立刻关注到了孩子和成人的区别。

"宝宝有时候是不是也会笑话别的同学？就好比上次你说某某同学连上课都被老师罚站。"我引导他换位思考。

"我不是笑话，某某是真的被罚站了！"无忧还没意识到他的那些评论和"笑话"是类似的反应。

"某某是故意不遵守纪律吗？"我启发他思考。

"不是，他不是故意的。"无忧很确定的样子。

"那你是故意笑话他吗？"我反问他。

"不是！妈妈，我没有笑话他！"无忧有点儿着急了。

"那你是？"我追问。

"我是觉得他那样不应该啊。"想了半天，无忧终于描述清楚了自己的感受。

"对喽！宝宝！你说同学们笑话你，其实那也不是笑话啊，大家都知道你不是故意哭的，那其实是……"我等着无忧"填空"。

"我不应该那样？"无忧的语气略显犹豫。

"是的！同学们的笑话其实是觉得你不应该情绪失控，就像你觉得某某不应该在课堂上不守纪律，被老师罚站一样。你能理解吗？"我拉着无忧的手，认真地问他。我希望他能理解同学们的"笑话"背后的缘由。

无忧陷入了思索，并没有回答。而且当他再次开口，就已经转换了话题，想说说第二天在校的注意事项了。

在这个例子中，大家可以看到我是如何绕开无忧习惯的思维模式，一步步引导无忧的注意力，帮助他关注到我的感受，和我建立情感连接，并灵活深入到更有意义的话题中去。这个时期的无忧，已经具备对话题的跟随性，对自己感受的表达力，对问题的理解力，换位思考的能力，以及对他人的共情能力。无忧的成长仍在继续，现如今我们的复盘也越来越互惠亲密，细致有情。

这当然不是一蹴而就的，而是他在将近一学年的时间里，经由自己情绪和行为的体验、外部的帮助和约束、认知的拓展和重构，在日复一日的学习和练习中，渐渐取得的成长。是我们家长和蔡老师齐心协力，共同努力的结果。是家庭和学校密切配合，互信共建的硕果。也是孤独症孩子在支持性的环境和科学的干预下，心智可塑性的很好体现。

结合孩子每日学习和生活的体验带孩子深度复盘，是一种非常好的促进孩子整合心智的办法。为了方便大家具体展开应用，我总结出在复盘过程中的一些要点：

1) 敏锐亲密，情感调和

"每日复盘"的核心要素，并不是对孩子认知的拓展和重构，而是对孩子情感状态的敏锐感知和灵活调节。

这也是我最初决定带无忧进行复盘的原因。除了想要修复大班后半学期我们亲子关系的裂痕以外，陪读的过程中我如此清晰地感受到无忧的社会情感出现了偏差。老师的认可，环境的要求，同学们的喜爱，所有这些普通孩子在意的社交信息无忧都不关注。他的我行我素、无所顾忌里体现出他的社会价值系统，同时也是社交神经系统的功能缺损。因此我想通过每晚睡前有意识的亲密互动来促进无忧的情感发展。

一开始在互动的过程中，我发现无忧基本无法表达自己的感受和需求。他讲不清楚自己在学校为什么哭了，如果多问几次，他就情绪激动，又要哭。我感受到他茫然、困惑、混乱，还很慌张。就好像身处一团浓雾之中，雾里隐隐约约似乎有些什么，但总是看不清，抓不住。这是一种心智没有焦点的状态。

普通孩子的大脑有能力接受他人主观心理状态的信息，这些信息大多是非语言的，包括眼神、表情、声调、语气、肢体动作等。在亲子互动时，家长对孩子及自身心理状态的关注、回应及调节，就会被孩子重复的体验和感知。渐渐的孩子会知觉到家长有注意力的焦点，有情绪、信念、想法和意图，这就是孩子初步形成的心理理论。而孩子的自我意识也在这个互动的过程中逐渐形成，并持续深化发展。

可以看出，普通孩子的心理理论以及自我意识的形成，与大脑先天的功能与后天的教养都密不可分。因此普通孩子的共情能力、情绪调节能力、行为灵活性和性格特征等方面也有很大的差异。

对于孤独症孩子而言，大脑社交神经系统先天的发育不足，直接导致孤独症孩子难以有效地接收与他人心理状态有关的信息。而联合注意的缺损又进一步影响了孤独症孩子心理理论和自我意识的形成和发展。

考虑到经验会塑造神经的活动和连接，理想状况下，如果孤独症孩子的家长能在孩子大脑可塑性最强的0-3岁就发现孩子的异常，那么通过科学的干预，就能最大程度地通过教养行为来塑造孩子的大脑，促进孩子心智的发展。而孤独症孩子科学干预的核心要素之一，就是要有意识地引导孩子去感知和关注自己和他人的心理状态。要做到这一点，首先需要家长能够敏锐感知孩子的内部状态，并作出及时的回应和灵活的调节。

我和无忧的"每日复盘"就是这样一种过程，尽管无忧无法用语言表达他内心的感受，但是他的身体状态、表情和声音语调却会传递出足够的信息。当我感受到这些信息后，会通过非语言信息对他作出回应，也会尝试通过语言来描述他的感受。这种沟通方式我并不陌生，但在无忧确诊孤独症之前，因为缺乏对孤独症的了解，我基本难以对他准确共情，幼儿园大班下半学期起还开始频繁产生误解。因此无忧的确诊对我而言非常重要，我的养育终于有了方向。

明确方向以后，我开始感受到不一样的无忧。我以前一直觉得奇怪的是，无忧的身体好像时常处于一种僵硬的状态。比如在公园玩儿时，有时我拉他的胳膊，就发现是一种僵硬的状态。一年级开学以来这种僵硬感就更加明显，以至于有时候不接触他的身体都能感觉得到。现在我终于能理解，这是孩子的压力反应之一。对他而言，周围的环境中有太多难以处理的信息，犹如一层浓雾缠身，令他感到隔阂、困惑和不安全。

大班时无忧也想和小朋友一起玩儿，但每当他发起行动，他不恰当的社交表现却总是让他遭遇批评和社交排斥，他的挫败感可想而知。这种时候他不论是进入刻板行为的避风港，旋转滑板车，或是夸张大笑着乱跑，都不过是孩子自己缓解压力的方式而已。而我那时候却一味过分严厉地斥责他，甚至挖苦讽刺他，想来不觉汗颜。

而上小学以后，无忧的压力就更是可想而知。他的我行我素和"量化逻辑"在学校处处碰壁，老师不允许，家长不满意，同学不喜欢，他自己情绪频频崩溃，这种生活对他而言真是太困难了！身体越来越僵硬是一种极度紧张的反应，而我作为妈妈，却一度忽视孩子的这种身体信号，足以见得我的感受性也因压力而变得迟钝、受限。

这种反思促使我在"每日复盘"着重去体验无忧的身体状态，以及其他非语言的信息。我感受到每当我谈及白天在学校发生的冲突，无忧的身体就开始紧张，呼吸也开始急促，这种时候我会轻轻地抱着他，轻柔有节奏地拍着他的后背，亲吻他的额头，用这种方式抚慰他的情绪。我也会用温柔的语气说"好困难啊，宝宝好害怕啊"，尝试代替他表达出他的内心感受。

起初，对于我的这种情感连接和表达理解的沟通，无忧的反应是比较迟钝和茫然的。我拥抱他时他也拥抱我，但他的那种拥抱更像是因为我们母子关系亲密而产生的一种自动反应，并不是对我共情的一种回应，就仿佛他不明白我在干什么。

日复一日，大概两个多月以后吧，无忧对我给予他的情感反馈开始出现了明确的回应，表现出认真的倾听，以及对我的非语言沟通的互动性质的回应。我拥抱他时他也拥抱我，是因为他感受到，我能感受到他当下的内心状态。他的拥抱是在回应我，那感觉就像两个人心里的触手终于连接在了一起。

这个阶段是我养育无忧以来第一次如此清楚地感受到我们的感受相连，这迟来的情感连接带给我深深地触动。一方面我是如此感恩，还记得刚陪读时我曾因没有体验过"真正的"亲子之情而"泪洒教室"，但是现如今我也感受到了和无忧之间的情感共振，它是如此美妙！我将用一生去好好地珍惜和呵护。另一方面又更加坚定了我的养育信念，尽管无忧是6岁才确诊孤独症的，已经错过了最佳的干预时间。但无忧的变化充分说明孤独症孩子大脑的可塑性远超想象，一如蔡老师所言，我们不应该因为尚在发展中的医学标签就给孩子设限。我当全力以赴用真诚、尊重的心去关爱和养育无忧。

就这样在爱里互动，到一年级下半学期快结束时，无忧的情感感受力和情感表达能力都有了明显的提升。他开始能够和我共情，和他人换位思考的能力也有所增长。这时我们之间的沟通互动已经是亲密互惠、温馨和谐的状态了。我知道我的孩子长大了！

很多家长在孩子确诊孤独症后，都失去了养育的方向。原本还能够和孩子进行比较正常的亲子互动，确诊后反倒迷茫焦虑，失去了和孩子亲密相处的能力。还有的家长一心只想着在行为方面训练和干预孩子，甚至是把孩子长时间放在机构里，期待机构给自己送回来一个"好"孩子，在主观上回避和拒绝孩子。

然而养育孤独症孩子的核心，恰好是家长用己心去感受、连接、调和孩子的心，用家长成熟的心智，去培育和塑造孩子的心智。这其中最关键的，就是培养孩子的情感感受力、情感理解力和情绪调节能力。这些都需要家长通过敏锐的感受去感知孩子的内部状态，并且采取及时、有效的方式回应孩子来实现。

换句话说，如果家长的心智能觉察到孩子的内在心理活动，并做出协调，而不仅仅是外部的行为，孩子就能习得家长的这种心智活动，也能关注到自己和他人的内在反应，并做出调整。而这正是孤独症孩子心理健康和社会性发展的核心要素，也是我们培养孤独症孩子最重要的目标。

希望家长朋友们能正确看待这个问题，在和孩子沟通时，保持亲密的氛围，敏锐地感知孩子内在的心理状态，快速有效地回应孩子。这种情感调和的亲子互动，是培育孤独症孩子大脑的温床，是保持温馨亲子关系的良方，也是呵护家庭幸福的能量。

2）复述引导，促进表达

孤独症孩子通常不能很好地复述自己的经历，就拿无忧来说，我刚开始带他进行复盘时，问他当天发生的事情，他基本上都表达不出来。在这种情况下，家长要帮助孩子描述事情的经过，并且通过提出问题、提供选择等方式引导孩子注意到事情发生的环境、自己行为发生的过程、自己和他人的感受，以及自己行为的后果。

尽管人类的大脑并不存在简单的二分法，但是大脑左右半球的功能的确有各自不同的优势。右脑主要擅长非语言、非逻辑信息的感受和处理，比如身体感受、情绪、表情、语气、直觉等，而左脑则是逻辑、语言信息的处理中心，比如找规律、寻找因果关系、解释事件等。左右半球通过胼胝体相互连接，并产生信息的交流。

前面提到的情感调和其实是着重于协调无忧右脑感受的发育，我用我的感受去捕捉他的感受，其实是用我右脑的活动去促进他右脑的活动。这是一个体验感受，注意感受，给感受分类，并且调节感受的过程。

但是我通常还会用语言去描述这些感受，比如我在感觉到无忧压力很大的时候，会说，"宝宝好累，事情好难呀！"而在感受到他因为想到被老师夸奖，而乐得身体一扭一扭的时候，会说："好开心啊！老师夸宝宝了！宝宝进步了！"

这个过程不仅仅是一个帮助无忧左脑发育的过程，同时也是一个促进他左右脑整合的过程。能感知感受，也能描述感受，这通常是情感调节和保持情绪稳定性的重要因素。

在这一环节无忧的成长节奏与他的情感发育相匹配。本身孤独症孩子就是左脑型思维的人群，他们执迷细节、热衷逻辑、擅长找规律、线性刻板。这种特征一方面令他们在某些领域，比如科学和某些艺术表现形式，有着不俗的表现，但与此同时也尽显他们在社会情感和社会认知领域的不足和缺损。

语言是左脑的功能，无忧学说话晚，这与其说是他左脑发育迟滞，不如说是由右脑发育障碍导致的左脑语言发育迟缓。事实上，在他学会说话不久，他就越来越爱说话，只不过说的话题都是他感兴趣的宇宙天文。那么自然而然的，在他的右脑发育跟上以后，他语言表达的疆域就开始更多涉及情绪、情感和语境信息这样的右脑主题。

家长要注意的是，开始的很长一段时间孩子可能都无法表达自己的感受，也讲不清事件的过程和他人的反应。这种时候家长要非常有耐心，可以先通过替代表达帮助孩子描述感受，复述事情的经过。渐渐地可以在讲话的过程中有意留白，让孩子"填空"，或者给孩子提供选项，让孩子选择更符合他感受和现实状况的答案。

通过这样的方式，孩子的表达能力就会越来越好。他们开始能够关注事情的全貌，意识到自己行为的后果和影响，能够比较清楚地表达自己的感受和需求，也可以关注到他人和环境对自己的期待，以及他人情绪的成因。

一年级下半学期时，有一天晚上刷牙前，无忧突然很兴奋地对我说："妈妈，我以前脑子里有很多东西，但是都倒不出来！可我现在都差不多能讲清楚了！"我听到这句话差点儿喜极而泣，我们的复盘真是没白做！

孩子的成长需要过程，家长们要沉得住气。但行好事，莫问花开，花开有时。

3）鼓励思考，锻炼大脑

不少家长为了避免孩子受到伤害，会教给孩子一些应对问题的"标准答案"。从日常该怎么和人对话，到在学校该怎么行事。这些"标准答案"似乎比孤独症孩子更加刻板。然而真实的世界是没有标准答案的，任何人都需要学会应对不确定性，以及与此有关的情绪压力。孤独症孩子在这方面尤其需要成长起来。

大脑前额叶的背侧皮层承担着执行功能，帮助我们进行思考、判断和决策。孤独症孩子的这个脑区先天不一定存在结构和功能的障碍，但是前额叶腹侧区域的功能障碍会影响到它的发展。因此家长需要格外关注孩子背侧皮层的发育，在亲子互动中促进其功能的发展。

前面的章节中我们可以看到，家长在这个环节会面临的最具挑战性的事情，是孩子的思路和逻辑令人难以接受，时常带给人很大的情感冲击。他们看起来缺乏敬畏，口无遮拦，无视他人的忌讳，其实是出于他们压根没有意识到这些问题。家长对此要有充分的心理准备，不要揣测孩子的动机。孩子越是表现出这样的思维状态，就越需要我们帮助他们广开思路，多角度看待问题，以期未来他们能够做出更加明智的决策。

在这个环节中，一开始家长可以设置一个虚拟人物，通过假想这个虚拟人物做出一些与环境不相符合的行为，让孩子判断其行为有哪些不妥的地方，造成什么后果，给别人带来了什么影响。以这样的游戏的方式促进孩子的观察和反思能力，同时鼓励孩子提出解决问题的更好的办法。

我们家这样的虚拟人物是"小明"，我发现"小明"这个角色可以有效地帮助无忧切换到"观察者视角"。以"水彩笔盒盖事件"为例，事后有一天的复盘里，我编了一个小明因为自己弄坏盒盖就大闹教室，纠缠老师和小明妈妈的故事。无忧听得极其认真，一边听一边还小声说："这是谁啊？这可不是我啊！"很明显他自己听了都觉得难为情。

故事讲完后，我对无忧说："宝宝，蔡老师让你帮帮小明，你可不可以告诉小明他哪里做错了？"结果无忧一下子说出了好几条。之后我问他如果小明下次再遇到类似的事，该怎么办比较好时，他也给我总结了好几条，而且每一条都符合情理，一看就是经过思考的产物。那天我意识到无忧完全可以用自己这种找规律的逻辑风格对社会性事件做出很好的归纳和总结。

之前他的这种认知风格得到的"模型"过于简单生硬，令他人误解，也给他自己带来很大的麻烦。但是在他的个人体验，以及我们和蔡老师的引导下，当他能够觉察到足够多的社会信息，他完全可以更新他的认知，找到新的更全面、更具适应性的"模型"。

不仅如此，当孩子逐渐内化这种"观察者视角"，虚拟人物就自然退场了。现在的无忧是个非常善于总结生活和学习中的规律的孩子，比如放学回来他会主动告诉我今天哪里做得不够好，是因为什么，以及怎么做会比较好。非常老练，尽管有时说得到，却还做不到，不过这种主动的自我管理和自我调节的意识，让无忧的精神状态灵活自如、自信健康。

无忧的这种变化，和他的个人体验密切相关。上小学以来，他着实犯了很多错误，品尝到了很多后果。这种弥足珍贵的切身体验，是非常好的促进思考的养料。在我们的复盘中，围绕着这些经验，我鼓励他深入思考，提出自己的看法，与我进行辩论。我也接受他的合理观点，可以适度商议妥协。在这种积极开放的氛围中，无忧的觉察力和思考能力都得到了显著的提升。这种授人以渔，远比"标准答案"更加深刻、有益。

世界没有标准答案，任何孩子都不需要标准答案。孩子可以通过自己对世界的体验，在成人的帮助下，不断深入地认识这个世界。家长切莫因为畏惧孩子犯错，怕孩子受挫，怕给自己惹麻烦，就过度限制孩子的行为。这种限制就是制约孩子大脑的发展。

需要做出区分的是，在关键问题上家长需要给孩子设立规矩和边界，不容商量和质疑。但是规矩有时可以一起商议，在特殊情况下也是可以灵活调整的。就比如无忧一般晚上 9:30 入睡，为什么需要这么早睡我是和他探讨过的，他也表示认可。可是如果当天有别的事影响，晚一点睡也无妨。这种内在的认同感和执行的灵活性，对孩子的成长也至关重要。尽管如此，在孩子的心智尚未发育完全，自己还不能独立做决定的时候，有些规则需要令行禁止。比如如果行为影响他人，就需要离场。这种外部的设置，也是孩子重要的人生体验。他们会借此意识到，人们需要为自己的行为付出代价，自由也是有边界的。

无忧妈妈的话：

　　人类的心智并非只是大脑神经活动的产物，心智的形成与人际互动密切相关。良好的关系会塑造神经的结构和功能，大脑的发育是一个经验依赖的过程。经验会影响大脑功能的分化和整合。这一点并非只对孩子适用，实际上人的大脑神经具备终身可塑性。良好的亲子关系和人际关系不仅能促进孤独症孩子大脑的发育和情绪的健康，对家长的身心健康也至关重要。

　　本章告诉你，孤独症并不可怕，它可以视作一种独特的神经特质，既有明显的优势，也有自身的短板。家长在孩子确诊之后，迅速调整养育思路，积极促进孩子心智的发育和发展即可。过度的情绪卷入对孩子、家长自己和家庭都无益。我们需要放宽心态，做好人生马拉松长跑的准备，同时我们也要坚信"宽为限，紧用功，工夫到，滞塞通"。

　　不过考虑到你我皆凡人，压力反应有时只是家长忧虑孩子的生理本能。希望我们提供的情绪调节办法可以帮助家长朋友们于洪流中安稳身心，有智慧地带领我们的孩子，抵达幸福的彼岸。

在行动中转变

行为转化（Transform Behavior）

在前面几章中，我们看到孤独症孩子的一些基本概貌：

1. 遗传基因导致的大脑结构和连接的发育障碍。主要表现为社交神经系统的功能异常，这导致社会性发展的缺损。

2. 在认知和意志品质方面有独特的优势。认知方面：系统化思维、优秀的机械记忆、视觉化思维等。意志品质方面：忠诚、单纯、值得信赖。

3. 科学的养育和支持性的环境可以有效改善孤独症的缺陷，并促进优势能力的持续发展。孤独症孩子可以带着自身的特质实现个人价值。

必须指出的是，孤独症具有复杂性的异质性，也常常存在多种共病。这种现象可以从大脑结构和功能的复杂性来理解，发育异常的部位和程度直接影响着孤独症症状表现和严重程度。在这种情况下，可以想象处在孤独症谱系上的不同孩子所需要的支持和帮助是有所不同的。

不过，不管孤独症存在怎样的个体化和异质性，所有家长都面临着一个最为严峻的问题，就是如何去改善孩子们失调的情绪和问题行为。毕竟旁人难以看到孤独症孩子的神经特质和内心世界，只能通过他们的行为表现来做出判断。一个我行我素、无所顾忌、情绪失调、难以沟通的孩子，是很难被环境所接受的。

孤独症孩子需要科学的行为干预

我在养育无忧的过程中，面对他的问题行为，经历了三个阶段。

1. 0-3岁，疏忽大意，认知不足

婴幼儿期时无忧身体和动作的发育都比较正常，但是确实是很早就呈现出一些不同寻常的行为。除了前面的章节多次提到的特殊兴趣和刻板行为以外，无忧社会性发展的缺损也初见端倪。在家中，他过于安静，和人对视少，他也不太模仿大人做动作，并且一直没有学说话的迹象。在外面，他不喜欢和小朋友一起玩儿，不听大人指令，总是喜欢到处乱跑，很不好管教。

尽管现在看来无忧的这些行为表现十分可疑，但是那时候的我，从情绪上来说，初为人母，喜悦幸福。而且无忧和我之间的依恋关系是不错的，我们很亲密。我越看无忧越觉得可爱，压根不会往别的地方想。从认知上来说，我没有特别关注无忧的社会性发展，无忧的孤独症表现也不是很典型，很明显。我还存在把无忧在社交沟通方面表现出的问题征兆解释为孩子很"聪明"的认知偏差。再加上当时我博士后在站，面临工作、学习和时间上的压力，确实疏忽了无忧表现出的问题。

2. 3-6岁，逃避对抗，养育不当

无忧上幼儿园那三年，随着年龄增长，环境对他的要求越来越高，他的问题行为也日渐突出。在幼儿园里，他无所顾忌，难以沟通，给老师的管理带来很大的麻烦。和小朋友一起玩儿时，他表现出自我中心，无法交流合作，常常令对方感到不愉快。那段时间，幼儿园老师频繁找我沟通，我却存在逃避和对抗心理。这其中固然是有被入园前在儿童医院问诊的经历误导的原因，也和我那时作为一名缺乏社会支持的单亲妈妈的巨大压力有关。但是客观来讲，无忧的表现与我不恰当的养育行为密切相关。

不论无忧是否是孤独症儿童，不论他的语言发育问题是否影响了其社交表现，当我面对无忧在集体和社交中的问题行为，当他的行为已经

给他人带来了消极的影响和糟糕的感受时，我却一味地给他找理由，过度保护，一再妥协，没有坚定地给他的行为设定边界。这样的养育方式很不利于无忧的社会性发展，只能令他的社交沟通障碍越来越严重，事实上也确实如此。

3. 6-7岁，反思觉察，科学养育

6岁的无忧刚上小学一年级不久，就因为其不当行为被学校要求去医院诊断和家长陪读。他会在课堂上不经允许就站起来走动，会在体育课上满地打滚儿，会在操课上到处乱跑，甚至会伸手去抢科学老师手里的教具。此时他的语言表达问题已经不再突出，我再也无法用这个理由来麻痹我自己，而是必须面对无忧的确出了某种问题这个事实。很快，一纸诊断过后的陪读体验，令我彻底清醒过来。

在学校的环境里，无忧的行为表现和同龄人的差异实在是太明显了。我立刻理解了当初幼儿园的老师们对无忧的种种担忧，深感懊悔与自责。汲取前车之鉴，我积极创造并维护着默契互信的家校关系。在与班主任蔡老师的密切配合中，以及我先生对我的支持鼓励下，我深刻反思了我个人的养育模式与养育理念，并在具体的养育实践中摸索出了科学有效的养育方法。

而无忧在我们的帮助下也成长得很快，他的社交沟通缺陷，以及相关的情绪和行为问题都得到了显著的改善。如今升入二年级的他，已经能够较好地适应全天的学校生活，在校的各方面表现和他自己的精神面貌都相当不错。当然无忧还有很长的路要走，行而不辍，未来可期。

回顾这三个养育阶段，往事不可追，来者犹可忆。无忧的变化让我意识到即便是孤独症孩子，其心智也有很强的可塑性。在科学的养育和支持性的环境的帮助下，孤独症孩子也有很大的成长空间。

那么在养育方面，我后来究竟是做对了什么，能让6岁才确诊的

无忧在一年间就发生了如此大的变化呢？无忧没有去过任何机构进行干预，在普通小学从半天学校融合教育，顺利过渡到全天融合教育。他的规则意识、情绪调节能力、认知能力、自我管理能力和社交沟通能力等方面都有着显著的提升。在这个过程中究竟是哪些因素在发挥有效的促进作用呢？

前面几个章节中，在关系方面，我们讲到了修复"自我关系"，理顺"家庭关系"，积极构建和谐互助的"家校关系"和"育儿同盟"。良好的内外关系是养育孤独症孩子，促进孩子社会性发展不可或缺的要素之一。在情绪调节方面，我们提到家长面临着巨大的养育压力，孩子面临着很大的成长压力。如果家长能适度提升认知，以慈悲的心态接纳自己和孩子的情绪，智慧正念地做出合理的安排和回应，就能够有效的帮助彼此调节压力反应，并促进孩子的情绪感知、情绪表达和情绪调节能力的发展。在认知方面，家长结合每日经验带领孩子进行深度复盘，引导孩子多视角看待问题，鼓励孩子表达个人观点，提出解决问题的办法。这个过程不仅能够显著提升孩子的认知水平，还能促进孩子的心理灵活性的发展。

实际上因为过去 6 年的经验教训，陪读之初我就已经全方位地在关系、情绪、认知上积极行动起来，然而我却总感觉到缺了些什么。在"水彩笔盒盖事件""操场事件"，还有其他诸多事件中，每一次我都是在努力地去理解和共情无忧，循循善诱，耐心引导，但是效果却并不理想。

"操场事件"就是个典型代表。一年级开学以来无忧每次上操都令我感到精疲力竭，因为我要随时小心他会不会又夸张地大笑乱跳了，会不会又躺在地上了，会不会又跑出队列了，每一次对我来说都像是要打一场仗。

那时候每天复盘时我都会认认真真地和无忧讲道理，帮助他认识到学校和老师的要求，以及自己这种行为的种种后果。我还会通过下午带他出去玩耍释放他在学校积攒的压力。可是无忧听的时候好像都明白，玩儿的时候也很放松，很开心。可第二天早上一到操场上，他就全部忘到脑后，继续无所顾忌，恣意妄为。而且他的行为表现还在升级，跑动的范围越来越大不说，甚至还开始边跑边拍一下经过的同学。

是哪里出了问题呢？共情了，理解了，道理也讲了，压力也宣泄了，可是为什么无忧的行为不仅没有改进，反而越来越糟了呢？当我站在他旁边手忙脚乱地想要控制他的行为，或是在他身后狼狈地追赶他时，我感觉到前所未有的养育压力。

无忧的班主任蔡老师在这个过程中一直在观察我和无忧的互动。无忧在操场上跑了几次之后，蔡老师就已经建议过我在这种情况下应当果断地将他带离操场，但是一开始我却将"带离"这个举动体验为一种对无忧的不尊重。我觉得他不是故意的，是他的孤独症神经特质导致这种无视规则和过度反应。如果我们因为他做不到的事情就去惩罚他，我很担心会有损他的自尊和对他人的信任，这将更加不利于他的社会性发展。我请求蔡老师给我一点时间，让我去帮助无忧调整行为，做出改变。

蔡老师理解我作为一位母亲的用心，她说："你先试试吧！"我能从她的语气中感受到一种谨慎的不乐观。

果不其然，"操场事件"当天，我目睹无忧一次次地往队伍外面冲，拉也拉不住，劝导更是当作耳旁风。他穿过别的班级，跑过了整个操场，甚至还用脚踢了一下二年级的一个女生。当我看到这一切时，我无比清楚地意识到自己的尝试失败了，彻底失败了！

蔡老师仿佛也感觉到了我的心声，她走到我的身边对我说："你把他先带离操场吧，他需要为他的行为付出代价。"蔡老师的这句话，拉开了我的养育旅程的新帷幕。

那天我是怒气冲冲地把无忧带离操场的，当时我已经无法再很好地保持我个人的情绪。不过无忧显然并不想离场，身体用力往下坠，大哭大喊着，"再给我一次机会吧！""我不走！"声音之尖锐刺耳，令人头昏脑涨。我使出浑身力气，连拖带拽的，硬生生地把他带到了教学楼的走廊里。

可无忧还是想回到操场上，他拼了命地往出冲，我则紧紧地按住他的肩膀。他激烈地扭动挣扎，手脚并用，力气非常大，眼看我就要控制不住他了。无意识间，我用力推搡了他一下。无忧一个趔趄差点儿摔倒，哭声也随即暂时停住了。片刻他缓过神儿来，用悲悲戚戚的眼神看着我，那神情似乎在说"我妈妈对我做了什么？"。只见他咧开嘴，哇的一声又哭了，一边哭还一边喊，"妈妈推我了，我都快摔倒了！妈妈！"

无忧的脸上全是鼻涕和眼泪，尖利的哭喊声在走廊的空间中震荡得更加刺耳难听。我插着腰站在他前面，左侧太阳穴隐隐作痛，胸腔里的心脏似乎要冲破皮囊跳出来，感觉已经快要招架不住这么激烈的养育冲突。

我深吸一口气，努力保持着冷静，"你既然这么喜欢操课，为啥还要不守规则，破坏纪律呢？"我尝试问无忧，没想到这一问又把无忧的注意力吸引到了操课上，"我不要回答这个问题！我要回去上操！我就要回去上操！"他哭兮兮地嚷嚷道。再深吸一口气，拿出我仅有的最后一点耐心，劝导他说："你明天遵守纪律，就能好好上操啦！"结果他哭得更凶了："我就要今天上，已经过了十分钟了，所有同学都要再陪我十分钟，不然就不是上操了！明天不行，明天就来不及了！"完全不讲道理，胡搅蛮缠！眼看着他又要往操场跑，我的血液噌噌地往头上冲，真的是受够了！

"走！回家去！不上学了！"我怒不可遏地冲无忧大声嚷嚷，头也不回地走到教室收拾他的书包。"我不回！我要上操课！"无忧的情绪更加激动了，跌跌撞撞地跟着我，开始伸手拉扯我的袖子和手。他的手湿黏湿黏的，我厌恶地甩掉他的手，阴沉着脸，一言不发默默地收拾着东西，只想赶紧带他离开学校。

不知道是不是因为感觉到了我的状态，无忧转而担心起他能不能上下一节英语课的问题。"妈妈，我还要上英语课呢！"，他好像是在提醒我。但此时我已经收拾好书包，准备回家了。我看也不看他，背上书包径直向教室门外走去。"妈妈！我不走！妈妈！我还要上英语课呢！"无忧边哭边追。这时铃声响起，操课结束，老师和同学们都要回到班里了。

奈何无忧听到这个铃声又开始激动起来，"怎么都下课了呀？我还要去上操课呢！"他想跑回操场，又看见我还在往校门口走，还想追上我。我听见他脚步凌乱，在我身后很纠结别扭地哭了几声，最终还是快步跑到我身边。"妈妈！我不走！妈妈！"突然间他用力拽住他书包右侧的一条背带，劲儿很大，以至于书包一下就从我肩头滑落，重重地掉在了地上，书包侧袋的水壶也滚了出来。

书包应声落地那"咚"地一声仿佛直接砸进了我的心里，那一刻我感觉大脑嗡嗡作响，一片空白。我扭转身愤怒地盯着他，用力地握紧拳头，咬牙切齿地对他吐出几个字："你是个坏孩子！我讨厌你！"

这再往后的记忆是碎片化的，当时我的情绪压力太大，很多细节都记不清了。我隐约记得无忧哭嚷着说他不是坏孩子，校门口的保安帮着捡了杯子，放进书包里，几个高年级的学生擦肩而过，眼神中满是疑惑，无忧在咳嗽干呕，好像要吐了。然后就是上课铃响了，我记得我对无忧说，"现在要上英语课了，你可以选择，要么继续哭，我就带你回家，咱们不上课了。要么就别哭了，好好回去上课！"

我还记得说这些话时我的身体已经做好了发力的准备，他要是还哭我一定会马上把他带离学校。不过他竟然自己拿着书包快速跑进了教学楼。我担心他在英语课上继续哭闹，就跟过去透过教室后门的窗户观察他。他倒是没有再哭闹，只是呆坐在自己的座位上，不知道在想些什么。

看到无忧终于平静了下来，我颓然倾靠在走廊的墙壁上，一瞬间感到疲惫不堪。闭上眼睛，左侧的太阳穴还在"突突"地跳着疼，胸腔也发闷、发紧。左手手腕隐隐作痛，可能是刚才在限制无忧身体活动时不小心扭伤了。我深深地吸了一口气，想要缓解这种缺氧的感觉。一时间眼睛发酸，眼泪盈满眼眶。

这时蔡老师从走廊尽头的办公室里走出来，看见我在外面站着，让我先进班里陪着无忧。我真的不想进去，也担心无忧看见我又哭闹起来。但老实说，经历过刚才的那种遭遇，我好像也没那么惧怕他哭了。不过他看到我进来时并没有再起情绪，他也没有好好听课，就这样坐着发呆，直到下课铃响。

当天中午回去，正好我先生在家。我十分委屈地向他抱怨我这一上午的狼狈经历，越说越难过，眼泪在眼眶里打转。我先生正在安慰我时，我俩就看见无忧一扭一扭地凑过来听，还冲我们傻笑。他刚换了两颗乳牙，说话漏风，憨态可掬。看着他那好像什么都没发生过一样的模样、光洁的脸孔，想起早晨激烈的冲突，他的哭闹、我的失态。我内心的情绪从愤怒、埋怨，悄然变成了一种深深的悲伤和困惑。

我的孩子到底是怎么了？我该怎么教育他呢？带着这两个困惑，我和我先生那天下午进行了很长时间的思考和复盘。这次复盘的意义非常重大，它不仅深化了我们对无忧的理解，还帮助我厘清了我教育理念中的一些问题。在这之后，再遇到无忧类似的行为表现，我的处理方式就变得越来越灵活有效了。

在这种情况下，无忧在操场上的行为就很容易理解了，因为心里没有畏惧，大笑和奔跑就单纯是出于开心和好玩儿，就像我们在游乐场里的表现那样。无忧在学校的其他不当行为，那种我行我素和无所顾忌，也是出于同样的道理和规律。

然而这就直接引发出另一个问题，就是在这种情况下，我该怎么教育无忧呢？如果他不在意社会性的奖惩，如果他学不会社会规则，那么再多的共情和沟通都无济于事，他始终只能活在自己的价值体系里，与人类社会格格不入啊。

但是这并不符合我的另一种观察，因为入校陪读以来，我发现无忧一直在变化和成长。就拿"操场事件"来说，虽然说他前前后后一共哭了将近15分钟，但是要知道刚开学时，他每次情绪这么激动都至少要哭半个小时左右，而且最终都是以我把他带回家尴尬收场。操场这次最后是无忧自己选择回到英语课堂，并且没有再影响课堂秩序。虽然我当时确实气得失去了理智，但冷静下来想一想，他其实有所进步。

无忧在其他课堂上的表现也在稳步改善，尤其是在班主任蔡老师的语文课和数学课上，这两节课他的纪律保持得已经比较好，听讲比较认真，回答问题也积极。其他课堂上，比如以前最令人头疼的体育课，他也已经不会再在操场上乱跑，更加不会拿起老师的教具拔腿就跑了。虽然有时还是会在队列里原地转圈儿，但是整体说来，进步还是明显的。

总的说来无忧在学校的行为表现有明显的改善和进步，而这些变化都发生在开学后不到两个月的时间里。想到这里，我意识到我有必要复盘一下有哪些因素促进了无忧这种变化。

对此我先生的看法是，无忧上小学以来行为的改善，主要和三个因素有关：一是小学环境的规则较多，要求较高；二是班主任蔡老师教育经验非常丰富；三是因为我自己教育理念有不小的转变。

先生的视角一下子打开了我的思路，尤其是关于我个人的改变。他以前时常提醒我给无忧立的规矩不够，再联想到蔡老师曾经给我提的建议，以及"操场事件"中场面就要失控时，蔡老师对我说的那两句话。一时间无忧幼儿园大班至今我所经历的种种养育冲突，历历在目。我行走在我的回忆里，一遍遍探寻。渐渐的，有一些事情开始变得清楚起来。

此外，无忧的孤独症特质也让他比普通孩子难教养得多。这种超负荷的养育压力，令那时候十分缺乏社会支持的我在无形之中望而却步。再加之他语言发育迟缓，以及在某些方面展现出的优势。一方面我好像对无忧有种盲目的自信，另一方面我也错误地认为他的问题行为随着语言的进步就会自然改善。

幼儿园三年间无忧的问题行为已经表现得越来越明显。可是幼儿园的环境更具包容性，对孩子们各方面的要求没有那么严格。因此尽管幼儿园老师已经意识到无忧出了某种问题，但在家园沟通不畅，老师们也缺乏对孤独症必要的认知和教育方法的现实情况下，无忧的问题行为注定难以得到有效的改善。

而无忧上小学以后，小学环境对学生各方面的要求都比较严格，学校不会再迁就他的问题行为，寻医问诊成了必然，这就使得无忧很快就得到了诊断。不仅如此，因为学校要求陪读，这对我而言就成了一个难能可贵的，深度观察无忧在校行为表现的机会。陪读的体验让我无比清楚地意识到无忧确实出了问题，这种姗姗来迟的醒悟令我感到后悔与自责。我知道我必须要好好反思自己的养育理念，并且做出调整和改变！

我自己确实发生了改变。陪读以来，我积极主动的配合蔡老师的工作，虚心地接受蔡老师给我提的建议，这些都是我基于对"家园关系"的反思，为创造合作互信的"家校关系"而做出的努力。

对"操场事件"的复盘也让我清楚地意识到，我自己确实已经不再像曾经那样那么回避养育冲突了。每次蔡老师要求我把哭闹不止的无忧先带回家去，我都会坚决地把无忧带离，再想办法调整他的状态。在课堂上无忧不守纪律，且难以及时规劝好的时候，蔡老师让我把他先带出教室，我也会绝对执行。无忧在这些过程中当然是情绪激动的，但是我从未犹豫过。

不过更准确地说，在这次复盘之前，我给无忧立规矩的姿态更像是迫于蔡老师的压力。刚开始陪读那一周，每当我看见无忧我行我素，影响班级纪律的问题行为，特别是他的哭闹行为时，我会找蔡老师沟通无忧孤独症的行为特质。我说他不是故意这样做的，希望蔡老师能原谅他。我也曾和蔡老师商量过可否不要因为无忧的哭闹情绪而让他直接离开教室，我认为他已经很崩溃，很无助了，这时赶他出去可能会伤害他的情感，我担心他会因此而厌学。

蔡老师每一次都会很认真地和我交流这些问题，她说她理解无忧独特的困难，也知道他的行为不是故意的。但是她不赞同要优先照顾无忧的情绪，她认为我们要教给无忧什么才是正确的行为。蔡老师说："虽然你和我都知道他不是故意的，但他的行为已经影响了我正常讲课，也影响同学们听课。这时候我建议你直接把他带离教室，这不是不理解他，而是出去之后再帮他梳理情绪，给他讲道理。这样他就会知道不遵守纪律就不能继续上课了，这个结果才能起到足够的教育作用，他才能慢慢地掌握遵守纪律这个规则。"听到蔡老师这么说，尽管当时我情绪上还不能完全接受，但也必须配合蔡老师的工作。

而就"操场事件"之前不久，蔡老师还和我说过，我那种追着无忧不断安抚他的教育方法不仅不起作用，反而会强化无忧的这种跑闹行为，因为他觉得更刺激，更好玩儿了。蔡老师建议我最好直接把无忧带离操场，他尝到后果就会长记性。但后来在我的坚持下，蔡老师也给了我机会让我用我的沟通方式去教育无忧。也许蔡老师是感觉到那时候我对她的很多安排都心存质疑，所以她也希望事实能让我尽早醒悟。

结果确实被蔡老师言中，"他需要为自己的行为付出代价"，当我再次想到蔡老师的这句话时，我心里已经变得清楚起来。我终于明白陪读两个月来，无忧行为的改善与蔡老师行之有效的行为管理方法，以及我的密切配合紧密相关。

这种领悟也正好解释了我在陪读期间的一种感受，我发现蔡老师在教育学生时很有一套，最主要的是，她好像总是那么轻松自如地就给孩子们立了规矩。不像我，有时话多，且容易过度共情。弄得自己很累不说，无忧好像也没多大变化。

现在我意识到蔡老师之所以这么轻松，是因为她的教育方法：她总是在第一时间告诉学生们某种规则和要求，言辞简练清晰，很匹配一年级小学生的理解能力。其次她会告诉孩子们这样做的好处，以及如果违反规则会有什么后果。如果孩子们做到了，蔡老师会非常真诚地给予赞美和班级小红花等奖励；如果没有做到，她也会第一时间明确指出哪里没有做好，并且扣掉小红花。最后，蔡老师也会在孩子们纠正错误之后，抚慰孩子们的受挫情绪，给孩子们讲道理，以便帮助孩子们更好地理解规则的重要性。

其实给一年级的新生立规矩并不是一件轻松的事，普通孩子学习新事物的能力也有很大的区别。有的女孩子听一遍就能做到，另一些男孩子却总是记不住老师的话似的。但是在蔡老师的带领下，孩子们都能以不同的速度肉眼可见地成长起来。而无忧就是在规则意识方面"学得特别慢"的孩子。

"学得特别慢"，是蔡老师对无忧的理解。她也建议我不要因为孤独症的标签而给孩子设限。现在想来，蔡老师真的是太有教育智慧了！因为学得慢，不代表学不会。这意味着只要掌握正确的方法，无忧也可以慢慢成长。而这正确的方法，已经充分体现在蔡老师的教育工作的具体实践中。

巧妙学习恰当的行为

对学生的行为奖罚分明，奖惩有度。蔡老师的这种行之有效的教学管理方法，其实是行为学习理论在教育实践中的一种基础应用。行为学习是指：有机体在某种情境下行为的结果，导致该行为的频率发生改变。从神经生理的角度讲，这是出于大脑中同步放电的神经元相互之间可以形成神经连接的神经建构规则。

在教育的语境下，可以理解为学生们行为的效果，决定了他们是否会重复这些行为。遵守纪律，就会得到老师的赞扬和班级小红花，这种积极的强化会增加孩子们守纪律的行为。相反不守纪律，就会被老师批评，并且扣掉小红花，这种厌恶刺激会减少孩子们不守纪律的行为。简单说来，蔡老师正是利用这种行为学习的规律来有效管理学生们在校的行为。

然而行为学习说起来简单，好像就是奖励和惩罚嘛，但在具体应用时却常常困难百出。就拿我来说，我在教育无忧时，时常感到力不从心，败下阵来。那么对比蔡老师的风轻云淡，游刃有余，我具体是哪里做得不到位呢？有关这一点，我通过陪读期间的深度观察和体验，收获了如下几点体会：

1. 行为问题，要靠行为学习来解决

蔡老师很清楚孩子们行为方面的问题，要通过行为学习的方法来解决。这就使得蔡老师在管理学生们的行为表现时，思路清晰，善用奖惩给孩子们树立行为规则。

相较起来，我仅仅通过安抚情绪，或者讲道理的方式来干预无忧的行为的做法，显然是不够有效的。不仅如此，以"操场事件"为例，我的关注和抚慰反而强化了无忧乱跑的行为。因此他越跑越开心也是必然。

2. 奖惩有道，情绪稳定

蔡老师在给孩子们立规矩时，她会巧妙地选择奖励物，或者适度惩罚孩子的办法。刚开学时蔡老师用班级"红花榜"和校园货币来管理孩子们的行为，她也会根据孩子们不同的个性，以及孩子们一天当中的状态，来灵活调节奖惩的方式。并且整个过程中蔡老师的情绪都很稳定，从来不会卷入过度的个人情绪。

而我好像很少仔细考虑该怎么正念地设置奖惩来干预无忧的行为。不仅如此，在压力很大的时候我还比较容易怒吼，甚至恐吓无忧。有一次我在和蔡老师交流我的这种情绪反应时，她直言不讳，说我这是在发

泄个人情绪。"孩子就看你在那儿发火了，还知道该学什么吗？"蔡老师说。确实如此，每次我一发脾气时无忧不仅情绪更激烈了，而且开始顶嘴对抗。这种互相攻击的状态，完全不是我想要的。我们要将孩子的错误看成孩子成长的机会，不要联想太多，也不要掩过饰非，"过能改，归于无；倘掩饰，增一辜"，充分用好行为塑造的规则，正念使用奖惩，孩子的行为一定会慢慢走上正轨。

3. 循序渐进，塑造行为

一年级新生的各方面能力都有差异，就拿写字来说，有的孩子已经写得非常好，有的孩子却还没掌握握笔姿势。开学不久蔡老师就摸清楚了班里近 40 个孩子的书写情况，我发现对于那些零基础的孩子，她会循序渐进推进教学。先教握笔姿势，有一点进步就夸奖，等到握笔姿势过关了，又一点点地教写字占格。很像是体育教练在教动作。但是对于写字基础比较好的同学，蔡老师的要求就相对较高，只有在孩子写得更加干净工整时，才会给予表扬。这样不同基础的学生在写字方面就都能取得进步。

这种观察带给我很大的启发，我自己刚开始带无忧练字时缺乏耐心，只是简单生硬地让他写好，却没有意识到他在注意力、模仿能力等方面的不足可能会影响他写字。我应该降低难度，一点点教起。不仅是写字，一开始我在很多方面对无忧都有过高的要求。不过欲速则不达，反而事倍功半。

4. 调节情绪、梳理认知

蔡老师虽然对孩子们要求明确，奖惩分明，但是她也非常关注孩子们的情绪健康和认知发展。如果有孩子因为某件事没做好，被扣小红花，或者被罚站，通常她都会在课间找这个孩子谈话。这时蔡老师眼神慈蔼，语气温和，真诚耐心地帮助孩子理顺发生的事，孩子紧张受挫的情绪也在这个过程中自然而然得到了缓解。

而我尽管也很重视无忧的情绪和认知，但是因为行为规范设置的不足，却导致他并有从冲突中得到必要的成长。他既没有学会恰当的行为，也没有有效提升对自我、他人以及环境的认知。他的情绪或许是积极的，但是又过于简单、自我。总的说来，无忧基本没有学到我想教给他的事理，这也不是我理想中的教育。

先给孩子们树立行为的边界，再在这个范围内，帮孩子们调节情绪、梳理认知，这是蔡老师的教育思路和教育方法带给我最大的启发。我终于寻获了我的养育方法中缺失的那一环，这一环就是"行为学习"。只是帮孩子梳理情绪和调整认知，不仅无法有效转变孩子的问题行为，最终也并不真正有利于孩子的情绪健康和认知发展。行为的改变是行为学习、情绪调节以及认知学习的综合结果。

带着这番醒悟，陪读第三个月起，我就开始积极主动地调整我的教育方式。通过学习"行为原理"相关的书籍，综合考虑无忧的性格特点、兴趣爱好，以及孤独症的行为特征，我开始探寻为他量身定制的行为干预方法。

在这个过程中我切身地体验到，只要家长的养育思路清晰，方法得当。即便是孤独症孩子，也会稳步成长，取得令人欣喜的进步。无忧的成长就是一个例子，从一年级刚开学"大闹学校"，我入校陪读，状况频发，只能上半天学。到现如今二年级独立全天上课，各方面适应性显著提升，问题行为显著改善。这一年就像一场艰苦的旅程，但只要方向是对的，我们就能到达目的地。

行为学习中的难点与突破

不知道读者朋友们会不会有这样的感觉，就是我上面说的这些，似乎也适用于普通孩子的养育。的确如此，行为学习的方法适用于任何人，不只是孩子，也包括我们自己。吃一堑长一智说的就是这个道理，人类会从自己行为的结果中汲取教训。

但是对于孤独症孩子的家长而言，养育难度之大以至于常常产生一种错觉，就是孤独症孩子是不是无法用行为学的办法进行学习和成长？普通孩子不用教，光看都能看会的事儿，对孤独症孩子却难如登天。养育孤独症孩子，确实是太挑战家长，太不容易了。

我当然也有这种感觉，蔡老师也有类似的感觉，对此蔡老师是这么描述的："无忧这孩子吧，在某些方面学得特别慢，很多教育普通孩子的方法还不适合于他。我也得慢慢摸索怎么和他相处，怎么能慢慢地把他的那些行为给调整过来。"蔡老师是有 32 年教龄的，经验非常丰富的教师，她的看法也能很好地反映出教育孤独症孩子的难度。

那么教育孤独症孩子究竟为什么这么难呢？这是个很关键的问题。也只有搞清楚这个问题，家长才能做到心中有道，手中有法，行动有方，事半功倍地养育好自己的孩子。

我在陪读过程中，以及在过去一年养育孩子的实践中，通过深入观察，总结出如下几个孤独症孩子的行为特点。尽管因为孤独症本身复杂的异质性和多共病的现实，我的总结可能并不能涵盖所有要点。但我希望我的这种方法和思路能够带给家长朋友们一定的启发，也期待我基于此分享的干预方法能够帮助家长更好地面对养育的压力。

1. 重感觉刺激，轻社会刺激

因为社交神经系统的先天发育障碍，孤独症孩子对社会性的信息存在不同程度的忽视。这一点既能体现在他们在婴幼儿期就呈现出的共同注意的缺损，语言发育的迟滞等方面，也能在他们的自我刺激行为中得到充分展示。

我在养育无忧的过程中曾经积累了很多的困惑：他拿到玩具不会玩儿，不是转轮子，就是乱扔；他在早教班里完全不听指令，总是上蹿下跳满场乱跑；他会边走边撞路边的东西，还会不分场合躺在地上转圈儿……

其实无忧只是在做他觉得快乐的事情，这快乐的事情就是由旋转轮子、乱扔玩具、上蹿下跳、撞击、躺在地上转圈儿所带来的视觉刺激、听觉刺激、触觉刺激和本体感觉刺激。不要怀疑这些刺激会给人带来快乐，当普通人在打游戏、哼歌、转笔、抖腿时体验到的那种快感，就来自这些感觉刺激强化物。只不过普通人更加重视社会性的刺激，比如环境的要求、他人的评价等，所以在公开场合中，我们能够抑制自己追求感觉刺激的冲动，按照社会规范行事，社会性的刺激对普通人而言显然更有价值。

而普通孩子在成长过程中，自然而然之间就学会了对社会性的刺激的重视，随着年龄增长社会性的奖惩通常能够很好地调节孩子们的行为。就像在操场上，无忧的同学们不是没听到各种声音，不是没看到各种画面，但是孩子们知道上操时间不守纪律会挨批评，这种批评对这些孩子而言是种有效的厌恶刺激，足以起到约束行为的作用。

可是对于无忧这样的孤独症孩子而言，先天的发育障碍让他们难以学会重视社会性的奖惩。无忧不断地奔跑，就能得到更多的感觉刺激物，很快就进入无所顾忌的感觉刺激狂欢之中。虽然从他的角度很合逻辑，但是可以想象，如果家长和老师的表扬、批评都是无效的，这样的教育将会有多么艰难。

2. 模仿能力障碍

模仿行为是多种认知功能共同协作的复杂过程，孤独症孩子的模仿障碍与其社交障碍密切相关。从最简单的角度去理解，共同注意能力的缺陷会直接影响模仿能力的发展。而模仿障碍会进一步导致孤独症孩子在动作、语言、游戏、认知、社交等多方面能力发展的迟滞和缺损。

我在陪读之后才意识到无忧的模仿能力有问题。在这之前我从来没有想过这一点，只是隐隐觉得有哪里不对。比如无忧两岁多时，有一次我们去一位朋友家做客，惊讶地发现她刚满一岁的儿子简直像个小小演员。这孩子很乐于模仿我们所有人的动作，而且学得有模有样，令人忍俊不禁。当时我就感慨我很少见无忧主动模仿我的动作，他总显得那么独立。我朋友接话说是因为无忧聪明，现在想来，他不模仿其实是因为他不会模仿的缘故。

无忧到三岁都不会讲话，我一直很奇怪平时和他说话也不少，为什么就是不见他学语呢？无忧不是不会发音，他会咿咿呀呀地发出声音，但这种声音更像是一种简单的感觉刺激。他也一直停留在这个发出声音的阶段，而迟迟不曾模仿家人说话的发音。我不曾想过问题就出在这里，语言学习需要足够的模仿能力，而无忧十分欠缺这种能力。

从行为学习的角度，母语发音和关注、表扬这样的社会性强化物一样，都是种习得性强化物。是在孩子社会化的过程中，通过语言行为学习建立起来的。不过对于孤独症孩子而言，由于其非典型的神经发育，很难在正常的养育中自然习得这些正确的价值和恰当的行为。这就需要家长能够及时意识到孩子的问题，并且通过科学的干预帮助孩子进行矫正。只可惜在家长察觉到孩子在语言、社交沟通等方面的障碍之前，往往完全不知道应该怎么做。

3. 情绪极端，认知僵化

过度沉溺于感觉刺激，忽视社会性的刺激，这种价值的偏离导致孤独症孩子难以依据情境抑制冲动，调节情绪。模仿能力的欠缺导致语言、认知、社交等多方面能力发展的缺损，不仅制约了孤独症孩子的认知模式和认知水平，还进一步影响了他们的情绪理解力、情绪表达能力和情绪调节能力。

无忧在情绪方面的表现与他的年龄，社交沟通能力的发展，以及社会环境对不同年龄段孩子在社会规范方面的基本要求密切相关。他基本是到幼儿园大班才开始表现出激烈的情绪反应，这种极端情绪在小学一年级时出现得最为频繁。

而无忧在认知方面的独特性体现得很早，他在一岁左右就已经表现出对图形、数字和科学类绘本的明显偏好。系统化的认知风格既让他在某些方面具备先天的优势，共情能力的缺乏又让他的社会认知过于简单、僵化，缺乏语境灵活性。

除了行为学习方面的特殊性以外，孤独症孩子的极端情绪和僵化的认知也给家长和老师的教育带来了额外的挑战。一个极端哭闹、认知僵化的孩子所呈现出的对立违抗的状态，会带给家长极大的养育压力，很容易激发起家长的情绪反应。这种时候如果家长不能调节好自己的情绪，就会陷入养育的恶性循环，更令人感到无助和绝望。

养育普通孩子已经很不容易，养育孤独症孩子就更加难上加难。我在和孤独症孩子的家长做咨询的时候，经常会遇到一类问题，就是家长不知道自己是否应该暂时放下工作，专心养育孩子。家长会觉得这种付出太大了，会严重影响家中的经济收入，也会耽误自己的职业发展。

我很理解家长的这种担忧和心态，毕竟家中的经济状况和个人的职业发展会直接影响到家长的情绪状态和情绪稳定性。如果不经过深思熟虑贸然做出辞职的决定，所积累的情绪压力难免也会反作用于教养行为，反倒更加不利于孩子的发展。

希望通过前面的讲述，家长朋友们可以认识到孤独症孩子的教养是一件非常困难的事情，需要家长通过科学、持续、长期、密集的干预方式来矫正孩子们异常的价值系统和功能不良的行为，也需要家长敏锐、耐心、富于智慧地帮助孩子调节情绪，重构认知。可以说如果想要实现孤独症孩子的最优化发展，家中至少需要有一位家长在职业上作出暂时的牺牲，全职陪伴养育孩子。

还有一些家长认为，既然养育孤独症孩子这么困难，还要科学养育，那不如把孩子送去机构代理培养。这样既能保证家庭收入，不影响自己的工作，可能也更有利于孩子的发展和家庭的和谐。

关于这种想法，从行为学角度而言，考虑到孤独症孩子神经发育的特点，以及行为干预的要点，实际上即便把孩子送到机构去训练，也需要家长积极地向机构老师学习孤独症干预的理论和方法，在家中和机构老师密切配合，保持步调一致，才能保证孩子的干预效果。从情绪调节和认知重构角度而言，如果家长不了解孩子在机构内的学习和生活状况，就难以敏锐地觉察孩子的情绪，并且有针对性地引导孩子的认知发展。从亲子关系角度而言，一方面家长如果对机构的期待过高，对孩子的发展存在不切实际的幻想，势必会感到失望和急躁，而这种情绪对孩子的社会性发展和亲子关系有百害而无一利。而另一方面，如果孩子一天大部分时间都在机构和老师待在一起，这本身就不利于孩子的依恋关系和社交情感的发展。

总而言之，就算要选择机构干预，家长也要认真学习，积极参与，多向机构老师学习，与机构密切配合，与孩子共同成长。而不是只负责交学费，只等着验收"成果"。这种心态必然会极大地影响孩子的干预效果和心理健康。

千言万语，苦口婆心，我们写作本书的主要目的，就是想帮助家长们意识到尽管养育孤独症孩子有很多的困难，但是只要方法正确，孤独症孩子也能养好。接下来我将分享我在养育无忧过程中的一些具体的干预方法，需要强调的是，每个孤独症孩子都有自己独特的特质，我会在每一部分尽可能写清楚无忧在某方面的个人特质，方便家长朋友有针对性地根据自己家孩子的特征灵活调整和应用。

结合孩子的优势开展语言训练

无忧 30 个月龄大，在社区医院做第 8 次儿童保健检查时，身体发育和动作发育都很正常，但他仍然不会说话，连"妈妈"都不叫。我在向社区医院当天的儿保医生咨询无忧的语言发育问题时，这位医生说："有些男孩说话就是晚，孩子各方面发育都挺好的，再观察观察，不用太担心。"

这种说法听起来很熟悉，正是无忧成长过程中我听到很多的一类话，不同的版本还有，"无忧这么聪明，说话晚没关系，贵人语迟嘛"，"有的聪明小孩儿四五岁都不说话，一说话很快就说得很好，无忧准是这种孩子。"

可惜那时这样的说法却再也难以令我感到宽慰，毕竟再过半年无忧就要上幼儿园了，现在的幼儿园会有层层面试，达不到要求的小孩子是不准入园的。于是在无忧 32 月龄时，因为语言发育迟缓的问题，我带他去北京儿童医院儿童保健科进行问诊。

那天听我描述完无忧的"语言问题"，儿保科医生又问了其他一些问题，之后就让我填了好几份孤独症相关的表格。记忆犹新的是，当我看到"孤独症"这三个字时，内心感到无比震惊又十分恐惧。不过"幸好"医生诊断无忧只是"轻度的发育迟缓"，并"不是"什么"孤独症"。医生给我推荐了一家语言训练机构，让我先带无忧去训练语言，争取能正常上幼儿园。

在之前的篇章中我多次提到过这段经历，后续的发展大家也知道，无忧最终虽然比较顺利通过了面试，但幼儿园三年间他的孤独症行为表现却越来越突出。尽管幼儿园老师在此期间持续地向我反映无忧的情况，我却始终执迷不悟地认为这些全部都是无忧语言障碍的衍生问题。生生错过了带无忧进行孤独症早诊断、早干预的最佳时机。

在这一小节中，我重提这段往事，是想再次警示各位家长朋友，我们带孩子问诊通常都是因为孩子语言发育的问题。但语言问题并不是孤独症症状的核心，孤独症孩子的语言障碍是其社交沟通缺陷的表现之一。从行为学角度而言，孤独症孩子可以被理解为表现出高频不恰当行为的孩子。语言行为的改善的确有助于孤独症孩子社交沟通能力的发展，但从根本上而言，孩子们还需要科学的社交干预，以及其他行为技能的干预，才能逐渐重塑价值，矫正行为。

1. 学习语言的基础能力

说到语言训练，无忧刚去这家机构时，机构老师评估后预期他需要"1年左右"才能开口说话。然而实际上，无忧不到4个月后，在幼儿园开学之前就已经学会"我叫无忧，我3岁了，我是个男孩"这样简单的表达，以及会提出"老师我要吃饭，老师我要喝水，老师我要小便"这类简单的要求。尽管那时无忧的发音还很不清楚，但是我明显感觉到他学习语言的效率在显著增长，教得没那么费劲了。

无忧是2018年5月份至11月份这半年在这家机构进行语言训练的。起初2个月是1周去4次，一次2小时，后来就逐渐过渡到1周去1次。机构训练之外，我抓紧一切时间、所有机会带无忧练习发音和表达。我那时并不知道无忧是孤独症孩子，也不具备依据行为原理系统来帮助无忧训练语言的方法。无忧在语言方面取得的进展，现在看来除了与机构老师的帮助有关以外，也和我恰好遵循了语言行为的训练方法密切相关。

还记得我在前面提到过的，一年级刚开学时，班主任蔡老师在了解到班里孩子的写字程度之后的"区别对待"么？零基础的孩子，先从握笔姿势教起。基础好的孩子则要求较高，不仅要求占格准确，还要求书写干净工整。在这个例子中蔡老师显然不是在盲目地教学生写字，她很清楚要想学写字，首先得正确握笔，然后还得练习观察占格，规范书写，最后才谈得上干净工整的要求。

大家可能会觉得这还用说吗？"要想跑，先会走"，这不是很简单的道理吗？是的，这个道理或许很简单，但却蕴含了深刻的行为学意义。它的要点在于，一个复杂的行为往往包含一系列简单的行为，要学习一个复杂的行为技能，就要先具备一些必备的技能。学写字，至少需要孩子会用笔、会观察。那么要想学习语言行为，需要一个孩子已经具备什么样的技能呢？

当时我带着无忧训练语言时是没有这种意识的，但是很快我就在具体的实践中遇到了不少麻烦。首先是注意力的问题。我发现当我想带无忧学"a"的发音时，他的注意力压根就不在我这里。他总是东张西望，到处走动，停不下来。其次是目光注视的问题。教发音看口型很重要，可是每当我张开嘴发"a"这个音时，无忧的眼神在我的嘴上停留超不过 1 秒钟，就迅速地飘向别的地方了。最后，无忧学一个单音都特别困难。就算他竖着耳朵，眼睁睁地看着我发"a"的音，他也总是学不会。那时我还没有意识到这其实是无忧模仿能力很差的一个体现。

因此那时我面临的很现实的问题就是，如果我不能先解决这些问题，我好像就没有办法行之有效地教无忧学习语言。语言是复杂的人类行为，并不是简简单单地发出声音讲话而已。注意力，目光注视，模仿能力，这些都是孩子在学语前所需要具备的基础能力，而孤独症孩子的这些能力都存在不同程度的障碍，可想而知在这种情况下他们的语言发育会出现问题。

不过机构那边老师也有一些积极的反馈，经过对无忧的观察了解，带无忧进行语言训练的小张老师认为无忧对他人语言的理解力还是不错的，也能通过动作进行简单互动，尤其是围绕着他喜欢的主题。小张老师也发现无忧很喜欢看卡片，教室里卡片上的图案内容他基本都认识，不认识的学得也很快，总的说来无忧的认知能力基础很好。

合作互动能力，认知能力也是学习语言的基础能力。孩子如果不能和家长或者老师进行合作，训练和教学就难以开展。而如果孩子还不能区分不同物体的外形和用途，也没有形成物品概念，就无法进一步形成基于概念的语言表征能力。

小张老师说到的语言理解力，也叫接受性语言能力，这是无忧语言训练进展很快的个人因素之一。现在想来，正是他良好的接受性语言能力、和家人之间不错的合作互动能力，以及在某些方面比较突出的认知能力，才让我对他的语言问题和社交沟通问题掉以轻心。

我当初的这种心态也有一定的代表性，一部分孤独症孩子的家长都走过类似的弯路。然而孩子心智的发展应当是均衡的，切莫忽视孩子在其他适龄行为能力方面所表现出的迟滞与异常。

注意力、目光注视能力、模仿能力、合作互动能力、认知能力，这五种基础能力是孩子学习语言需要具备的基础能力。家长在带孩子进行语言训练时，需要有意识评估一下自己孩子这几方面能力的发育程度，做到心中有数，这样就不会盲目地、缺乏耐心地抱怨孩子学得慢。但是不需要追求特别精确的评估，因为根据孩子的特点，灵活的设计方法促进孩子这些能力的提升更加重要。

灵活、巧妙的干预方法真的很重要。那时候为了解决无忧学习语言时注意力分散，目光注视不好的问题，我尝试了很多办法。我曾用手扶着他的下巴帮助他把头转向我的方向、用两只手挡着他的脸两侧迫使他的眼神注视我、晃铃铛吸引他的注意力，但无奈效果都不太好。无忧会推开我的手，或者伸手抢了铃铛拔腿就跑。

有一天我在家带无忧看宇宙主题的绘本时，突然意识到他在阅读感兴趣的书籍时总是那么专注、认真，而且他也很喜欢我问他一些相关的问题，这时候他和我的眼神对视简直是好极了。再联想到小张老师说用无忧喜欢的车和他互动时，效果好得多。于是我就灵机一动，打算用无忧喜欢宇宙绘本这件事促进他的语言学习。

这一试，发现效果超出想象得好。无忧发出第一声"a"的音，就是我用看宇宙绘本这件事给"逼"出来的。在带他看宇宙绘本的中途，我停下来让他发这个音，他不理我，着急要接着往下看书。我说："说'a'"，他不说，直接把绘本推到我面前。我灵机一动把绘本拿到我的脸旁边，他就看着绘本，这个方向离我的嘴不远，他大至也能看到我的口型，我说："a—"。他伸手想抢绘本，我把绘本拿远了些，抱着他拍了拍稳定了一下情绪，又把绘本拿到脸旁边，"a—"。然后突然间，我听到无忧短促了发了一声"a"。这可把我给高兴坏了！立刻抱着他亲了好几口，然后马上把书放好，准备带他接着看书。无忧此时高兴地站在床边，小屁股一扭一扭的，别提多开心了。

在这之后我又在阅读中间停下来，把书放在脸旁边要求无忧发"a"这个音，第二次他就比较顺利地发出了这个音。我当时激动得热泪盈眶，实在没想到用这种方法竟然这么顺利。

从行为学的角度，在这个例子中我是选对了强化物。这个强化物不是食物，不是玩具，而是无忧非常喜爱的一项活动，就是阅读宇宙主题的儿童绘本。我用无忧特别喜爱看宇宙绘本这个活动，强化了他学习"a"的发音这个活动。一个高频活动会强化低频活动，这就是行为原理当中的"普勒马克原理"。

不仅如此，这里还存在另一种对无忧而言强有力的强化物，就是我的强烈关注，亲吻和拥抱。这样一来，他的发音行为就可以同时得到两种超级强化物，从行为学角度，这被称为"兼容依联"，看宇宙绘本和我的关注都促进了无忧的发音行为。

在这个过程中我也并没有强迫无忧一定要看我的发音口型，实际上在这之前我也强迫过他，但很明显效果并不好，他反而更加抵触了。我是通过降低难度，把他喜欢的书放在我的脸旁边，吸引他的眼神到我的脸附近，使得他的目光能够接触到我的口型。而渐渐地我发现当无忧学语的速度变快之后，他自己就开始主动看我的口型了。

其实"学说话要看口型"这件事，用行为学的语言来表达就是"看口型"行为有助于准确的语言模仿而被强化了。在无忧模仿能力很差，压根体验不到语言的模仿性强化物时，"看口型"对他而言毫无意义。而伴随他语言模仿能力的提升，"看口型"也就成了自然。

在这之后我将学语巧妙地融合在游戏当中，在带无忧玩车玩具时，陪他拼乐高时，都如法炮制，他"a"的发音很快就清晰、明亮。可是在我不要求他发这个音时，他并不会主动发这个音。

从行为学角度而言，我带无忧进行发音训练属于一种"区辩训练"，无忧的这种发音行为是被我的发音指令这种刺激所控制的，当这种指令刺激存在时，他的发音就被强化。因此当这种刺激不存在时，他也就不再发音了。不过从语言行为角度来说，一旦无忧的语言模仿行为达到了一定的程度，模仿行为本身就会产生内在的"模仿性强化物"，就是模仿者的行为与示范者行为一致时所产生的内部感觉刺激。这就会进一步产生"泛化型语言模仿"，到时候我不叫他说，他自己也会说的。

这也很符合我的观察，"a"的发音只是打开了无忧语言学习的大门，在这之后他在持续练习和学习的过程中语言模仿能力逐渐提升，虽然我已经记不太清楚他主动发的第一个音是什么了，但是他的主动发音越来越多，并且开始享受这种状态。而且因为他的接受性语言和认知能力基础比较好，伴随他语言模仿能力的提升，他很快就学会说日常用品和玩具的名字，以及简单的需求表达和对话。

在这个阶段，他的发音是很不清楚的，比如一个"ta"的音，他经常要学很久才能发得出来。一开始为了帮助他找准发音位置，我会用手去触摸无忧的舌头。无忧倒是乐于我给他提供帮助，可是有几天他好像依赖上了我的这种辅助，我不动他自己就不努力找音的位置了。然后我就有意晚一点再帮他，鼓励他自己发音，他发的有一点相似就马上表扬他。或者降低难度，先做舌头轻抵内侧上牙龈的动作，再慢慢连接"a"的音，他要是按要求做到了也及时地奖励他。

我发现比起直接提供肢体的辅助，这样操作虽然可能进展要慢一些，但是效果更好。无忧在发音方面并不依赖我的辅助，而且越来越自信。从行为角度而言，我是通过"延迟辅助"，以及"行为塑造"的办法帮助无忧矫正发音的。刚才提到的对无忧眼神对视的处理也类似，没有通过肢体辅助对视，而是逐渐强化塑造。

给孤独症孩子进行行为干预时，"辅助"是很有必要的。我给无忧做口型示范就是一种辅助的形式，我动他的舌头帮他找发音位置是一种肢体辅助，给他讲舌头的位置则是一种语言讲解形式的辅助。只不过家长朋友们一定要意识到辅助使用的一些问题，尤其是肢体辅助。有时候孩子是很抗拒这种形式的，而且过度的肢体辅助会形成依赖性，导致孩子在没有辅助的情况下就做不出恰当的行为。巧妙地将肢体辅助、动作示范和简单的语言讲解结合起来，用延迟辅助，或者行为塑造的办法助力孩子的行为学习，常可事半功倍。

就这样 3 个多月后，在幼儿园入园之前，无忧就已经可以展开非常简单的对话了。3 个月很短吗？在我看来这 12 周，90 多天，900 多个小时，一点儿也不短。我们每天从睁眼起来就在练习语言，每晚睡前也在玩发音游戏，几百个小时的练习，足够了。

无忧学习语言的这段经历，我可以用一句话来总结：如果孩子不说话，一定是有什么阻止了他语言行为的发生。而我们家长要做的，就是清除孩子语言学习道路上的障碍，正念有度地帮助孩子进行语言学习。

2. 生理因素

阻碍孩子语言行为的因素，除了上面提到的学习语言所需具备的基础能力以外，还有生理因素。生理因素是指导致语言障碍的生理方面的限制，比如听力异常、构音器官功能异常等。这也是家长们在面对孩子语言发育问题时最容易考虑到的因素。

就拿我来说，无忧在去儿童医院问诊之前，关于他上幼儿园这件事，还有一个问题是我比较担心的。无忧吃饭太精细了，我感觉他的咀嚼能力和吞咽能力都不太行，别说啃排骨了，他就连一块牛肉都嚼不烂，还要吐出来。我不知道他能不能吃得幼儿园的饭菜，另外那时候我也开始疑心他的语言问题会不会和这个因素有关。

果然，无忧在机构评估过后，老师说他的口腔肌肉特别弱，特别是舌头运动的幅度、力度和灵活性都不太好，老师问我，家里怎么给孩子做饭？无忧两岁半以前，家里一直有一位阿姨参与照顾他，这位阿姨给无忧做的饭十分精细，但过于软烂。这件事我一直隐隐觉得有所不妥，也和阿姨沟通过，但阿姨说"无忧喜欢吃"，我也就没有再过问。"食物太精细会影响孩子口腔肌肉的发育"，机构老师听我讲完后说，"老师会带他做口肌训练，你们家里的食谱也要及时调整了。"

现在看来，无忧口腔肌群弱可能并不单是因为阿姨做饭太精细，无忧自身对食物的味道和质感也是非常敏感的。他偏爱吃软烂的面条，并且抗拒其他食物，尤其是高纤维的食物，如牛肉、绿色蔬菜、水果等。如果硬让他尝试他会剧烈的干呕，因此阿姨给他做的饭只不过是投其所好罢了。再加上他也不学语，口腔肌群如此缺乏锻炼，功能不良也是必然。

那时候回到家中我并没彻底改变无忧的食谱，只是先把软烂的面条过渡到了正常硬度的面条。这一换我发现无忧居然不怎么咀嚼就直接咽了，看样子他以前也是不怎么咀嚼，只不过因为食物软烂就没引起我的注意。我鼓励他多嚼几下再咽，可他并不理会。有一次我为了让他吃慢点儿就把碗先拿走了，说他能嚼十口再咽我就给他。结果他一边吞咽面条，一边过来抢碗，情绪激动，有点儿噎住了，就"哇"地一口全都吐了。我也被吐得满脚都是，好不狼狈。

后来，我想我实在是操之过急，就琢磨了很多别的办法。从认真给他讲道理，到比较严肃地批评他，再到给他做慢慢咀嚼的示范。但是很无奈，效果都不太理想。不得已我就在做面条时给里面多放蔬菜，无忧会用叉子或者手指把蔬菜给挑出来，这就无形中降低了他的进食速度。而且有些蔬菜，比如洋葱，他难以完全挑出来，就只能小心翼翼地咀嚼，好像随时准备给吐出来似的，咀嚼的速度也因此明显降低。

不过，尽管在家里我可以通过一些办法调整无忧的进食行为，可是在幼儿园的环境里，小班和中班时老师反映如果当天没有无忧喜欢的食物，他就只是吃米饭和面条。老师也没有时间让他细嚼慢咽，他就依然维持着狼吞虎咽的饮食模式。在这种情况下，无忧基本上直到幼儿园大班才渐渐不那么敏感挑食。

味觉和嗅觉敏感是孤独症孩子普遍存在的问题，他们非常挑食，喜欢的食物吃得太快，不喜欢的食物又反应过于激烈，而且很难教给他们恰当的饮食习惯。通常人们都倾向于认为进食这种自然而然，稀松平常的小事，天生就会。其实不然，饮食也是我们在成长过程中习得的行为技能之一，而孤独症孩子的这些表现可以从行为学角度得到很好的理解。

首先，饮食本身是种强有力的强化物，并且吃得越快得到的强化物越多，就是我们可能都体验过的那种狼吞虎咽的快感。因此孩子们吃得快不足为奇，这只是在追求味觉刺激，和他们追求其他的感觉刺激是一样的道理。其次，孤独症孩子的社交沟通障碍导致他们对社会性的刺激不敏感，因此家长用以管理他们进食习惯的鼓励或者批评都缺乏效力。再次，模仿能力的不足，又让他们难以通过家长的示范习得恰当的进食行为。最后，对于尚无语言的孤独症孩子而言，家长苦口婆心讲道理形同虚设。语言阐述的规则只有在孩子语言能力比较好时才能发挥作用。

进食这个例子能很好地反映出养育孤独症孩子的困难，不仅如此，在成长的早期阶段，如果家长没能及时察觉问题，孩子们各种不恰当的行为就会交织在一起，更加制约发展。无忧构音肌群功能改善缓慢，使得他在学习语言的过程中，一直存在发音困难，发音不准的问题。这不仅限制了他的口语表达能力，也影响与他人沟通的流畅性，以及他自己的表达欲望。

不过乐观看来，随着孤独症孩子年龄的增长，生理方面的成长，以及各项基础技能的逐渐提升，孩子们的不当行为会持续地得到改善。实际上家长带孩子做的很多练习都能同时促进多项技能的发展。比如我在家里带无忧练习他口腔唇齿的肌力和灵活性，我叫他模仿我夸张嘟嘟嘴的样子，气氛开心好玩儿，既锻炼了他嘴唇肌肉的灵活性，也锻炼了他的模仿能力，同时还有利于他社交情感的发展。如果在嘟嘟嘴的基础上再加上向外吹气，看谁能把撕碎的卫生纸吹得最远。就又能锻炼到气息的稳定性和向后缩舌的能力，为发出"o"这样的音奠定基础。家长朋友们可以在家中灵活开发出很多类似的小游戏，同时促进孩子多方面能力的发展。

无忧 3 岁开口讲话，到将近 5 岁时语言表达方面和同龄人的差异明显缩小，6 岁时参加全国的阅读比赛还得了奖。他这种变化是一种综合的结果，包含有构音肌群功能的改善、模仿能力和合作能力等基础技能的提升、规则意识的增长，也体现出孩子的表达欲、自信心，以及对环境的掌控感。

不过无忧语言的进步，还与我的养育行为的调整有关。这就牵扯出影响孤独症孩子语言发育的第三个重要因素，也就是家庭养育因素。

3. 家庭养育因素

一家人围着正在牙牙学语的孩子，听见孩子"啊"的一声，就仿佛听懂了一样回应孩子，鼓励孩子，"啊！说话呢，啊！妈妈，叫妈妈—"，这充满天伦之乐的一幕，从语言行为的角度看去，充满了太多行为学习的环节。

家长密切与孩子互动，鼓励他发出声音，并及时给予强化。这就给孩子提供了大量的学习母语的机会，否则孩子就算偶然发出了声音，如果得不到强化，这个发声行为也会逐渐消退。在此基础上，我们鼓励孩子越说越像，从一开始的"m"，到"mo"，再到最后清晰地发出"mama"的音。我们逐渐强化着最接近标准的发音，通过这种行为塑造和差别强化将孩子的咿呀学语训练成母语发音。

随着孩子模仿能力的不断增长，他们开始自发模仿家人说话。大人之间聊天说的词汇，有一天会突然从孩子嘴里讲出来，逗得全家哈哈大笑。孩子就更加得意，更爱模仿大人说话了。这时候模仿行为产生的内在强化物开始发挥作用，不用大人教，孩子自己就会主动学样。社会性的奖励和模仿性的强化物同时发挥着作用，这强有力的并存强化依联让孩子很快就成长为语言表达的小能手，和他人的交流沟通带来的乐趣也持续强化着孩子们的语言技能。

在这个语言学习的过程中，起初是家人提供的外在强化维持着孩子的学语行为，但是渐渐地到后来，语言表达本身就能产生足够维系行为的感觉强化物和社会性强化物。此时没有大人的表扬，孩子也会继续讲话，这种行为的"圈套"让孩子得以摆脱外在的强化，尽享语言交流本身的乐趣。

可以看到，家庭养育在孩子学语的过程中其实起了很重要的作用：提供学习语言的机会并及时强化，语言塑造和差别强化，持续的关注和鼓励。虽然家长平时很少意识到这一点，但其实已经做了相当多符合行为原理的操作。如今反观这些重要的环节，我意识到在无忧学语的关键时期，我们家在这几个方面做得都很不够。

无忧 0-3 岁时我恰好处于博后在读阶段，当时的婚姻状况使得大人之间关系不睦，因此在我记忆中几乎没有上面描述的其乐融融的家庭场面。无忧 1 岁以后，大多数时候都是我和阿姨两个人在照顾他。我去上班的时候，阿姨不仅要照顾孩子，还要做家务，因此和无忧互动的时间就少了。无忧很多时候都在自己安安静静地看书，玩玩具。这种情况下可以说家里给孩子提供的学语机会是不够的。

阿姨曾经感慨无忧聪明，能自己看书。我想无忧的这种状态多少也投合她的需求，一个安安静静的孩子对于忙碌的大人而言是非常"省心"的。而我又何尝不是如此？每天我下班回到家中，也没有多引导无忧学语，更多是在带他阅读绘本。我们之间基本是通过眼神和手势进行交流，或许我也是在无意识地回避养育负荷更大的养育行为吧。

此外，尽管我们也尽可能地给无忧创造了丰富的生活，无论是在小区里和邻居交往，还是去游乐场游玩，抑或是去早教班活动，可以说无忧的生活还是比较多姿多彩的。但是问题在于，我们并没有在不同环境中强化他的语言行为，因此环境的丰富并没有很好地促进语言的发育。

在和孤独症孩子的家长交流的过程中，我发现这些养育问题还比较常见。有的家长感到很困惑，觉得自己家给娃提供的环境比一般家庭还要好，为啥娃还是不学语呢？其实通过前面的讲述相信大家已经有所了解，这一方面是出于孩子孤独症的神经和生理特质，他们的语言前备能力是不足的，他们的构音肌群发育也不好，在这种情况下正常的养育尚且不足，更何况还存在些不利的养育因素。另一方面就是孩子和家长的这种不良的社交循环，家长无意识中强化了孩子非语言的交流行为，或者是强化了孩子的哭闹行为，甚至不经意间惩罚了孩子的学语行为。这些围绕着语言学习的互动史都不利于孩子语言的产生，而丰富的环境在语言学习的过程中如果不伴随对语言行为的正确强化，是难以起到促进作用的。

我带无忧去儿童医院儿保科问诊之后不久，家里的阿姨也因为家里有事回老家了。两年多的相处，我们之间的感情还是很深厚的，她也很着急无忧还不说话，回了老家还老打电话问无忧的情况。我并不责怪她没有带好孩子，这背后是家庭系统的问题，与每个家庭成员都有关系。但每个人都并非故意而为之，只不过在孩子身上得到了最明显的体现。我也由衷地期待每个孤独症孩子的家庭在孩子确诊之后，都不要掉进互相指责的泥淖之中。调整思路，齐心合力，共同育儿，才是家庭前进的正确方向。

阿姨走后基本是我自己一个人养育无忧，即便在这样的情况下，通过持续不断地带领无忧练习发音，锻炼构音肌群，调整饮食，无忧也很快发生了变化。我自己一人尚且可以做到，大家一家人合作分工，默契配合，孩子就能养得更好。

我衷心祝福每个家庭都能有效地行动起来！养育孤独症孩子虽然比养育普通孩子操劳得多，但是一旦步入正轨，家长们就能体会到养育也不再那么费力。孩子们越来越好沟通，各方面技能也在逐渐增长，自我意识和社会认知都在稳步提升。到了这种时候，我们也开始能够感受到反哺的温柔和互惠的亲密。

善用奖惩来塑造新行为

我印象中无忧最早对"规则"的偏离，发生在他 1 岁多的时候。这个年纪的孩子大部分已经会走，家人会带着他们在小区的小广场上进行简单的社交活动。我也经常拿着一些玩具到"聚点儿"和邻居们一起遛娃，那时候我就发现无忧玩儿的方式和其他孩子不一样。

在大多数孩子聚在一起摆弄玩具的时候，无忧要么在到处乱跑，要么非要拉着我满小区去找车位号。而且他也不像其他孩子一样时常找大人的眼神儿，总是沉浸在自己的世界里似的。邻居们也观察到了这一点，有的说"这孩子身体真好"，有的说"这孩子真聪明"，我家阿姨也这么说。

等无忧再大一点儿，到 2 岁左右时，他不守规则的行为表现就更为明显。在早教班里，无论是运动类型的，还是音乐艺术类型的，他都基本不参与集体活动，不听老师的指令。运动类的早教班上他在场地里四处乱跑，不做动作。音乐班的早教班里他一会儿去按音响的按钮，一会儿乱动老师的教具。这时候的早教班基本都是亲子班，我就跟在他后面不断地试图把他带回小朋友中间，感觉尴尬极了。

3 岁往后无忧开始接触思维、语言类的早教班，我原本很担忧他的纪律问题。但是却意外发现在他很喜欢的数学、英语这两个班里，因为他的注意力都在老师讲的内容上，纪律问题反倒不那么明显了。这个阶段他也出现过不经老师允许冲到屏幕面前抢答问题的状况，课堂上的状态和其他同学相比表现得过于活跃，但是总体说来纪律表现尚可。

也是在同一时期，幼儿园老师频繁反映无忧在班级里难以管理，我行我素，老是搞小破坏。他曾经拉坏过老师刚布置好的展板，拔掉过老师种好的植物幼苗，把班里所有肥皂扔到厕所洞里，把洗手池接满水自顾自地玩儿水……

作为母亲，无忧从小到大表现出的这些行为一度令我感到十分困惑，我能感觉到有什么不对劲，但又无法准确地描述出来。无忧小班和中班的幼儿园老师也一样，她也感到教育无忧特别困难。但直到无忧上中班她建议我带他去医院看看时，也说不明白这孩子是究竟怎么了。

迫于压力，大班时我给无忧转园到家附近的一家民办幼儿园，非常巧的是这家幼儿园竟然有丰富的融合教育经验，无忧入园时这家幼儿园里就有一位孤独症孩子。因此接触无忧不久之后，这家幼儿园的园长就约我谈话，见我仍不知情，就含蓄暗示我无忧是孤独症孩子。可是很遗憾那会儿我是拒绝承认的态度。

这家民办园给了无忧很大的宽容，这在无形中缓解了无忧的情绪压力，他在中小班时表现出那种对抗行为明显减少。可惜这家幼儿园也缺乏必要的特殊教育支持，她们提供的普通幼小衔接并不能满足无忧的成长需求。于是大班这一年无忧只是在缓慢地进步着，他的适应性、常规、规则意识等方面都还远远不能适应小学的要求。

不过这家幼儿园的园长对无忧行为的描述令我印象深刻，当我很困惑地和她探讨无忧转滑板车，或者不听指令到处乱跑，还撞人的行为时，她说："他就是在玩儿而已。"当时我还很难理解，我寻思滑板车是用来转的吗？这到底有什么好玩儿？都把人撞了还好玩儿？不和小朋友好好玩儿，到处乱拍有什么好玩儿的？主动撞人又有什么好玩儿的呢？

现在看来，院长对无忧的评论还真是切中要害。

再后来无忧就上小学了，他在体育课上乱跑、躺地上打滚儿，在形体课上躺着旋转，在音乐课上把凳子拼在一起躺在上面，在科学课上爬上课桌拿科学教具，还拿着教具满教室地跑，老师在后面追……于是开学不到三周，我就被校长约谈，并被要求带无忧诊断，以及进班陪读。

仔细回顾无忧的这些成长历程，我发现无忧的行为其实一直很一致，且有规律可循，只是我缺乏正确看待的视角。一如前面的文章中多次提到的，这种规律就是他太容易被感觉刺激所吸引，却严重忽视社会性刺激。无论是乱跑、乱动、乱转、乱躺、还是搞小破坏、撞人，都体现出无忧不断被感觉刺激所强化的行为模式。与此同时，也显示出在他的行为史中不知何故，没有建立起社会性的奖惩这样的习得性强化物或是厌恶刺激。

面对这种情况，旁观者凭借经验首先会怀疑无忧这样的行为是大人养育不当所致，一如当初幼儿园的老师们和一些家长的看法。说实在的，我自己也曾这么想过。但现在我已经意识到无忧这样的行为是他孤独症的非典型神经发育所致，是社交神经系统功能障碍在外显行为层面的体现。不过尽管孤独症是种神经发育障碍，但其发展确实和家长的养育有关。这一方面意味着家有孤独症孩子，正常的养育也是不足的，不恰当的养育就更是会加重孩子的行为症状。另一方面又让我们意识到科学的养育可以不同程度地改善孩子们的社交缺损，以及相关的情绪和行为问题。

我是在陪读的过程中，通过持续深入地观察无忧在学校的行为表现，并与同龄人的行为进行横向比较，逐渐形成对无忧的深化理解。也是在陪读的过程中，通过观察无忧的班主任蔡老师的教育方式，以及体验及分析自己在学校中的教养行为的效果，逐渐摸索出教育无忧的有效方式。

陪读的经验让我深刻地意识到在我以前的养育行为中，尽管我很想去理解无忧，安抚和连接他的情绪，但实际上在对孤独症认知不足的情况下，共情和理解都难以真正做到。此外，我在教养冲突中容易妥协，没有坚定地给无忧设立行为的边界，也缺乏科学干预孤独症孩子行为的办法。

如此一来无忧就没有学到必要的行为技能，他的孤独症的行为症状越来越明显，对他自己学习和生活的干扰越来越严重。在这种情况下他的情绪压力必然越来越大，认知方面也积累了大量的困惑，越来越僵化，而且他用以缓解压力的自我刺激行为也越来越频繁，最严重的情况下，甚至开始出现抽动症状。

作为母亲，我必须作出深刻的反省。我这个意思并不是指孤独症孩子的家长必须进行自我谴责，毕竟我们的养育行为不是故意而为之，我们自己也初为人父母，对孤独症更是缺乏认知，我们自己也有很多的生存压力。可是在孩子确诊后，我认为我们应当认真反省和学习，并及时做出养育行为的调整。只有这样，我们才能胜任孤独症孩子父母的职责。

家长们也不必紧张，就好像做孤独症孩子的父母是不可能完成的任务。我想通过本书前面的讲述，大家已经获得了一些养育好孤独症孩子的秘诀。我们首先要端正认识的核心要点，是行为学习是人类最为重要的学习方式，尤其是在孩子语言能力还不太好的时候，行为学习就是他们学习行为技能的唯一方式。

其实普通家长在养育孩子时也大量运用了行为学的方法去管理孩子的行为，最常见的就是用关注和鼓励去强化孩子恰当的行为，用适度的惩罚去约束孩子不当的行为。可以说我们自己从生活习惯到学习、工作中的很多习惯都来自未成年时父母对我们的训练，只不过我们没有意识到这些都是行为学原理的体现。

养育孤独症孩子也一样，家长要善用行为学的教育办法，区别在于，孤独症孩子由于其非典型的神经发育，使得孩子们很容易学会不恰当的行为，同时又难以学会功能良好的行为技能。在这种情况下，普通的养育方法是不足的，换句话说，安全依恋的正常养育也是无法满足孤独症孩子的养育需求的。孤独症孩子的家长需要学习科学干预孤独症孩子不恰当行为的办法，这些办法是基于行为学原理设计开发的。和普通的养育方法相比，考虑到了孤独症孩子的行为特征，在操作上也更加科学有效。

我自己通过反复阅读行为原理的相关书籍来进行相关的理论学习，再在实践中持续应用和深化改良。"操场事件"是我的养育思路的一个重要转折点，这件事之后，我开始有意识地应用行为学的办法去管理无忧的行为。无忧在学校的不恰当行为主要可分为三大类：缺乏规则意识、极端情绪问题、作业完成问题，这三个问题也是按照这个顺序逐一解决的。

"操场事件"就是典型的缺乏规则意识的行为表现，他在快速跑动中既获得了丰富的感觉刺激，也获得了众人的关注，这些强化物过于有效地强化了他的乱跑行为。从行为学角度，这属于一种有效但不当的自然依联。在这种依联的作用下，如果不加干涉，无忧的行为只会朝着错误的方向持续发展。此时只有通过外加的并存依联才能抑制他的自我刺激行为，让他有机会获得正常上操所带来的强化物，这也被称为表现管理依联。

无忧喜欢上学，喜欢和同学们一起上操，那么当他在操场上肆意狂奔时，我坚决将他带离现场，对他而言就是一种行之有效，且适当有度的惩罚措施。不仅如此，尽管当天我的情绪有些失控，也完全没有必要，但我坚定的态度对他而言也是一种有效的惩罚。再加之晚上带他进行认知复盘，帮助他记清楚操场上的规则。我惊讶地发现第二天上操时，他就已经能够约束自己的行为了。当他按捺不住又想放飞自我时，我在他身后说一声"注意纪律！"他竟然真的能够控制住自己的行为，不再乱跑了。

其实这就是孩子行为学习过程的一个很好的展示，无忧能约束自己的行为，从行为学的角度来看，是他对厌恶刺激的回避。把他带离操场和我的坚定态度，这两种惩罚有效地抑制了他的自我刺激行为。不仅如此，蔡老师也及时强化了他守规则的好行为。不论是口头表扬，还是奖励小红花，都满足了无忧对他人关注的渴求。这一点用行为学的语言来说，就是我们差别强化了他的替代行为。以前他通过乱跑获得关注这种强化物，现在好的纪律表现也能让他获得同样的强化物。于是双管齐下，奖惩并重，无忧遵守操场规则的问题就这样迎刃而解了，这件事也让我充分领略到行为原理的重要价值。

在这之后，无忧的一系列学校规则问题都逐渐得到改善，他的不恰当行为越来越少。而如何减少孩子的不恰当行为，这是孤独症孩子家长最头疼的问题之一，除了"操场事件"这个例子以外，我想再给大家分享几个能有效减少孩子不当行为的方法。

1. 惩罚

"操场事件"中，其实出现了三类惩罚。第一类是我将无忧带离操场不让他上操课了，这是一种由失去强化物而带来的惩罚，因为我去除的是"上操课"这个活动强化物，因此这种惩罚也被称为"罚时出局"。第二类是班主任蔡老师和我对无忧的批评，以及我对他身体的限制，这是一种呈现厌恶刺激带来的惩罚。第三类是班主任老师扣掉无忧的班级小红花，这也是失去强化物带来的惩罚，只不过去除的是实物强化物，也被称为反应代价。前面文章中提到的，蔡老师和我说"他需要为他的行为付出代价"，其实是指无忧应该为他的不恰当行为受到某种形式的惩罚。

惩罚对于行为学习来说是非常重要的，可以说如果没有惩罚，人类是无法生存到今天的。"吃一堑长一智"说的就是这个道理，惩罚的原理让我们学会远离危险，遵守规则。然而我在和孤独症孩子的家长做咨询的过程中，发现家长们有时存在这样一种误区，"孩子都这么可怜了，还要惩罚他，这也太残忍了。"我自己曾经也有过类似的想法，因为自己对无忧的愧疚感而不愿意让他不开心，总想回避高负荷的养育冲突。

其实惩罚原理是人类行为学习中不可或缺，且稀松平常的一部分。它在生活中随处可见，也是孩子们认识这个世界非常有效的方式。试想人类被火烧，被石头砸却感觉不到疼，会是什么样的结局？如果一个孩子过度沉迷于感觉刺激又是什么样的结局？懂得危险，人类才能繁衍生息，同理，孤独症孩子"懂得"感觉刺激行为的"危险"才能更好地发展。我们应用惩罚原理抑制孤独症孩子追求感觉刺激的行为，是为了帮助他们更好地成长。

这里必须强调的是，适度的惩罚孩子并不是指暴力对待孩子。很多时候，人们误以为惩罚就是打骂孩子，父母的打骂对孩子而言的确是种惩罚，是不折不扣的厌恶刺激，但却是种极其不恰当的惩罚方式。

我刚进班陪读那一个月，因为对无忧的情况认识不足，也还没有厘清养育思路，每日疲于处理无忧在校的各种突发状况，精神压力很大，以至于我在应对他的不守规矩的行为时，常常情绪过度，失去理智。那段时间我经常冲口而出一些挖苦讽刺无忧的话语，在辅导他写作业时也出现过扔他文具的行为。而且我居然以为我这种"真实"的情绪表达也是种教育，无忧需要知道他的行为会引起我什么样的反应。

从行为角度讲，我暴躁的言行举止其实是一种攻击行为。因为无忧的不恰当行为对我而言是种强烈的厌恶刺激，而这种厌恶刺激会增加我攻击行为的强化价值，就像我们在心情不好的时候容易和人吵架一样。在这种情况下，如果不加觉察，在应对我和无忧之间的养育冲突时，我的攻击行为很容易呈增长态势。事实上也确实如此，幸而有我先生的提醒和蔡老师带给我的那些启发，经过我自己的反思复盘，才及时调整了情绪状态和养育方式。

可是我的这种滥用惩罚已经产生了副作用，无忧也开始出现扔东西的行为，而且竟然表现出了厌学的情绪。不仅如此，最令我难过的是，无忧开始回避我。他看着我的神情中，充满了距离感和陌生感，令我感到心碎。他好像也不像往常一样那么在意我对他的夸赞。有一天睡前复盘时，无忧说出了我带给他的感受，"妈妈，我就像那片白纸，被你撕得粉碎！"我心碎，他粉碎，暴力惩罚也清晰可见地破坏了我们之间的亲子关系。

"孩子就看你在那儿发火了，还知道该学什么吗？"这是蔡老师曾经问过我的一句话。我的亲身体验告诉我，无忧从我的暴力中学会了暴力，学会了厌恶暴力发生的场所和暴力实施者。唯独没学会我真正想让他学会的好的行为。

也希望家长朋友们能够从我的经验中汲取教训，家长过激的情绪和攻击行为属于滥用惩罚，有百害而无一利！那么怎么样的惩罚才是有效且适度的呢？

"操场事件"中，我将无忧带离操场的"罚时出局"，蔡老师扣掉他小红花的"反应代价"，这两种惩罚都属于"逻辑结果惩罚"。其中的逻辑和规则是我和蔡老师之前就多次和无忧沟通过的，"不遵守操课纪律，影响他人上操，就会将你带离操场"，"不守纪律，影响课堂秩序，就会扣小红花"，只不过因为我一直没有执行，而且无忧对规则的理解度还很有限，就没能发挥出作用。

"逻辑结果惩罚"是一种比较好的惩罚孩子的方式，但是家长要注意的是，最好是提前和孩子沟通针对某种行为的逻辑结果，定好规则后，家长要坚定而一致地执行，之后要再和孩子做认知复盘，增进理解，强化规则意识。

家长在此比较容易犯的错误其一，是不理解孤独症孩子的规则意识很弱，总觉得孩子们是故意不听话。其二，是制定的规则太复杂，或者不合理，而且恐吓孩子，让孩子感觉难以遵守又不被尊重。其三，是定了规则家长却又不执行，或者不一致地执行，让惩罚措施无法起效。其四，是只惩罚不鼓励，让孩子感到压抑而没有希望。

"操场事件"那天晚上的睡前复盘时，我平静而认真地带无忧回顾了整件事的经过，引导他从他人的角度，从集体的角度去看待他自己的行为。复盘中我再次和他讨论并巩固了相应的规则，并积极肯定他最终还是做出了明智的选择，主动去上英语课了，并且没有再哭。这些反馈和赞扬是在早晨的惩罚措施基础上，对规则的进一步内化。这个过程包含着对无忧的理解和尊重，以及情感的接纳和连接。也正是在这种"惩罚－认知－情感"的调和下，"逻辑结果惩罚"才变得行之有效，孩子对规则才会产生内在的认同。

无忧有段时间老爱抠鼻子，而且怎么说也不听，我正发愁他这个行为该怎么管理时，有一天下午他惊恐地在他房间尖叫，"妈妈！"我过去一看，他把自己鼻子抠到流鼻血。这下可把他吓坏了，从那儿以后再也没见着他抠鼻子。在这个例子中，流鼻血就属于"自然结果惩罚"，他行为的自然后果让他吸取了教训。

还有段时间无忧喜欢用手掌向下抹嘴唇，那手多脏啊，我担心他微生物感染。就这个问题我也营造过很多逻辑结果，可是就和抠鼻子一样，没有什么效果。后来这事儿是怎么解决的呢？无忧有一天上吐下泻，吐得很厉害，腹泻也挺严重。我其实并不确定这和他用手抹嘴有关，但是我却灵机一动将之做了关联，从那儿以后无忧就再也不敢抹嘴唇了。

"不疼不长记性"，孩子年纪越小，语言能力和理解能力还不太好的时候，"逻辑结果惩罚"的效力就越弱，这时候"自然结果惩罚"反而能更好地发挥作用。家长教育孤独症孩子也是类似的道理，在有些自然结果无伤大雅，也没有特别大风险的情况下，不妨让孩子通过行为的自然结果来进行学习，效果反而更好。使用"自然结果惩罚"的方法时，也要注意事后带孩子做认知复盘，强化语言规则。这样既有助于提升孩子的理解力，也有利于恰当行为的维持。

"操场事件"中，无忧在操场上奔跑的时候，是为了追求感觉刺激，我对他的"罚时出局"，不仅是种"逻辑结果惩罚"，同时也包含身体限制的成分。在这里，身体限制属于一种"适度的厌恶刺激"，有时候在孩子行为的内部强化物过于强大，家长无法通过外在的办法将之消除时，适度的厌恶刺激可能是唯一可行的选择。还有一些情况，孩子行为的"自然结果惩罚"是具有危险性的，比如孩子的自我刺激行为会伤害到自己的身体，"逻辑结果惩罚"也难以起效。这种情况下"适度的惩罚"就更加有必要了。

最后，再次强调的是，惩罚不是暴力对待孩子，如何正念地应用惩罚原理去减少孩子的不恰当行为，是家长的一份必修课。我们都希望能够仅仅通过鼓励和强化就可以让孩子成长得越来越好，但有些时候必要的惩罚才能帮助孩子从功能不良的行为中解脱出来。

2. 消退

我在陪读期间发现了一个有趣的现象，无忧坐在他们班最后一排，每隔两周班里会调一次座位。因此有的时候无忧会靠近窗户坐，窗户外面是他们学校的一个小花园。我发现只要无忧一坐到这个位子，就开始比较频繁出现眯缝着眼睛，斜着眼睛看窗外风景的行为，以及用手指在空中的光线里画来画去的行为。离开这个靠窗的位子，他的这两种行为就明显减少了。

我问他看什么呢？画什么呢？他说斜着眼睛看东西很有意思，他在空气分子里画宇宙呢。从行为学的角度讲，无忧这两种行为还是在追求感觉刺激，只不过靠窗位置的视野和光线强化了他的这些行为。因此当他坐到其他的位置上去，他得到的视觉强化物就少了，这些行为的频率自然也就降低了。这种改变环境，使得行为强化物减少的方法，就是"消退"。我们在家里也是使用这种方法，我们逐渐撤出了无忧大量的车辆玩具，行之有效地减少了他转轮子的行为。

　　无忧 3 岁左右我训练他学说话的过程中，我发现他已经习惯用手指点，或者拉我来索要物品。为了改变他的行为习惯，我决定只有在他发出声音的时候才满足他的要求，这样一来很快无忧就学会用"a"来引起我的注意，渐渐的，又学会了说物品的名字。在这个例子中，无忧拉我，用手指点玩具时我不再回应他，就是对他这种行为的消退。这种不再提供强化物的方法，也是"消退"的应用。

　　无论是改变环境，或者停止提供强化物，家长在进行"消退"的操作时，经常会遇到孩子情绪化的"消退爆发"，孩子会因为没得到预期中的强化物而产生消极情绪。我们在把无忧的玩具车收起来的过程中，以及我在不回应无忧非语言请求行为的过程中，都遇到了他急躁和哭闹的情绪。这时候就需要家长能够保持稳定，忍受得了孩子的哭闹给自己带来的厌恶刺激，坚持一段时间，就会看到孩子的变化。

　　这里需要指出的是，"消退"的应用需要看情况。比如在集体环境中，有时难以应用"消退"的办法去抑制一个孩子的哭闹行为。再比如有一些孤独症孩子在消退期会发生自伤行为，特别是在消退的初期，消退爆发有时会导致严重的身体伤害，这种情况下也不适合使用这种方法。

3. 强化

　　"操场事件"以后，为了保持无忧的好行为，我和蔡老师也使用了大量的强化办法。无忧在队列里如果站姿好，蔡老师就会马上关注他，鼓励他，甚至会在全班同学面前表扬他，还会在课间给他贴一朵小红花，我也会及时赞扬他。而无忧在保持纪律的时候，显然就不能再四处乱跑，这是一种"对不兼容行为的差别强化"。

　　这种强化方法非常常见，也更令家长喜闻乐见。但是我的切身体验是，很多时候它只有在与惩罚措施联合应用时，才会起效。就像无忧是在被"罚时出局"之后，我们的强化才奏效。只有孩子能适度地抑制内在强化物的刺激，才有空间让其他强化物产生作用。

无忧一年级刚开学时，在课堂上很喜欢不举手就直接插话，他这么做是为了表现自己，更是为了赢得蔡老师的关注。我和蔡老师商量过后，很一致地告诉无忧，只要他举手回答问题，蔡老师就一定会叫他回答问题，还会给他贴小红花。但是如果他打断老师讲话，不仅会被批评，被扣小红花，甚至还会被我直接带出教室。我记得因为这个问题的"罚时出局"就发生过一次，在蔡老师的及时强化下，无忧很快就习得了先举手再回答问题。帮助无忧用符合规范的行为，替代之前不恰当的行为，来满足自己渴望老师关注的需求，这种强化方法是一种"对替代行为的差别强化"。

总的说来，在陪读的过程中，我和蔡老师密切配合，在尽可能少用惩罚，巧用惩罚的前提下，对无忧恰当的行为进行了大量的强化干预。我在"每日复盘"中也会积极肯定无忧每一天的进步，让孩子既感受到明确的行为界限，理解其原因，也能体验到自己的成长，收获自我认同感和自信心。

4. 动因操作

"这也太难了！"无忧刚开学时经常这样抱怨学校生活的各种要求。尤其是写汉字，他似乎难以接受一次要写那么多汉字，而且还要写好。我一开始觉得写字这么简单的事，怎么还这么费力？可是渐渐地我发现，无忧是真的觉得很困难，他无法同时顾及这么多笔画的准确占格，也不知道该怎么观察比较好。这和他的模仿能力不好，以及分散的注意力状态都有关系。

于是我就和蔡老师沟通，请求蔡老师降低对无忧写字的要求。同时我在家里也耐心帮助他观察占格，不仅不再要求他的笔画有多么标准，还及时鼓励他能观察到重点笔画的写法。我发现经过这样的处理，当写字对于无忧来说不再那么可怕，他的情绪就变得平稳起来，也能更好地集中注意力慢慢写了。等到二年级的时候，我已经不用再看着无忧写字，他能够独立按时完成所有作业，并且完成质量很不错。

我降低了写字的难度，减少了孩子因为频繁出错而体验到的厌恶刺激，并且及时强化他的努力和进步。这样就能减少无忧对写字的逃避行为，并且让他体验到更多的成功。久而久之，随着写字技能的逐渐提升，无忧自然会感到熟练和自信。这种降低难度，增加强化物的办法，被称作"动因操作"。

刚开学时，无忧总是想到操场上奔跑，我问他原因，他说是坐的时间太长了，喜欢操场，想去上面跑。教室久坐让无忧感到疲劳和厌倦，这无疑会增加他不恰当行为的频率。因此那时候中午接到他以后，我就先带他去家附近的公园疯跑散心，晚上也带他早点复盘入睡。这种让无忧保持充沛饱满的精力的方法也属于"动因操作"。

孤独症孩子要非常努力才能适应这个世界，孩子们会感受到很多困难，这些困难会让孩子们畏难、逃避，甚至产生攻击行为。家长要尽可能想办法帮助孩子降低困难任务的难度，耐心帮助和陪伴孩子克服难关，多积极鼓励，并且对孩子有合理的期待。

以上就是我们分享给大家的一些好用的管理孩子行为的办法和经验。值得指出的是，任何行为学方法的使用都要考虑到孩子的具体实际情况，不可生搬硬套。因此，还需要家长多想办法，灵活应用。

有效减少刻板行为

无忧从小到大都表现出了那些刻板行为呢？5岁以前主要是动作上的刻板，比如转轮子、来回跑动，身体转圈儿，5岁以后多了手指作画和斜眼视物这两种刻板行为。5岁半开始表现出比较明显的思想上的刻板，是会反复纠缠某个话题。此外他从1岁左右就开始展示出对科学类绘本的特殊兴趣，尤其集中在数学和天文学这两个方面。

　　单看这些自我刺激行为，或许会令人感觉也没什么，毕竟普通人有时也会出现抖腿、转笔、哼歌这样的自我刺激举动。可是，无忧在应该正常游戏的时候，却在自我刺激。在应该社交互动的时候，也在自我刺激。在应该和老师学技能的时候，还在自我刺激。换句话说，他陷在自我刺激的陷阱里，而难以从正常的活动中获得乐趣。

1 岁多的无忧在转轮子

　　这就是孤独症孩子非常典型的行为特征，他们特别容易学会不恰当的、功能不良的行为，难以习得恰当的、功能良好的行为。究其原因，是因为孤独症孩子非典型的神经发育，社交神经系统的功能异常导致他们难以有效处理社会信息，并为之赋予重要价值。因此他们会无所顾忌地追求自我刺激，而这毫无疑问会影响他们的成长和发展。

　　无忧 6 岁才确诊孤独症，在此之前我在不知情的情况下，一直没有特殊看待他的刻板行为和特殊兴趣。我耐心地支持着他的特殊兴趣，甚至给他买了更多的玩具车。这就带来一正一反两个后果，有关特殊兴趣，我会在下一小节讲述，这里先说说无忧的自我刺激行为。

　　5 岁时，无忧的"旋转游戏"变得越来越频繁，并且开始大力旋转滑板车、平衡车，我感觉如果小轿车能拿得起来，他也会毫不犹豫地旋转起来。他的这类行为已经具备明显的危险性，曾经无意中撞伤过两个孩子，差点撞伤一个大人，我也因此差点两次挨打。

尽管此时他还没有确诊，但是我已经意识到他的这种行为的危害。不仅仅是危险性而已，我也察觉到他这种不会好好玩儿的行为极大地制约了他的发展，让他难以参与到同龄人的游戏当中。我很想约束住他，但我发现好好讲道理根本不起作用。于是我渐渐失去耐心，情绪变得越来越急躁。

通过前面的讲述我们已经知道，无忧自我刺激行为的强化物是内在的感觉强化物，而且他转得越快，转的东西越重得到的强化物就越快越多。这种内在的感觉强化物是如此强烈，以至于很难找到其他的外部强化物去替代，我也无法将之消除。这就意味着"强化"和"消退"的行为学办法都难以起效，可能只有适度的惩罚才能抑制住无忧的自我刺激行为。

可惜讥讽和怒吼并不是明智而有效的惩罚措施，最明显的就是我发现无忧看我不在身边时，这种刻板行为反而更加强烈了。而且，因为我暴躁的态度，无忧的情绪开始变得不稳定。幼儿园大班下学期时，他对抗和哭闹的行为明显开始增多，晚上睡觉也不太踏实，入睡困难，还容易夜醒。如今我回想起一年级开学前夕我和无忧之间这种糟糕的关系状态，仍感到后怕。

无忧在一年级开学后第三周确诊孤独症的事实，终于让我以正确的视角去看待无忧那些令人困扰的行为表现。我这才意识到无忧不是故意胡乱玩儿，他只是无意识地沉溺在感觉刺激强化物中，压根没有机会体验到好好玩的乐趣。他也不是不想和小朋友们好好互动，他只是不会，他甚至想通过展示他心爱的"旋转游戏"来吸引小伙伴的关注和喜爱。我也终于理解，为什么大班后期无忧的旋转行为越来越频繁，是我的焦躁粗暴令他感到不安全，他只好栖身在那个他熟悉的世界里寻求稳定感。

　　自我刺激行为对无忧有多重意义，既是他的游戏方式，也是他缓解压力的方法，是他的自我表现，也是他社交的姿态。无忧确诊后，我对他的理解是从对他的自我刺激行为的深入体会开始的。我记得觉察到这一切的那天，走在路上的我忍不住流下泪来。我的孩子卡在感官刺激的陷阱里，我却责怪他没有善于奔跑的双腿。从那天起，我就发誓我一定要帮助我的孩子，帮助他从无意识的感官刺激中解脱出来，帮助他学会用恰当的行为去满足自己的不同需求，帮助他体验到更加丰富多彩的世界。

　　我和我先生仔细复盘了无忧的自我刺激行为，首先可以明确的是，既然无忧的自我刺激行为有这么多功能，那么理想的情况下，如果我们能教会无忧用更好的方式满足这些功能，他的自我刺激自然而然就变少了。然而行为干预是个长期的过程，这就意味着在一定时期内无忧的自我刺激行为并不会消失，也不需要完全消失，一如普通人偶尔也会出现这样的行为。

　　其次，我们希望能降低这类行为的频率，否则无忧也没有机会学习新的技能。我们发现家里的玩具车太多，而这在无形中会强化无忧的刻板行为，于是我们借着搬家之际打包存放了无忧的一部分玩具车。无忧多次询问他的车去哪里了，我通过陪伴他拼乐高，拼拼图等游戏互动来转移他的注意力，很快他就不再过问。不久之后，我们打算再处理一大批他的玩具车，结果这次遭遇了无忧的强烈反对，看他情绪十分激动，我们就暂时没有处理。

　　在学校里，我和班主任蔡老师默契配合，适度惩罚无忧的违规行为，大力强化他的恰当行为。行之有效地支持他适应学校生活，提升自我管理能力。每天晚上入睡前我带他在温馨的气氛下，分享彼此的感受，多角度复盘每天的大事小情。通过引导他换位思考，帮助他理解和认同规则，促进他行为、情感、认知三方面的内在整合。课外时间，我以诚意建设的"养育同盟"经常一同带娃出游，孩子们彼此也互相邀约，在这种接纳、包容的人际关系中，无忧对友谊的感知和理解也日渐提升。我们一家人之间更是温暖、和谐，我们夫妻俩经常深入复盘无忧的行为表现，探讨该如何矫正他的某种行为。我们一致且坚定地给无忧树立行为的边界，及时调整行为干预的办法。在我情绪不够稳定的时候，我先生就像我的安全岛，总能给予我最安稳的支持。

就这样一晃快一年过去，不知不觉中我们发现无忧的旋转行为几乎消失了。他变得会玩儿了，闲暇时间他会自己看书、听书、绘画、拼乐高、看他喜爱的天文视频，或是找我们玩儿，找同学玩儿。在学校里他的规则意识明显增强，情绪调节能力显著改善，思维也不再那么刻板、僵化。有一天我们再次尝试和无忧商量把他的玩具车送给其他小朋友，没想到他非常痛快地说："可以啊，送给小朋友们吧，我都长大了，不玩那些车了。"听到无忧这么说，我和我先生看着彼此，再看向无忧。我们都知道，无忧长大了！

从行为学的角度来看，无忧自我刺激行为频率的大幅度降低，是他全方位行为功能改善的结果。在这个过程中既包含有外加的适度惩罚对不恰当行为的抑制，也包含有外加的强化逐渐过渡到自然强化的行为圈套，还包含有内在的语言规则对行为的掌控，以及持续的练习达成的行为习惯。

孤独症孩子的自我刺激行为是家长们非常关心的一个问题，时常有家长问我该怎么"去除"孩子的某种刻板行为，我理解家长的意思是不希望孩子把时间全浪费在这上面。希望通过我们的讲述，可以帮助大家理解，孩子自我刺激行为的改善是一个系统性变化的结果。家长只需要行动起来，帮助孩子改善那些功能失调的行为，帮助孩子在生活和学习中习得恰当的行为技能，获得掌控感和自信心，孩子的自我刺激行为就会渐渐退出历史舞台。

在兴趣中培养优势能力

我不喜欢把孤独症孩子的兴趣称作"特殊兴趣",我认为每个人的兴趣对他人而言可能都是"特殊"兴趣,这其中包含着我们的禀赋、记忆和情感因素,本身就是个性化的。因此在这里,我把孤独症孩子的"特殊兴趣"称作个人兴趣。

从"特殊兴趣"到"个人兴趣",这其中蕴含着视角的转换和心态的不同。我犹记得无忧刚确诊孤独症时,当我看到一些书籍和文献中将孤独症孩子的兴趣爱好定义为"狭窄兴趣""特殊兴趣"时,我曾经一度难以面对无忧对天文学和宇宙学的爱好,我不想再和他谈论相关话题,甚至不再欣赏他画的画。直到有一天,我意识到自己已经戴上了有色眼镜,在这副眼镜的过滤下,我看待无忧的心态和视角都发生了明显的变化。

后来发生的"小宇妈妈事件"(见第三章)也让我清晰地感受到人的认知偏差是多么微妙,它能扭曲感知,滋生偏见,破坏关系。作为孤独症孩子的家长,我们更要警惕这种普遍的人性,莫要因为一纸标签就带着消极的预期打量孩子的一举一动。这样只会限制孩子的发展,损害我们之间的亲子关系。

如今我已无法判断如果当初无忧很早就被诊断为孤独症,我是否还会像曾经那样耐心培养他的个人爱好。不过可以肯定的是,因为我一直以来的大力支持,无忧在他兴趣领域的个人能力得到了充分的发展。而且他的优势认知能力也迁移到了社会认知方面,他一年级这一年能较快地适应环境也和这种能力的迁移密切相关。不仅如此,无忧还因为他的优势能力获得了自信心和自我认同感,并且在其中寻获了自己未来职业发展的方向。

有关孤独症孩子是否具有非社会认知的优势,不同的家长看法很不相同。有的一口咬定没有任何优势,有的则很确定孩子有某些优势。这种现象和孤独症本身的异质性和多共病的现实有关，也和孤独症的严重程度，以及家长的养育方式有关，并没有简单而统一的答案。在这一小节中我想谈一谈我是如何发现并培养无忧的个人兴趣的，以及他优势能力的迁移与转化。

无忧出生时正值我博士后在站期间，我休了一年的产假，亲力亲为养育他。那时候我给无忧准备了一些黑白闪卡和彩色闪卡，内容包含动物、建筑、风景等，图案类型很是丰富。到他半岁大的时候，我就观察到他十分喜欢其中一套几何图形的闪卡，经常很认真地看了又看，那小模样甚是可爱。

半岁的无忧最喜欢看图形闪卡

除此之外，我也发现无忧对科学主题的绘本更有兴趣。家里的绘本很多，可是8个月大的无忧对一套名为《宝宝的量子物理学》的绘本格外情有独钟，这套绘本也是往后一两年间他的热门读物。不过他最喜欢的绘本还是宇宙和天文方面的，有很多套绘本都因为看得太频繁，书页都翻烂了，掉落下来，又重新回购过3、4次。

1岁的无忧在看《宝宝的量子物理学》丛书

无忧在1岁左右时，也开始表现出对数字的迷恋。他很爱看数学绘本，还没有牙牙学语，却反复练习用手指比画数字。带他去外面溜达，他并不和其他小朋友聚在一起交换玩具，却领着我找遍整个小区上百个车位号。1岁半的时候，无忧就已经能够用笔在白板上歪歪扭扭地写出数字，甚至开始用他的小汽车玩具自己演示加法和减法。2岁多一点的有段时间，他天天拿着表盘模型，没过多久就可以摆出我说出的任意时间。

无忧也很喜欢画画，从1岁拿笔起几乎天天都画。一开始他只画车，各种车辆造型越来越生动有趣。4岁时立体图形的画法无师自通，绘画的主题和色彩也越来越丰富，以至于我的很多朋友都问我无忧是在哪家机构学的画画。

无忧的上述这些兴趣都是他自发产生的，但是他兴趣的维持和发展却和我给他提供的资源、我的关注和陪伴，以及我有意识地培养有关。和很多妈妈一样，我也给无忧准备了很多绘本，大多数都是经人推荐的那种画面精美、温馨可爱的图画书。但是因为我的理科背景，我也给他买了很多科学主题的绘本。原本是想先囤着等无忧长大一些再看，没想到却无意间发现了他的兴趣偏好。不过我之所以会对无忧的个人兴趣爱好这么了解，是因为我很关注他这方面的发展。我会耐心陪伴他做他喜欢的事情，和他一起玩儿数学玩具，带他读他喜欢的天文绘本，带他去天文馆、科技馆，陪着他画画，带他去博物馆，去看很多的风景。

2 岁的无忧已经可以摆出任意时间

看上去很简单，也确实如此。从行为学角度看，在无忧的兴趣培养方面，他表现出兴趣，我给他提供学习的机会，并给予必要的帮助和及时的强化。这样就能很好地促进他在兴趣领域的能力发展。

围绕着孤独症孩子的兴趣培养，经常有家长表示自己的孩子一点兴趣爱好也没有，就是爱收集某种物品，或是到处找公交线路图看，要么就是盯着电梯和齿轮、履带看个没完。家长认为孩子的这些行为表现全都是刻板行为，完全谈不上是有价值的兴趣爱好。其实无忧也收集过玩具车，家里一度摆满了各种类型的玩具车。他也爱看各种地图，从旅游景点地图到世界地图，应有尽有。有一段时间无忧也很迷恋齿轮系统，玩坏了两套齿轮玩具，每次去科技馆都要盯着有齿轮的装置看许久。

一边是数学、宇宙和天文，另一边是玩具车、地图和齿轮，乍一看似乎很难在二者之间找到什么关联。不过仔细品味，无忧的这些喜好当中似乎都有一些共性。无论是喜欢数学，还是宇宙天文，抑或是收集玩具、看地图和琢磨齿轮装置，无忧好像都饶有兴味地沉浸其中，并逐渐摸索出其中的门道。他能自己找到加减运算的运算法则，了解太阳系的基本运作规律，能把各种车越画越好，还越来越了解地球地理常识，并且熟练掌握齿轮运作的基本原理。

通过我对无忧兴趣爱好的深入观察，我发现他很擅长寻找有规律系统的内在规则。而这种系统可以是任何一种包含结构化的内在规律系统，可以是数学、宇宙、天文，也可以是地图、齿轮、玩具车。而无忧的这种认知优势又与他在社会情感和社会认知方面的学习困难形成了极其鲜明的对比，这种强烈的反差一直困扰着我，也是导致我和无忧幼儿园老师意见不一致的重要因素之一。

因此当我在陪读期间阅读文献时看到剑桥大学孤独症研究中心主任 Baron-Cohen 提出的"共情 – 系统化"理论以后，立刻对该理论产生了深深的共鸣。"这说的不就是无忧嘛！"我犹记得当时那种激动的心情。"共情 – 系统化"理论认为孤独症孩子存在对高规律、可预期系统的认知偏好，但是共情能力很差。或者说，他们不能很容易地对人的心理系统进行系统化。在这种理论框架下，我们就不难理解孤独症孩子对有规可循的系统的痴迷，以及在社会认知方面过于简单、僵化的刻板状态。

孤独症孩子对可收集系统与机械系统的爱好，与对数字系统和自然系统的爱好一样，都反映出他们高度系统化的认知风格。一位孤独症孩子可能同时对上述这些系统产生兴趣，就像无忧那样，但孩子兴趣的发展，能力的转化与拓展，却与家庭的养育密不可分。

无忧半岁时，我发现他对几何图形闪卡感兴趣，就开始带他玩家中的几何图形玩具，带他认识每种玩具都有几条边，渐渐地又拓展到家中的其他玩具和日常物品，还从平面图形过渡到了立体图形。无忧很喜欢这种互动，总是聚精会神地听我讲，在这个过程中我想他的数感和空间感都得到了一定程度的发展。

　　8个月大时，无忧对《宝宝的量子物理学》这套书的喜爱令我多少有些意外，现在想来也许是因为上面的图形有趣且有规律。那时家里有一块儿小孩儿磁性画板，我就抱着他一边给他讲绘本，一边儿在上面画相应的内容。我还记得看其中一册《宝宝的光学》时，无忧对光的色散很感兴趣，我在白板上画散射光时，他也想拿笔画。看《宝宝的牛顿力学》时，他对小球上受力分析的箭头也很着迷，我就手里拿着球给他演示重力的作用，这个游戏他简直是乐此不疲。要说一个8个月大的孩子能懂物理是不太可能的，但是他大约能形成一种对物理系统规律模模糊糊的印象。

　　在这之前我没买过科学类的绘本，毕竟无忧还太小了。在这之后看他这么感兴趣，我就经朋友推荐买了一批科普绘本，其中就包括很简单的宇宙、天文类的绘本。没想到正中圆心，无忧表现出对宇宙天文类绘本极其浓厚的兴趣。与此同时，差不多在无忧1岁左右时，他也同时表现出对数字的痴迷。我是理论物理学的博士，博士阶段做的工作就是和宇宙学有交叉的课题，可以说我来带无忧看这两类绘本简直再合适不过。这究竟是种巧合还是某种必然谁也不好说，但是毫无疑问的是，我的参与极大地促进了无忧这两个爱好的深入发展。

　　我陪无忧一起看宇宙天文类的绘本时会给他仔仔细细讲太阳系是怎么形成，并且扩展到宇宙简史和生命简史。我也不知道他听懂了哪些，但是一直是兴致勃勃的状态，大约听妈妈讲话就很舒服吧。我也陪他一起玩数学玩具，耐心地看他一颗珠子、一颗珠子的数数。欣赏地看着他推动两颗珠子，再摆两辆玩具车，伸出小手比画一个数字2给我看。然后再去掉一颗珠子，去掉一辆车，比画出 1 的手势。当时的这一幕令我和家里的阿姨都惊呆了，无忧还不到 1 岁半，那一刻我们都认为他就是个小天才。

　　还有绘画，无忧在 4 岁之前几乎只喜欢画车，为了帮助他更好的画车，我就经常带他去汽车博物馆和铁道博物馆，并耐心引导他观察不同车辆的区别和特点。后来为了开阔他的视野，我又常常带他去北京植物园、动物园和海洋馆，同样耐心引导他观察不同的动植物的细节和异同，还会给他讲不同地域、不同品种生物的生存之道。这种陪伴和支持让无忧绘画的主题变得丰富多元起来，他也从抗拒涂色开始喜欢上颜色的搭配和组合。无忧用笔越来越熟练，对主题、元素、构图、色彩等都渐渐形成自己的感受和看法。这些不仅仅是绘画能力的提升，也是他认知能力的整体发展。

国家植物园和北京动物园无忧都去过几十次

我带无忧看"宇宙"和"车"

　　这样看起来，无忧是多么聪明的孩子啊，他怎么会是孤独症呢？是啊，那时候我身边的很多亲朋好友都认为无忧非常聪明，以至于无忧确诊孤独症后大家都很惊讶。其实，孩子表现出非社会认知方面的早慧，并不意味着他有孤独症的风险。但是，如果与此同时孩子还表现出社会情感和社会认知方面的发育迟滞，以及刻板的动作，那家长就要高度警惕了。

　　从前面的讲述中相信大家已经看到，1岁半的无忧已经展现出比较明显的社交沟通方面的问题。他和人对视少，不爱模仿，不学语，不和同龄人互动，爱转轮子，爱四处乱跑。综合所有这些特点，就不难看出无忧孤独症的早期行为表现。如果我能够不忽视、不放任无忧的社会性发展方面的问题，如果我有科学的干预方法，那么现如今的无忧会是什么样子呢？

　　由衷地希望看到本书的家长朋友能够像重视孩子的身体发育、动作发育、非社会认知的发育一样，重视起孩子的社会性能力的发育！莫要顾此失彼，因小失大！

不过客观说来，无忧的个人兴趣已经充分发展成了他能力上的优势，在这个过程中，他的认知能力也得到了显著的提升，而且这种能力优势在他的社会性发展上也起到了作用。因为他的逻辑理解力比较好，我在带他做复盘时明显感觉到，当我让他把某种社会信息当作一个有规则的系统去理解时，他的思维就变得活跃起来。而且经过我的引导，他能够比较快地理顺其中的逻辑，并达成内在的认同。而这种内部的语言规则起到了很好的维持恰当行为表现的作用。

无忧优势能力的发展也让他自己切身体验到了自信和自我认同感，这令他的整体精神面貌积极而乐观。他在绘画和宇宙天文方面的学习历程，也让他感受到持之以恒地练习的重要性，"就算有兴趣，不练习也不会进步。就算一开始感到困难，慢慢练习也会变得简单。"无忧是这样表达兴趣、困难和练习之间的关系的，这种体验和认识对他后来逐一克服成长中大大小小的困难起到了很好的促进作用。

无忧也因他的个人兴趣确定了他未来的职业发展方向，他想成为一名航天工程师，或者宇宙学家。现如今7岁的无忧在宇宙、天文方面的知识储备已经非常丰富，他在讲相关话题时眼睛在熠熠生光，令我们感到喜爱和尊重。我们也衷心祝愿他能够通过努力实现自己的梦想，为这份事业作出自己的一份贡献。

总的说来，无忧系统化的认知优势在他的成长中起到了极大的保护和促进作用。其实对于任何人而言，围绕着自己的兴趣领域，持续而深入的发展个人能力都是一件重要且幸福的事。对于孤独症孩子而言，这一点可能更有意义。孤独症孩子的家长需要通过敏锐的观察，耐心的陪伴，积极的支持去发现和培养孩子们的优势能力，灵活地帮助孩子实现能力的转化和迁移。

无忧妈妈的话：

　　大脑的非典型发育，社交神经系统的功能障碍，令孤独症孩子很容易陷入感觉刺激的陷阱之中，忽视重要的社会性刺激。这会影响他们一系列与社交沟通相关的技能的发展，例如共同注意能力、模仿能力、合作互动能力、语言能力等。从外显行为的角度看，家长可以观察到孩子不看人，不学语，不会玩儿，不听指令，同时有重复刻板的动作，有奇特的兴趣爱好。

　　正常的养育是无法满足孤独症儿童的成长需要的，通过有针对性的、科学的行为干预才能矫正孩子们不恰当的价值和功能不良的行为。这给家长养育孤独症孩子带来了很大的挑战，但只要熟练掌握行为学的干预方法，在养育实践中根据孩子自身的特点，持续摸索，并且灵活调整养育的方法，就能够改善孤独症儿童的社交沟通障碍，以及相关的情绪和行为问题。

　　尽管孤独症孩子的社会性发展不足，但是很多孤独症孩子都具有系统化的认知优势。家长如果能够敏锐觉察，并且耐心培养孩子们的优势能力，将孩子们的优势能力转化并扩展到其他的学科领域，就能在一定程度上促进孩子认知能力的全面提升。家长也可以通过引导孤独症孩子将其系统化的优势迁移到社会认知上去，巧妙提升孩子们的规则意识、社交能力和自我管理能力。

　　科学干预，善用奖惩；尊重特性，培育优势；接纳情感，促进认知；转化优势，利而用之；行而不辍，未来可期。在这样的养育思路下，相信每一位孤独症儿童都会焕发生命的活力，有内在动力去克服成长的难关，有爱加护去成为最好的自己。

全方位养育健康孩子

系统改善（Systematic Improvement）

在本书的前面几个章节，我多次提到过"每日复盘"的重要性。从情感角度讲，每日复盘能够很好地促进孩子情感感受、情感表达和情绪调节能力的发展。从认知角度讲，每日复盘能够培养孩子的观点采择能力，发挥孩子系统化的认知优势，灵活促进孩子的社会认知能力。从行为角度讲，每日复盘可以配合当天的行为学干预，帮助孩子理解规则的必要性，并且对规则产生内在的认同。从心智的整合角度讲，每日复盘可以帮助孩子整合情感与理智，自我与他人，促进孩子心智的全面发展。

"每日复盘"的好处很多，但是我想要带无忧做这件事的初衷，其实并不是上述这些考虑，复盘的种种优势是慢慢摸索出来的。无忧大班后半学期，因为他的不当行为与环境的冲突越来越频繁，我在教养中的情绪越来越急躁，无忧的状态也越来越焦虑不安。他的刻板行为开始变得更加频繁，在幼儿园的对抗和哭闹行为也开始增多。无忧的睡眠也受到了影响，晚上越睡越晚，入睡很困难，常常夜里十一点左右才能睡着。睡眠也很不踏实，经常会醒。第二天起来明显精力不佳，有时起床稍不顺心就会哭闹不止。

无忧确诊后，我对自己在无忧开学前那几个月因误解而生的暴躁感到十分自责。我能清楚地感觉到我的养育不当对无忧的影响，他的行为在退化，我知道我必须修复我对孩子造成的这种负面影响。因此，起初带无忧进行复盘时，我是想修复亲子关系，并且最主要的，帮助他调整睡眠。

良好睡眠使大脑修复

其实这并不是无忧第一次表现出睡眠紊乱，幼儿园小班时，他就出现过类似的睡眠问题。究其原因，一方面是因为他的情绪压力太大，又缺乏适龄的情感表达和情绪调节能力。另一方面是因为他过度追求感觉刺激，这令他处于一种弥散的亢奋和注意力分散的状态，也不利于他的静息入眠。

睡眠对于任何人都非常重要。在睡眠中，人类大脑中的蛋白质得以重新组装，突触获得重组，大脑得到恢复。充足的睡眠和注意力密切相关。在缺乏睡眠的情况下，大脑中原本在夜间释放增多的抑制性神经递质——氨基丁酸会聚集在神经元中，在觉醒的情况下释放出来，导致注意功能损害，表现为注意力涣散。睡眠也有助于记忆。白天的学习在大脑中增加了新的突触连接，夜晚的睡眠会激活大脑同样的脑区，促进记忆。同时，大脑在睡眠中会削弱那些不太活跃的神经突触连接，为大脑腾出空间，避免过度活跃。

因此在缺乏睡眠的情况下，会导致注意力和记忆受损。不仅如此，失眠也会使人体进入应激状态。这一方面会激活人体的交感神经，让人们感到烦躁，易激惹。另一方面也激活了下丘脑 - 垂体 - 肾上腺皮质轴，导致释放应激激素。长期失眠会释放过多的应激激素，进一步导致海马体受损和记忆力下降。

失眠应激也会影响免疫系统。神经系统激发免疫系统释放更多的细胞因子，导致人体产生发热、嗜睡、缺乏精力、食欲减退、兴趣减退等症状。而长期失眠所产生的过量应激激素又减少了用于蛋白质合成的能量，使得免疫细胞大量减少，导致患病概率增加。

可以看出，良好的睡眠规律对孤独症孩子的成长和发育格外重要。睡眠不足造成的一系列问题会导致孤独症孩子更易激惹，思维更加刻板对抗，情绪更加极端激烈，刻板的行为更加频繁，也更容易产生攻击行为。

"每日复盘"是一种非常好的帮助孩子调整睡眠的方法，不过这个方法要想起效，有两个重要的前提。其一是亲子关系要有很好的基础，其二是复盘的氛围要温馨有趣。简单说来，复盘应该是一个孩子很喜欢的，帮助孩子舒缓情绪的过程，而不是被批评教育的厌恶事件。

我一开始带无忧复盘时，他的状态是茫然而有些紧张的。那几个月我着急想约束他那些不恰当的行为，但因为缺乏科学的干预方法以致效果欠佳。我挫败又焦虑，没少对无忧说冲动过头的话。在复盘时，我发现他的身体不是舒展而松弛的状态，我在抱着他的时候，也能感觉到他对我的无意识的警惕。感受到无忧的这种情绪状态，作为母亲，我既心疼又自责。我发自内心地向他道歉，并且请求他的原谅。我告诉他，我误解他了，我不该对他说那些不好的话。

复盘的头几天，无忧都没有什么反馈，他时而用手指在空气中写写画画，时而嘴巴里发出某种爆破音或者弹舌音，但我能感觉到他在听我说话。无忧需要时间去感受我的变化，关系的修复不能急于求成，于是我开始给他讲我小时候的故事，我想通过这种方式调节气氛，帮助无忧放松下来，重新建立和我之间的连接。

有一天，我讲到有一年暑假，我表弟、表妹都在我家住，我们可太开心了，每天哈哈大笑到喘不过气来。我们仨还老去做鬼脸逗我妈妈开心，我妈妈说我们是三个"小坏蛋"。此时无忧突然问我："妈妈，我是个坏孩子吗？"

我听闻先是一愣，再是一惊，紧接着感到非常难受。那段时间我总说无忧是个坏孩子，说的时候语气中充满了厌恶和嫌弃。孩子信任我，相信我说的话，我这一句"坏孩子"带给他多少伤害、困扰和禁锢呢！从行为学的视角看，我不断地给无忧强化的内部语言规则居然是"我是一个坏孩子"，这也就无怪乎他那段时间的行为表现越来越消极对抗，他是在用行动证明我说的话啊。

"当然不是！无忧是妈妈心中的好孩子！是妈妈最爱的孩子！"我调整了一下呼吸，非常坚定地对无忧说。无忧听到我的话，居然轻轻了叹了口气，就仿佛他心内积蓄已久的压力终于松动了一些，散去了一些。紧接着他又问："妈妈，那你为什么说你不要我了？你是要把我给扔了吗？"

我一时语塞，"不想要他了"这样的气话我也确实没少讲。原本只是情绪所致，没想到孩子却牢牢记在心里，像一根横亘在心里的刺。我心里也有刺，过去这些时日我的养育压力，我对无忧的万般担心，我在养育中的无力感，一时之间全都交融在一起，眼泪大颗大颗地顺着脸颊滴落在枕头上。

无忧感觉到我在流泪，伸出他的小手摸着我的脸，那双小肉手柔软而温暖，"妈妈，你怎么哭了？"他轻轻地问我，语气中满是担忧。"无忧，妈妈那样讲是因为太生气了，妈妈帮不了你，妈妈很害怕。"我哽咽着回答，这是我第一次对无忧讲出我内心的深层感受。"妈妈不该那样做，吓到宝宝了吧？"说罢我一把搂住无忧，用手轻轻地拍着他的后背。

无忧的小肉手还捧着我的脸，他没有说话，好像陷入了沉思。片刻他回过神来了似的，紧紧搂着我的脖子，语气轻快地说："妈妈你做错了吧！"无忧的身体快活地扭动着，这是他开心时的典型动作。不知为何，我好像感觉到他心里的压力又释放出来了一些。

"嗯！妈妈做错了！大人不能这样吓唬小孩子！妈妈以后再也不会这样了！"我郑重其事地对无忧说，"你能原谅妈妈吗？"我问无忧。"能！妈妈，我能原谅你！"无忧马上回答。我们紧紧地拥抱着彼此，我终于能再次感觉到我和无忧之间久违的母子情感连接。

这个晚上无忧不到 10 点半就睡了，在这之后我们每晚的复盘几乎都是这样温暖的气氛，复盘成了我和无忧都很期待的亲子时光。一年级开学一个多月后，无忧就养成了 9 点半入睡的习惯。看到孩子的变化，我和我先生都感到很是欣慰。特别是我先生，他将我的变化称为"悬崖勒马"。之前他就和我谈过很多次我暴躁的情绪，他说"关系应该是第一位的，没有了关系、教育必定失灵。"诚如我先生所言，如果破坏了亲子关系，孩子就如断线的风筝，随风飘零。

孤独症孩子在用自己的方式和这个世界相处，孩子们会遇到很多挫折和困惑，更加容易积攒负面情绪。这些情绪压力不仅影响孩子们的注意力和记忆力，还会影响孩子们的睡眠和免疫力。希望我们的分享能够给大家一些启发，要想让孩子睡个好觉，就要让孩子感受到爱和安全感。孤独症孩子的成长是个长期的事情，尊重孩子发展的节奏，合理期待，活在当下，过好每一天。

运动有助于改善注意力

我热爱运动，对自己身体的掌控感让我感觉到安稳和自信。在我状态不是很好的时候，出去跑跑步就能重获生机。很多人都有类似的感觉，运动令我们的头脑敏捷、身手康健。因此每当我看到无忧呆坐在那里转轮子，或者转动地球仪的时候，我都禁不住去想象他的内心世界，那会是一种什么样的状态呢。

当我模仿无忧的动作飞快地转动地球仪时，我确实能感受到转动越快感官上就越刺激。这种刺激让人处于一种盲目又僵化的兴奋状态，就好像我无聊刷手机时，手指快速滑动屏幕的那种感觉。当我感触到这一切，我很确信，运动有助于无忧改善无忧的注意力品质，促进他的大脑发育。

从神经生化的角度来看，运动有"5增1减"的神奇功效。首先，运动能增加大脑前额叶皮层和海马组织的血流量。神经元受到刺激以后释放的一氧化氮可以扩张局部脑组织周边的血管，并且促进产生新的毛细血管，从而进一步增强脑供血和代谢能力，起到保持并提升神经元活性的作用。不仅如此，运动也能有效促进这些脑区脑源性神经营养因子的释放。这种蛋白质可以保持现有神经元的健康活力，促使它们彼此连接，同时也有助于生成新的神经元，对大脑的发育和功能的维持都至关重要。

运动也可以提升大脑中 5-羟色胺、去甲肾上腺素和多巴胺这三种重要的神经递质的水平，并且增强以它们为递质的神经元的电活性。这三种神经递质与维持人的心理健康密切相关，即有助于增强人的冲动控制能力和自我调节能力，也能提高注意力，提升大脑的执行功能，还能帮助人们调节情绪，改善睡眠和食欲，让人们保持愉悦的情绪和饱满充沛的精力。

运动还能促使大脑释放内啡肽这种神经肽。内啡肽有助于人们保持愉悦感和放松感，同时也能提高神经元的可塑性，促进神经元的连接与再生，从而提升注意力、记忆力等多种认知功能。内啡肽也能增强免疫系统中自然杀伤细胞这种白血球的活性，因此可以改善身体机能，增强人体的免疫力。内啡肽还能抑制人们对高糖、高脂肪食物的欲望，有助于人们保持健康的体重和良好的身体状态。

除了这"5增"以外，适度的运动还能降低人体内皮质醇、肾上腺素等压力激素的水平，帮助人们缓解精神压力，消除疲劳，维护代谢功能，改善睡眠质量。

运动有这么多益处，我本人也从中获益良多，因此早在无忧确诊孤独症以前，我就很重视无忧运动习惯的培养。自打他出生起，我先后给他报过游泳班、少儿体能班、武术班、轮滑班和足球班这五种运动班，还试过平衡车、篮球和跆拳道的课，我希望通过给他提供多种运动机会帮助他找到喜欢的运动项目，然后持续的锻炼成长。

然而除了足球以外，上述运动课程没有一个坚持超过1年的，原因是我和无忧都无法坚持下去。无忧在这些运动课程上基本不配合教练的指令，不是我对他要求高，而是和同龄人相比，他是如此无所顾忌、难以管理。

看着他在场地里到处乱跑，满地打滚儿，既影响别的孩子上课，又有安全隐患，我和教练们也曾商量过很多种帮助他慢慢"步入正轨"的办法。从耐心沟通示范，到适当鼓励批评，无奈不论如何努力，效果都不太好。无忧还是一转眼就撒欢跑了，或者躺在地上打滚旋转。"无忧妈妈，孩子这样实在太影别的孩子上课，要不您看给他转成一对一的课，咱们教练也有更多的精力管他，可能效果会好一点儿。"这成了我那几年最常听到的几句话。想想每周送他去上1-2节运动课，大部分时候还要全程陪同管理，我真的感觉身心俱疲，坚持不下去也是必然。

我给无忧报过 5 种运动班

我那时候真的难以理解无忧怎么会不喜欢体育运动，他这个年龄那些所谓的运动班其实都是寓教于乐。小朋友们和老师一起边玩儿边学，多有意思啊。可是无忧好像永远游离在群体之外，感受不到运动和游戏的乐趣。我越来越不满他这种状态，带他上运动课时的情绪也越来越急躁和不耐烦，在这种情况下，他对运动课就更抵触了，简直就像是陷入了某种死循环。

无忧上一年级确诊孤独症以后，了解到孤独症的特征，我才恍然大悟。无忧我行我素，不听指令是因为他不在意社会性的奖惩。他满场乱跑，躺地打滚儿转圈儿是在追求更多的感觉刺激。他不学动作，动作笨拙是因为模仿能力和运动协调能力都不好。他对我和教练苦口婆心的劝说无动于衷，是因为他语言能力还不好，对规则的理解度不高，我们的输出对他而言压根消化不了。

这种姗姗来迟的理解一下子就缓解了我积攒多年的困惑。诚然作为一位爱好运动的母亲，无忧孤独症的现实，他运动能力的不足，难免令我感到十分的遗憾。但是转念一想，这些年的运动经验告诉我，只要持之以恒地慢慢练习，先天不足的情况也能有很大的改善。

一年级阶段，无忧只有足球课这一个运动班，这之前半年我还在为两件事发愁。一是他总是埋怨教练声音太大，让他很不喜欢。二是他在足球课上经常性地发呆，常常一节课三分之一的时间都是在球场外围漫无目的地走动。我没少为这两件事批评他。

确诊之后，我很快意识到无忧的听觉多少是有些敏感的，教练的声音刺激到他的神经，令他感到焦虑不适。而很多孩子在一起进行训练的足球课程对他而言难度过大，他协调性本来就不好，动作笨拙，接球、踢球对他而言都比较困难。其他人也不清楚他的情况，难免会偶尔不经意批评指责他。在这种情况下，畏难逃避也是必然。

因此我曾经想过暂停无忧的足球课，另外挑选一项他喜欢且相对擅长的运动项目。但是我知道找寻这样一个合适的项目是不太容易的，毕竟我已经带他尝试过很多种了。无忧曾经唯一说过他想报的运动班就是平衡车班，我也带他试过一节课，结果他直接骑出车道，差点儿撞到对面车道上的孩子。我想在还没有找到合适的运动之前，先继续上足球课，通过我对他的鼓励和支持，帮助他逐渐适应节奏。

关于孤独症孩子的感觉敏感，在无忧身上表现出优势和影响并存。无忧绘画能力出众与他敏锐的视觉感知和极好的空间感不无关系，但是触觉敏感和听觉敏感也带给他一定的困扰。4 岁左右的时候，我观察到无忧对衣服的材质和异物感非常敏感。正常裤子的裁剪拼接处都会令他感到不适，特别是裤子里面的商标，就算剪掉了，如果没剪的特别彻底，他也会走一步动一下，调整一下。我对他这种行为并没有过多的干涉，只是耐心地给他看裤子里面的裁剪和商标，我摸一摸也让他摸一摸，告诉他其实很安全，没有他感受到的那么不舒服。就这样过了几个月，他也就渐渐脱敏了。

我也尝试这样去处理无忧嫌足球教练声音太大这件事。我带他玩儿角色扮演，我先扮演教练，他扮演学员，我很小声地和他讲话，他就笑了。再把角色换过来演一遍，他一会儿大声说话，一会儿小声说话，笑得更开心了。不仅开心，也切身体验到教练在操场上如果不大声喊话，小朋友们是压根听不清的。他自己后来还引出类似的道理，比如蔡老师如果在讲台上小声讲话，他坐在最后一排肯定也听不清，公交车售票员到站了如果小声报站名，乘客可能就会坐过站。我发现这样的方式能够很有效地帮助无忧协调听觉敏感，很快他就不再抱怨了。

这带给我的启发是，孤独症孩子的感觉敏感可以通过认知重评的过程来得到缓解。感觉敏感引发了孩子们的情绪焦虑，如果我们能帮助他们体会和理解很多感受并没有那么不安全，有些事情也有其必要性，他们的大脑皮层就可以发挥作用，起到抑制过剩的感觉及其情绪唤起的作用。

我也不再责怪无忧在球场上走神儿，反而对他的努力表示肯定。尽管他觉得足球这项运动对他而言很是吃力，他表现得不好时教练和小朋友们带给他的反馈也令他很是沮丧。但是他一直没有放弃，还在持续坚持，我告诉他，我认为他很棒。我记得很清楚，无忧第一次听到我这么说的时候，呆愣了一下，然后突然紧紧把我抱住。当时我们正走在过街天桥上，感受到他和我之间的这种真实的连接感，我知道我做对了。

这之后，无忧在足球课上的表现越来越好，尤其是在技术训练环节。这一部分比较结构化，认知负荷没有那么大，就是跟着教练做动作。我观察到一个月下来无忧的动作模仿能力越来越强，尽管和同龄人相比还是明显的笨拙和不协调，但是他自己在持续的成长和进步。

雪天无忧下足球课，我们接他回家

足球这项团体运动也给无忧提供了一定的社交练习的机会。尤其是在分队打比赛时，一个队里的小朋友要密切沟通，相互协作，完成运球、传球、射门等一系列动作。无忧在这个过程中的社交互动也越来越积极，但是我发现很多时候他的社交反应都比较缓慢，不能满足对方即时互动的要求。而且他也经常不能理解对方想让他做的事情，难以消化那些复杂微妙的非语言信息。

总的说来，团体足球这项运动能带给无忧的社交促进是有限的，它挑战性有余，支持性不足。如果有可能的话，最好是要和教练沟通无忧的情况，请求教练的帮助，以便给无忧创造更多的社交机会。但是考虑到这样的团体课人员构成比较复杂，我并没有和教练组进行这样的沟通。不过，足球这项运动对无忧身体的协调性、灵活性和模仿能力都有不小的促进作用。从提升身体运动机能的角度讲，足球以及其他各种球类运动还是比较值得推荐的。

除了足球课以外，一年级下半学期开学时我先生提议我们带无忧一起跑步，他说跑步这种个人运动可能会更适合无忧，于是我们就开始鼓励无忧一起跑步。一开始无忧还是挺愿意跑的，因为在他印象里跑步就是跑跑停停，就像玩儿一样。可是当他发现我们是在不停歇地奔跑，运动强度远远比他想象中的大时，他就开始出现抵触情绪。每次出门前都会哼哼唧唧地消极抵抗，找各种理由想要逃避跑步。

为了解决这个问题，我们一方面降低跑步带给他的困难感觉，允许他跑跑停停，还时不时讲个笑话调节气氛。另一方面，我们答应他回家后可以看一会儿他最喜欢的宇宙视频，借此激励他坚持跑步。就这样一晃坚持了一年多，现如今无忧以中等速度跑 5 公里是不成问题的。

我们已经能够看到持续的运动带给无忧的好处。首先是帮助无忧成功控制住了体重的增长，一年级这一学年他身高增长了 9 厘米，体重增长一直控制在 6 斤以内。尤其是腹部的脂肪明显减少，身体也更协调敏捷、平衡有力。其次，运动改善了无忧的刻板行为，多运动本身就有助于减少刻板行为的发生，而且每次运动过后，无忧的状态都更加平静，注意力更加专注，注意力的切换也更加灵活自如。最后，运动也改善了无忧的睡眠质量，让他更容易入睡，睡的也更加安稳。

运动习惯对人非常重要，不仅仅是从保持身体健康的角度出发，擅长某项运动有助于我们围绕着这项运动进行社交，发展友谊，并且提升自我认同感。培养孤独症孩子的运动技能能够增加孩子们的社交机会，提升孩子们的社交技能。随着年龄的增长，良好的运动习惯和参加体育活动的经验有助于孤独症孩子参与到集体活动中去，这对孩子们的社会性发展和保持心理健康都有着重要的意义。

我们带无忧一起跑步

因为运动能力不佳，不少孤独症孩子是抗拒运动的。家长要切记不要强迫孩子参加某项运动，锻炼可以是很有趣的，家长要找到办法激发孩子的运动兴趣。想办法降低运动难度，巧妙的奖励，以及积极的陪伴都是不错的选择。运动形式也可以是多样化的，各种运动形式也可以混合在一起。今天跳绳，明天跑步，后天骑自行车，毕竟无论何种运动形式，坚持才是最重要的。

养成均衡饮食习惯

在前面的章节中我提到过，我是在无忧 2 岁 9 个月到机构学习语言时，才意识到他在饮食方面有问题。那会儿只是知道他的咀嚼和吞咽的能力都有些弱，后来还发现他对食物的质感和味道都比较敏感。尤其是高纤维的食物，他吃了以后会出现干呕的反应。无忧也比较挑食，他酷爱吃面条，拒绝吃绿色蔬菜，也不喜欢吃水果。这种高碳水的饮食结构让无忧的体重一直有些超标。

不过除了这些以外，无忧的胃肠功能一直都运作得很好。他 6 岁以前没有拉过肚子，第一次拉肚子发生在小学一年级时，可能由于他老用脏手抹下嘴唇而导致的。他也没有因消化不良而积食、胀肚、便秘、呕吐过，胃肠消化能力一直不错。事实上，无忧 3 岁以前基本上就没得过病，身体各项成长指标都很好，非常好养育。

从我的角度讲，无忧的身体好也在我的预料之中。怀孕 6 个月前，我就开始适量补充叶酸和 Omega-3，并且很注重个人饮食，从不食用零食、饮料。怀孕后期我的血糖稍高，但是经过饮食上的调整，也很快就恢复正常水平。整个孕期我都没有太多不舒服的生理反应，一直保持着适度的运动，体重控制在合理的范围内，精力饱满，身体健康。虽然无忧从 25 周起就一直是臀位，39 周 +4 天经由剖腹产出生，但我第二天基本就实现了母乳喂养，而且一直坚持母乳到无忧 2 岁 4 个月。无忧半岁起开始适量补充 DHA 和钙镁锌，饮食的食材搭配也非常丰富。他 5 岁以前几乎没有吃过零食，没有喝过饮料。可以说无忧健康的胃肠道系统与我对他营养的重视密切相关。

尽管有一个不错的开始，但无忧的饮食方面却蕴含着危机。以前家里的阿姨在打理无忧的餐食时，一顿饭会给他搭配十余种食材，都切成细小的丁状，面条和米饭也煮得非常软烂，整份饭几乎是糊状物。无忧 1 岁以内这样吃或许还算合理，可是这样的饭一吃就是两年多，变化不大。这就导致无忧已经养成了不怎么咀嚼就吞咽的饮食习惯，而且他对食材质感的偏好也比较单一，就是喜欢比较"面"的食材。

阿姨走后，我正常做饭时，就发现无忧非常挑食。他只能接受番茄、胡萝卜、茄子、菠菜、韭黄、韭菜这 6 种蔬菜，韭菜似乎是他能接受的最大程度的蔬菜纤维。水果无忧只喜欢吃香蕉，勉强能吃几块苹果。他以前吃苹果都是阿姨用勺子刮成泥状的，或是切成非常小的颗粒，好像苹果颗粒一大就硌到他的嘴一样。他也只能接受煮得非常软的肉，牛肉的纤维他都嚼不烂。和朋友们一起带娃出游时，我们都很惊讶彼此的娃在饮食方面的巨大差异。无忧基本什么都不吃，很挑食，别的孩子则是什么都想吃，吃不够。我记得当时还有朋友说无忧真好养活，不贪吃。其实她们不知道我为了平衡无忧的饮食费了多少工夫。

食物对人体有显著的影响，大脑的生长非常依赖碳水化合物、蛋白质和脂肪等营养成分。在消化食物的过程中，上述大分子构成的营养素会在小肠内被消化酶分解成小分子，这些小分子会穿过肠道黏膜，随着血液进入大脑和身体其他各个部分。如果因为某些原因导致缺乏消化酶，以及肠道黏膜的损坏，那么未经完全消化的大分子物质就会被肠道黏膜吸收，既而进入大脑，这可能会对大脑造成严重的影响。

除了食物以外，大脑的健康也离不开微生物的调节作用。我们的肠道和大脑之间通过数以百万计的神经连接在一起，形成双向交流的"脑肠轴"。有四条主要的神经通路让肠道和大脑之间进行相互交流：自主神经系统、肠道神经系统、内分泌系统和免疫系统。自主神经系统将内脏的信息传递给大脑，大脑也会通过自主神经调节胃肠道功能。肠道神经系统参与调节消化道的分泌和运动。内分泌系统能够调节肠道蠕动、炎症反应等肠道功能，压力反应导致的内分泌改变会引起胃肠功能失调，反之，肠道的炎性反应也能导致情绪低落。而胃肠道是人体最大的外周免疫器官，胃肠道内的黏膜免疫系统可以起到局部免疫功能，大脑也可以通过自主神经系统和内分泌系统调节外周免疫应答。

肠道菌物群在上述各个通路中高参与度，我们的肠道内有超过 100 万亿个微生物，肠道菌群通过调节脑肠轴来影响大脑神经的发育和功能。不良的肠道菌群会导致脑肠轴功能异常，进一步引发起注意力、执行功能等认知功能损伤，以及一系列情绪和行为问题。

　　因此孤独症的饮食干预和肠道菌群干预都是研究的热点，前者如无谷蛋白、无酪蛋白饮食疗法，后者如菌群移植法，但是目前而言都缺乏足够的证据证明对孤独症切实有效。尤其是孤独症的脑肠轴理论研究本身还远未成熟，菌群移植的不良反应也尚不明确。在这种情况下家长还是要清醒的头脑，不要带孩子贸然尝试不成熟的干预方法。

　　我当时在帮助无忧调整饮食时，并没有考虑到上述这些理论，只是想要避免无忧因过度偏食、挑食导致的营养问题。因此在一段时间内，我其实还是会把蔬菜切成小段，优先保证他基本的营养摄入。但是在幼儿园里，老师反映如果当天没有他可口的饭菜，无忧就只吃主食，喝牛奶。渐渐的，到幼儿园大班的时候，我发现无忧已经变成了一个"面条桶"，他一顿可以吃一个成年男子的面量，而且如果不让他吃，他就会产生急躁的情绪。

　　无忧对面条的这种迷恋是否意味着他的肠道黏膜损伤，以及消化酶的缺损？不让他吃面条时，他急躁的情绪是否是对面条的"戒断"反应？从我的角度讲，这两个问题都不是最重要的。无忧对食材的味道和质感都很敏感，咀嚼和吞咽能力也不太好，在这种情况下他只喜欢吃某种食物的行为表现未必需要从食物消化的角度来理解。但是无论怎么理解，当务之急都是对他过度挑食和过度进食的行为进行干预。

　　于是我开始在无忧饮食的搭配上下功夫。我给他换了一个中等大小的碗，每次给他多做几个他爱吃的菜和肉，再混合进少许切的比较碎的粗纤维蔬菜，再把蔬菜、肉和面条都盛在一个碗里，这样视觉上看起来就是满满一碗他喜欢的食物。无忧欣然接受这样的食物搭配，于是我逐渐增加菜量，并且减少面条的分量。在这样的安排下，无忧的饮食结构悄然发生着转变。特别是一年级这一学年，他在学校只吃一顿中午饭，我就有更多的机会帮助他改变饮食习惯。这样慢慢过渡到一年级下半学期时，无忧的食量就基本恢复正常水平了。

进食水果方面，我们耐心鼓励无忧尝试各种水果。很多水果，比如柚子，他一开始只能紧皱眉头舔一下，如果放进嘴里，还没咀嚼可能就要干呕。考虑到无忧这种味觉和嗅觉的过度敏感，我们就允许他只是舔一下，并且鼓励他这种勇于尝试的行为。我们也在旁边给他做示范，和他分享柚子的美味，给他讲柚子的营养价值。通过这样的渐进脱敏，无忧也可以接纳柚子了，他愿意吃的水果也越来越多。不仅如此，他还从中学到了一个道理，用他自己的话说就是，"任何事只要坚持练习，都会慢慢进步的。"我们要让孩子知道"对饮食，勿拣择；食适可，勿过则"的道理。

无忧的饮食

　　我们也想把无忧的这句话送给所有的家长朋友。我知道有不少孤独症孩子的家长不仅严格执行无谷蛋白、无酪蛋白饮食，还给孩子补充大量的益生菌，并且给孩子开中药调理肠胃，甚至带孩子做中医按摩和针灸，希望能改善和修复孩子的胃肠道功能。我们能理解家长的心态，毕竟孩子得了孤独症，从食物和肠胃问题找原因是最容易理解的思路。而孤独症孩子也确实表现出挑食、偏食、干呕和咀嚼吞咽困难的问题，更容易让家长把注意力集中在孩子们消化系统的问题上。

可是从常识角度而言，任何人挑食和偏食都会给健康带来不同程度的影响，尤其是正处于发育期的孩子。因此家长给孩子调整饮食结构和饮食习惯是重要且必要的，但是这不等同于要不由分说坚决执行某种饮食方案，或者通过其他各种方式过度干预孩子的胃肠道系统。

如果家长怀疑孩子对某种食物很敏感，以至于产生了异常的食物反应，那么可以寻求医生的帮助，听取更为全面的建议。因为 IgG 食物过敏原检测结果并不能简单地用以指导治疗，检测结果正常与否都不能说明孩子对某些食物是否存在过敏反应。通常需要结合其他的治疗，比如肠道黏膜修复，再做出进一步分判断。在这种情况下，家长如果过于紧张，过度限制孩子的饮食，不仅于事无补，甚至会进一步导致孩子营养失衡，让孩子产生激烈的情绪反应，影响孩子的身心健康。

实际上孤独症孩子的感觉敏感问题随着年龄的增长会逐渐好转，很多家长都意识到如果不逼迫孩子接受某些食物，善加引导，孩子的挑食和偏食问题就会逐渐得到改善。而且，如果家长能把饮食的多样性变成一件有趣的事情，一种温馨的亲子互动时光，多想一些巧妙的办法保证孩子的营养，促进孩子的食物接纳度。持之以恒，孤独症孩子也能养成良好的饮食习惯。

爱玩、会玩

玩耍对孩子有多么重要，我简直难以悉数。回顾我自己小时候的成长历程，令我印象最深的从来不是我学到了什么知识，而是我的那些游戏时光。无论是自己一个人骑车看风景，还是和同伴们一起谈天说地；无论是安安静静地折纸、画画，还是和同学们开心地追逐打闹，都是我生命中弥足珍贵的宝贵财富。可以说，我是在游戏中逐渐了解我自己和他人，以及这个世界。因此当我初为人母，无忧尚我腹中之时，我对他最大的祝福，是希望他是一个会玩儿，而且玩儿得充实的小孩。

由此不难想象，当我一再观察到无忧的玩儿法很独特，或者诚实地说，很多时候他都不会好好玩儿时，我那种复杂而沮丧的情绪。无忧上小学前，我一有时间就带他去各种地方玩。我们去游乐场、公园、博物馆，他的兴趣班在我看来其实也算是一种玩耍。我们和小朋友们一同出游，吃饭、聚会、漫步大自然。在家里我更是堪称"孩子王"，我的一位朋友来我家做客看到我带无忧玩耍的样子，不仅感慨道，"你可太会玩儿了。"

然而不论我给无忧提供多少机会，他却总是像游离在场景之外，我得不到我想象中的回应和互动。说真的，如今一提到这里我仍感到十分难过。渐渐的，无忧和小伙伴之间的社交冲突，以及他的这种状态也改变了我。我不再约家长一起带娃玩儿，我也从班级里的家长积极分子变得默不作声。我还是会坚持带他出去玩儿，去看看这个世界，但是一般都是我们两个人。我也习惯了我和他说话时他缺少回应，或者压根不接我的话，自言自语的样子。

一个家就是一个互动的整体，我作为母亲适应自己的孩子，为了自己的孩子做出改变，是必然的，我也是愿意的。但是我一直隐隐觉得事情不该是这样，我始终觉得我不懂我的孩子。直到无忧在小学一年级开学之初确诊孤独症，那一天对于我而言，堪称是精神上的一个"解放日"。我终于知道我以前共情和理解无忧的方向原本就是错误的，我终于能够重新认识我的孩子。这对我，对我们家而言，意义实在是太大了。

在教育无忧的方式、方法取得了方向性的转变之后，我一边陪读，一边琢磨怎么教会无忧好好玩儿。我意识到尽管我以前的确给无忧提供了丰富的玩耍环境，但从行为学习的角度而言，富饶的环境只能增加无忧进入不同环境的频率。但是如果我想让他学会好好游戏这个行为，就需要善用奖惩，强化他的建设性行为，抑制他的不当行为。

这种领悟让我如释重负，曾经我以为玩耍是不用学习的，提供环境孩子自动就会。现在看来任何好的行为都建立在行为原理的基础上，只不过有的孩子学得很快，有的孩子学得慢点儿。孤独症孩子因为其非典型神经发育的问题，很难习得我们所期待的那些恰当的行为。在这种情况下，我不仅需要给他创造环境，还需要给他提供完整的学习机会。我要引导他做出好的反应，并且及时地给予强化，而不是等待他自己"自然而然"习得。

于是还是曾经的那些游戏，但是参与游戏的我发生了改变。我在家里陪他一起玩乐高的时候，不会再习惯和放任他自顾自地喋喋不休，而是会不断地提示他轮流发言，并且及时表扬他可以等待，并且等我讲完话。我在他旋转地球仪的时候，会求助他一些世界地理的问题，表示希望得到他的帮助，他都会开心有耐心地给我做出解答。在这个过程中，我也会用假装听不懂来锻炼他的语言表达能力，以及吐字归音和语速问题。我带他一起去植物园玩儿时，会鼓励他表达对于风景的感受，夸赞他词汇丰富，情感细腻。一起去动物园儿时，结合地域特征引导他描述不同动物的细节特点，表扬他观察力敏锐，我看不到的细节他都看到了。

我清晰地感觉到在这些过程中，无忧的关注点和注意力状态在悄然发生改变。从一开始很容易陷入自我刺激的陷阱当中，到能够引领话题，给我讲解知识，商量回家根据所见所闻创作一幅什么样的绘画作品。从总是似听非听，答非所问，抢话插话，到能够很好地进行双向的沟通，共情能力和语境意识有着极大的提升。从在家里自己独处时就会转地球仪，转车轮，发出怪声音，到骄傲地告诉我，"妈妈我是时间管理小能手，我可以很好地管理我的时间。"这一路走来，无忧的变化令我们感到十分骄傲！

有不少孤独症孩子的家长都很畏惧带孩子出门，担心孩子在外面的不恰当举动难以管理，令自己感到尴尬不说，也对家庭和孩子不利。希望我在这方面丰富的经验能带给大家一些借鉴意义。我们不希望孩子回避社会，也不希望看到他们的行为与环境格格不入，给自己和他人都带来麻烦。那么我们只需要在出门前想好遇到某些情况该怎么妥善处理，设计好管理孩子行为的办法，遇到具体情况及时有效地处理。这样在一次

次的行为体验和练习中，孩子就会逐渐改变。只要善用行为原理，孩子们
一定会有不同程度的改变，因为行为学习是人类神经系统的基本原理。

无忧游玩后的画作

诚然，无忧的变化是一个综合的结果。包含有在学校里密集的行为干预，在家里的情感调和和认知复盘，良好的关系网络对他的人际支持，以及良好的睡眠习惯、运功习惯和饮食习惯的养成。不过我也希望家长朋友们能充分利用好和孩子之间的游戏时光，在欢声笑语和和谐的亲子氛围中，帮助孩子学到好的行为，培育健康的人格，培养孩子的自信和对人际关系的积极印象。

无忧妈妈的话：

孤独症是一种神经发育障碍，目前世界范围内的孤独症循证支持的干预方法是基于行为学的干预措施。但是考虑到身心一体，有益的生活方式对任何人都非常重要，以及相当多的孤独症孩子都有睡眠、饮食、运动方面的问题。家长们也很有必要花精力去调节孩子们生活和运动的习惯。

习惯的养成有两个秘诀，一是让事情变得简单和开心，把复杂的行为习惯拆分成细微的行为习惯，变成很容易做到的微习惯，从而让孩子容易习得，而且每次养成一个微习惯，就要"庆祝"一番，用孩子喜欢的方式强化；另一个是持之以恒，习惯养成需要时间，我们家长要有足够的耐心给孩子成长，而且我们要用一个微习惯滋养、繁殖更多微习惯。无论是培养孩子的哪种好习惯，家长切勿使用粗暴和逼迫的方式迫使孩子屈从，这样只能适得其反，导致孩子产生暴力倾向或自伤行为。家长可以评估自己孩子的现状，结合孩子的性格和喜好特征，灵活设计开发适合自己孩子的养成方式。推荐大家读读《福格行为模型》这本书，学习如何养成微习惯。

睡前的"每日复盘"是我们推荐给大家的很好的助眠方式，复盘是一种心智的整合时光，对家长和孩子的身心健康都大有裨益。但和谐友爱的氛围，亲密信任的亲子关系是保证复盘效果的前提。亲子关系永远是第一位的，教育是人和人之间的相互影响，没有关系为基础，都是空谈。多带孩子尝试各种运动项目，多鼓励孩子的参与和努力，如果可以，和教练组沟通孩子的情况，寻求支持，会促进孩子的社交沟通能力的发展，提升孩子的身体协调性和肌肉力量，让孩子有更多的机会参与到集体运动当中。有些孩子更适合个人的运动，那就不妨多换点儿花样，让运动变得开心起来。无论如何，坚持运动才是最重要的。改变食物的烹饪方式，巧妙地搭配饮食，渐进式脱敏，都能很好地帮助孩子改变饮食结构，养成健康的饮食习惯。

会玩儿的孩子才有饱满的活力，孩子们需要大量的游戏时光，在游戏中可以习得许多重要的技能，认识自我，结交朋友。孤独症孩子多项基础能力的缺损导致他们很难在游戏中自然习得恰当的行为，需要家长的设置和引导帮助孩子们不断练习，学会好好玩耍。不要畏惧带孩子外出，孩子惹麻烦、犯错正是一次非常好的行为学习的机会。把握这些机会，持久而耐心地帮助孩子成长。终有一天，家长会发现，我的孩子长大了。

后记

    无忧在 2021 年 9 月 22 日被诊断为"孤独症"之后，我经历了一个多月的陪读适应，于 10 月 24 日，在自己的个人公众号"苌雪博士"上发布了第一篇关于无忧的文章《AS 妈妈陪读手记：多舛的人生》，第一次将我的内心体验公之于众，之后又连续写了 16 篇"陪读手记"，本来是想记录养育无忧的心路历程，也是想和孤独症家长分享经验。12 月底，先生提议把个人公众号里面的 AS 妈妈陪读手记整理成书，以便能帮助更多孤独症家长。之后，在 2022 年元旦之际，我与颉腾文化传播公司的何萍老师沟通，确定了写书意向，从此，便开始筹划和撰写此书。没想到，这一写，竟然写了近一年时间，而且，远远超过了陪读手记的内容。

    在写作本书的过程中，我养育无忧这 7 年以来的点点滴滴尽现眼前。穿梭在记忆的长廊里，林林总总，令我感慨万千。初为人母的喜极而泣，抚育孩子的充实幸福，充满教养困惑时的焦虑与恐惧，冲动失控时的后悔与无奈，以及见证孩子成长的骄傲与欣慰。有的事虽已过去良久，却依旧鲜活生动，成为我最为宝贵的财富之一。

    于我而言，这是一本历时 7 年才完成的书。沧海拾遗，聚沙成塔，我在写作时脑海里经常会有一种视觉意象，就是我在时光里慢慢地行走，执着地寻觅着，只为能串联起那散落一地的养育困惑，只为能走出养育的迷雾，只为能更加懂得我的孩子，而这一走就是 7 年。在我完成最后一章的那一天，意象中我好似从过去走入了当下，从迷雾中走进了一个开阔又明亮的空间。天空中一抹暖阳，脚下是一条宽敞好看的大道。我的情绪状态平静而坚定，我的思想清明而深沉。把目光从意象中移向窗外，四环上的车辆正有序地往来，那天是个多么好的天气啊!

当然,书籍创作完毕只是一个开始。无忧确诊孤独症以后,我渐渐了解到国内孤独症研究和干预的一些现状。因为孤独症复杂性、异质性和多共病的特征,实际上每一个孤独症孩子都是独特的,每一个孩子都需要个性化的干预方法。可是目前国内孤独症行业发展的现状是,诊断资源匮乏,科学干预的资源严重不足,而且价格高昂,令很多普通家庭望而却步。不仅如此,干预机构实际上也很难给每一个孤独症孩子提供有针对性的个性化干预。

在这种情况下,摆在每一个孤独症孩子的家庭面前的一个现实问题就是,我们该如何行之有效地教育好我们自己这个具体的孩子?

我们希望这本书可以起到投石问路的作用。通过深度个案分享和行动研究,我们认为家长的心理灵活性和养育的灵活性,可以塑造孤独症孩子的心理灵活性。心理灵活性包括注意力的灵活性、情感灵活性、认知灵活性、关系灵活性、动机灵活性和行为灵活性。在书中,我们通过具体的案例分享向大家展示了我们是如何结合无忧的性格特点、认知优势和兴趣爱好,灵活地引导他心智的发展的。

也正是在这个和无忧的心智密切互动的过程中,我们深切地感受到,尽管孤独症孩子学习新的行为比普通孩子慢得多,情绪波动很大,社会思维机械僵化,但只要家长的养育思路清晰,佐之以持之以恒的训练,孩子们自然就会取得显著的成长。

未来我们会给家长们提供一系列灵活养育的家庭赋能课程,帮助大家应对养育孤独症孩子过程中可能遇到的种种困难,越来越胜任孤独症孩子家长这一职责。养育孩子是一辈子的事,让家长感到恐慌的常常是害怕自己没有办法帮到孩子,抚养不好孩子。家长的这种心态与优质孤独症科普教育的缺失,伪科学泛滥,以及一些言过其实的说辞密不可分。

一念天堂,一念地狱。消极的预期犹如有色眼镜,会让我们的教育落入自我实现的陷阱。希望本书的倾情分享可以生动地给大家展示出孤独症孩子的全貌，帮助大家更加全面地了解孤独症孩子。他们优势与短板并存，在努力地适应这个多变的世界，一如我们每一个普通人那样。也希望家长能够意识到，孩子才是我们最好的老师。最适合自己孩子的个性化干预中，那不可缺失的一环，正是我们自己亲力亲为地学习、参与和支持。

此书能顺利完成，我首先要感谢无忧，我的儿子，感谢你对我们的信任，感谢你给我们的爱，感谢你的努力和不放弃。妈妈很感谢能遇到你这样好的儿子，你是我永恒的宝贝，我爱你。爸爸妈妈会与你一同成长，一同见证你的成长！请你放心地去体验这个世界，茁壮成长吧！

我也要衷心感谢无忧的班主任蔡老师！无忧上小学一年级以来，如果没有蔡老师的耐心支持，他不会取得如此显著的进步。难以忘记一年级一整学年我和蔡老师之间的密切沟通，蔡老师在百忙之中非常耐心地和我交流无忧当日的情况，还会在我情绪不稳定时给予我宽慰，帮我一起想办法教育无忧。蔡老师带给我的启发和帮助是如此之多，令我受益终身，她就是我身边的教育行家和行为专家！和蔡老师的相处让我充分领略到一位优秀的人民教师的人格魅力和职业能力，以及好老师带来的那种温暖而积极的影响。

我要感谢我的"养育同盟"家庭，感谢妈妈们和孩子们！是你们的接纳与包容给予了无忧和我很多温馨美好的时光，让无忧颇为艰难的一年级适应期变得明媚阳光起来。谢谢你们！相信我们之间的友谊会历久弥新。

我要特别感谢我的先生，养育无忧的过程中我的情绪时有波动，是我的先生一直在我身后稳定地给予我支持。他的态度总是那样的温柔宽厚，让我感觉到安全和放松，因此更有力量去反思自己的养育行为。感谢他教我学会用接纳承诺疗法（ACT）提升自己和孩子的心理灵活性，没有他的支持，我无法孤身面对无忧的困境和自己的困境。这本书也是在我先生的建议、鼓励、支持、指导下创作完成的，他说我有这么多年的深度养育经验，丰富翔实的资料记录，也有临床心理研究的基础，如果能将之总结、整理，并创作成一本深度个案分享的书籍，不仅是家庭的一份丰厚的财富，也能为孤独症领域做出自己的贡献，帮助更多的家长和家庭。感谢我的先生，一路有你，携手相依，未来可期！

与此同时，我也感谢三哥三嫂对我们的支持，他们多次在我们无法带无忧、陪无忧的时候，帮助我们带无忧爬山、逛动物园，还邀请我们到美丽的腾冲休假，使我在疲惫的时候得以在美丽的大自然充电。

我还要感谢北京颉腾文化传媒有限公司的何萍老师，从此书结构确定到写作风格，她都给出了有益的指点，而且特别感谢她能够理解我育儿不易。原计划 9 月份交稿，可是由于疫情反反复复，我需要经常在家陪着无忧上网课，加上国庆节期间的搬家及写作内容的不断丰厚，我的完稿日期一再拖延，直到 11 月下旬才完稿，谢谢何萍老师的包容和理解。

成书之际，我还想感谢帮助无忧诊断的北医六院郭延庆教授、刘靖教授，还有王丹丹老师，中科院心理所李新影研究员，他们对无忧的情况做了全面、专业、系统的评估，也让我彻底接纳了无忧孤独症的现实。另外，我最近连续参加了中国心理学会、中国心理卫生协会举办的线上学术年会，和先生一起做了两场"基于 ACT 的孤独症家庭赋能培训模式：GIFTS"的工作坊，向国内孤独症临床干预领域的专家进行了汇报和交流，在此过程中，我也获得了诸多专家的支持，我也想在此感谢南京脑科医院的陈一心主任医师、南京玄武区特殊教育学校蔡加宽老师，以及中国科学院心理研究所白晓宇博士后，感谢他们对我分享的内容提出宝贵意见和建议。

最后，我还要感谢我自己，感谢我的责任感与行动力，感谢我的坚忍不拔与永不言弃，感谢我的乐观幽默与积极向上。

由于本书篇幅所限，主要分享的是我的养育经验，而没有分享

GIFTS 相关理论基础和系统介绍有关方法的操作，我希望以后有机会能够继续分享这些内容。也衷心希望读者朋友能够给我反馈您的读后感受和意见建议，可以给我的公众号"苌雪博士"发私信。

道阻且长，行则将至，行而不辍，未来可期。相信是一切的起点，相信自己，相信孩子，相信我们的家庭。希望这本书能够作为"礼物"送给有需要的家长，我相信，在我们爱的护佑，以及科学的行为干预的帮助下，我们的孩子会有美好的明天。